朱敏 著

青年创客的心理研究

从认知到行动

上海社会科学院出版社
SHANGHAI ACADEMY OF SOCIAL SCIENCES PRESS

前 言

在当今这个充满创新活力与无限可能的时代,青年创客群体是一股蓬勃向上的力量,在各个领域崭露头角。他们怀揣着梦想,凭借着创新的思维和无畏的勇气,试图开辟出属于自己的新天地。本书,正是源于对这一独特群体深入思考与调查的成果。

从宏观层面来看,科技的飞速发展为青年提供了前所未有的创业创新机遇。新兴技术不断涌现,数字经济蓬勃发展,打破了传统行业的壁垒,降低了创业的门槛,让青年们有机会涉足众多领域,大展拳脚。同时,国家积极推动创新创业政策,构建了良好的创业生态环境,从资金支持到平台搭建,从教育引导到权益保护,全方位地鼓励青年积极投身创业创新的浪潮之中。在这样的大背景下,青年创客群体日益壮大。从微观层面来看,青年创客们的每一个创新想法的萌发、每一次创业决策的制定,都不仅仅是外在环境影响的结果,其内心深处的认知、信念、动机等心理因素起着至关重要的作用。因此,他们对创新创业的认知、行为和选择背后的心理机制成为一个值得深入探究的课题。

笔者通过文献整理,设计关于青年创客创新创业认知与行为调查问卷,进行数据调查和分析,系统地剖析青年创客从认知到行动的心理表现、特点及差异,探析影响青年创客创新创业实践的因素,从而形成关于对创客创新创业实践的心理机制的探讨。在内容上,本书共分6章。第一章主要阐述研究的背景、相关概念、创客发展现状、创新创业政策法律和创新创业教育,为读者呈现青年创客所处时代的创新创业背景和研究情况。第二章围绕青年创客的类型与特质进行介绍,并与国际国内青年创客调查结果进行比较,以对青年创客群体结构特征形成更深入的认识。第三章深入探讨了青年创客进行创新创业的自我驱动力,这包括他们如何看待创新的价值、如何理解创新创业活动中的自我定位、创新意识以及日常习惯等。第四章聚焦于影响他们从认知转化为实际行动的社会驱动力,包括政策性支持、社群网络支持和市场吸引力等。第五章关注创新创业活动中青年创客的身份认同情况,这包括青年创客的职业身份认同、阶层身份认同和群体身份认同等。第六章就青年创客可能的心理动因进行文献梳理,并基于以上研究成果和思考,构建适用于青年创客从认知到行动的生态心理解释模型,结合案例分析,试图揭示青年创客投入创新创业实践的生态心理机理,以期为更多青年高质量地进行创新创业实践提供理论参考。

笔者衷心希望这本书能够为关注青年创客群体的各界人士提供有益的参考。对于青年创客自身来说,希望他们能够通过本书更加深入地了解自己在创新创业过程中的心理状态,从而更好地调整自己的心态,应对各种挑战。对于教育工作者而言,本书可以为创新创业教育提供心理学方面的理论依据,帮助他们设计更有效的教学方案。对于政策制定者来说,了解青年创客的心理有助于制定出更加贴合青年需求的创新创业政策,进一步优化创业环境。

在本书的撰写过程中,笔者得到了许多人的帮助与支持。感谢那些参与研究的青年创客们,百忙之中抽出时间并认真完成调查问卷的填答。感谢童宗斌老师,在研究框架和内容方面的思路建议,指引笔者展开这一研究。感谢张鹏浩老师及相关参与学生,他们在数据收集和整理等方面付出了辛勤的努力。同时,也要感谢出版社的编辑们,他们的专业意见和精心编辑使得本书能够以更好的面貌呈现给读者。

目 录

前 言 ·· 1

第一章 导论 ··· 1
参考文献 ·· 14

第二章 青年创客的类型与特质 ··································· 15
第一节 青年创客的总体概况 ··· 15
第二节 青年创客的类型 ··· 21
参考文献 ·· 27

第三章 青年创客的自我驱动力 ··································· 29
第一节 青年创客的价值理念 ··· 30
第二节 青年创客的自我认知 ··· 40
第三节 青年创客的创新意识 ··· 50
第四节 青年创客的日常习惯 ··· 59
参考文献 ·· 71

第四章 青年创客的社会驱动力 ··································· 75
第一节 青年创客面临的政策性支持 ·································· 77
第二节 青年创客面对的社群网络支持 ······························· 92

第三节　青年创客面对的市场吸引力……………………… 112
参考文献………………………………………………………… 132

第五章　青年创客的身份认同……………………………… 137
第一节　青年创客的职业身份认同……………………………… 140
第二节　青年创客的阶层身份认同……………………………… 151
第三节　青年创客的群体身份认同……………………………… 165
参考文献………………………………………………………… 177

第六章　青年创客从认知到行动的生态心理模型………… 181
第一节　创新创业的心理动因…………………………………… 181
第二节　青年创客从认知到行动的生态心理模型……………… 189
第三节　基于生态心理模型的青年创客培育案例分析………… 197
参考文献………………………………………………………… 208

附录……………………………………………………………… 212
1. 2017—2024 年国家层面有关创新创业的政策概要………… 212
2. 创新创业认知与行为情况调查问卷………………………… 221

第一章

导　　论

2012年，美国《连线》(Wired)杂志原主编克里斯·安德森(Chris Anderson)出版《创客：新工业革命》(Makers: the Industrial Revolution)一书，迅速让"创客"理念风靡全球。书中指出，创客运动不断推动网络智慧在现实世界中的应用，掀起全民发明创造活动热潮，将引发新一轮工业革命。

在科技日新月异的21世纪，数字科技的迅猛发展为人类社会带来了前所未有的变革。这股力量不仅重塑了传统制造业的边界，还催生了一场轰轰烈烈的创客运动，它像一股清新的风，吹遍了工业设计、硬件制造、互联网技术及软件编程等多个领域，各行各业的热爱者、梦想家与实干家纷纷投身其中，共同探索未知的边界，创造无限可能。安德森指出，在以往，制造业的创业之路往往布满了荆棘，其中最为显著的两大门槛便是创意与技能。创意，是创新的源泉，是产品脱颖而出的关键；而技能，则是将创意转化为现实产品的必备条件。然而，随着科技的进步，尤其是3D打印技术的日益成熟与普及，这一传统格局正在被悄然改写。3D打印技术，作为数字化制造的杰出代表，以其独特的优势极大地降低了制造业的进入门槛。如今，创业者们只需在计算机中运用专业的设计软件，就能轻松地将自己的创意构想转化为三维模型。接着，借助先进的3D打印机，这些数字模型便能被精准地打印成实体原型，无需再依赖传统制造业中复杂的生产流程与高昂的成本投入。这一变革不仅极大地缩短了产品开发周期，降低了创业风险，还为更多拥有创新思维但缺乏传统制造技能的创业者提供了施展才华的舞台。安德森进一步指出，随着3D打印技术的不断普及与应用，全球制造业正逐步向数字化、智能化方向转型。在这个数字化制造的时代，创意将不再受限于技能与资源，能够以前所未有的速度被转化为现实产品，并快速推向市场接受检验。这种变化不仅将极大地提升制造业的创新能力与竞争力，还将深刻改变人们的生活方式与消费习惯，推动整个社会向更加繁荣、可持续的方向发展（安德森，2014）。

在数字化制造与3D打印技术引领的变革浪潮中，人工智能（AI）的崛起更是为这场创新风暴增添了无尽的动能与潜力。AI技术的融入，不仅让制造过程变得更加智能、高效，还为创客运动注入了前所未有的创造力与想象力。通过深度学习、机器学习等先进技术，AI能够分析海量的市场数据、用户反馈与设计案例，为创业者提供精准的设计指导与灵感启发。创业者可以借助AI辅助设计软件，轻松实现复杂形状的构建、材料属性的优化以及产品性能的预测，从而大大提升设计效率与产品竞争力。更为重要的是，AI在创客社区的构建与知识共享方面发挥着不可替代的作用。通过自然语言处理、知识图谱等技术，AI能够分析创客们的交流内容、项目进展与经验分享，自动提取有价值的信息与知识，并以更加直观、易懂的方式呈现给所有参与者。这种智能化的知识共享机制不仅促进了创客之间的交流与合作，还加速了创新成果的传播与应用，为整个创客生态的繁荣发展奠定了坚实的基础，创客运动正以前所未有的速度向前迈进。在这个充满机遇与挑战的新时代里，每一位怀揣梦想与创意的创业者都将拥有更加广阔的舞台与无限的可能。

党的十八大以来，我国坚持发展是第一要务、科技是第一生产力、人才是第一资源、创新是第一动力的理念，深入实施科教兴国战略、人才强国战略、创新驱动发展战略，加强三大战略的有效联动。2024年，习近平总书记给中国国际大学生创新大赛参赛学生代表回信中指出，"创新是人类进步的源泉，青年是创新的重要生力军""全社会都要关心青年的成长和发展，营造良好创新创业氛围，让广大青年在中国式现代化的广阔天地中更好展现才华"①,为广大青年把握机遇、勇担使命指明了方向,提供了支持。青年是社会上最富活力、最具创造性的群体,理应走在创新创业前列,以聪明才智贡献国家,以开拓进取服务社会,这是成长成才的时代要求,也是强国有我的青春责任(何娟,2022)。

鉴于当前科技发展的迅猛态势与国家治理体系的持续完善,我们深受鼓舞,也深受吸引,想要加深对新时代青年创客群体的认知,并深入剖析其创新创业行为背后的心理驱动机制。

一、"创客"及相关概念简介

"创客"一词源于英文单词"maker",是指那些勇于创新,善于利用新技术将创意变为现实的人。这一概念最早出自2001年美国麻省理工学院微观装配实验室的实验课题。该课题以创新为理念,以客户为中心,以个人设计、个人制造为核心内容,参与实验课题的学生即被称为"创客"。创客文化以"开放、分享、创新、合作"的价值观为核心,这种理念为创新创业活动提供了重要的思想基础和动力源泉。创客们不断追求创新,将创意转化为现实,这种精神激励着更多的人投身于创新创业事业中。他们不仅仅是梦想家,更是实践者。这种实践精神为创新创业提供了宝贵的经验和示范效应,推动了创新创业活动的深入开展。

"创客"内涵在不断演变,最初的1.0版本指那些纯粹基于个人兴趣与爱好,将奇思妙想转化为现实作品的探索者,其核心在于"爱好"与"行动力"的完美结合;随后,创客2.0时代到来,这一阶段的创客更加注重以用户需求为核心,通过创意、设计与制作的深度融合,为用户提供定制化解决方案。然而,这仅是创客精神的初步展现;创客3.0的概念超越了简单的创意实现与用户需求满足,转而聚焦于解决社会问题,挖掘并回应客户的深层次需求,致力于创造出一系列创新性的解决方

---

① 新华网.习近平给中国国际大学生创新大赛参赛学生代表的回信[EB/OL].[2025-03-11].https://news.youth.cn/sz/202410/t20241017_15585662.htm.

案，以此推动社会整体的进步与发展。创客3.0不仅仅是一种行为模式，更是一种深刻的思想与信仰，它蕴含着对既有规则的挑战、对社会发展的责任感以及对未来无限可能的憧憬与追求。在这一背景下，社会创新与变革成为创客活动的核心驱动力。青年人是推动社会未来发展的关键力量，因此，构建一种能够吸引并激励青年人的新型商业模式显得尤为重要，通过培养更多具备探索精神、问题意识及创新思维的青年创客，通过他们将一个简单的想法转化为实际行动，可以创造出既能有效解决社会问题又能创造经济效益的产品或服务，形成良性循环，持续推动社会进步。从商业视角审视社会创新，不难发现，每一个未被妥善解决的社会问题背后，都隐藏着庞大的市场需求。未来的商业趋势将越发注重从群体的根本需求出发，寻找并解决社会问题。因此，这种"社会创新＋创客"的新模式应运而生，正吸引着越来越多充满好奇心的青年加入其中，共同为社会的可持续发展贡献力量。

创客空间是创客文化的重要载体，是一个共享的工作环境。它提供多种工具和设备，供创客们开展实验和创作活动。从功能上看，它具有多个分区，例如，创意工作区能让创新者专注于设计思考；制作区配备各种工具设备，助力将创意转化为实物；展示区用于展示创新成果以吸引关注与合作机会；还可能有休息区、讨论区和交流区等，以促进成员互动合作。在创新过程中，创客空间扮演着重要角色。它是创新者的聚集平台，不同领域人才在此交流碰撞，激发新创意。它为创新者提供包括先进设备、技术支持、资金支持和市场资源等在内的丰富资源与支持，推动创意转化为实际产品或服务。通过举办各类活动、比赛和研讨会等，创客空间为创新者提供展示与交流平台，促进创新传播推广。全球第一个真正意义上的创客空间诞生于1981年的柏林，中国第一个创客空间是于2010年诞生的上海"新车间"。

二、国内外创客发展现状

近年来，创客运动在全球范围内如同野火燎原般迅猛发展，不仅成为推动社会创新和技术进步的重要力量,还深刻地改变了人们的生产生活方式。这一趋势的兴起,源于全球化背景下对创新精神和创业文化的普遍追求,以及科技革命的持续推动。

自 2013 年以来,全球创客空间数量实现了质的飞跃,从最初的几百个迅速增长至数千个,覆盖了五大洲的每一个角落。这些创客空间不仅为创客们提供了物理上的工作场所,更重要的是,还成为创意交流、技术分享和项目孵化的重要平台。在这里,来自不同领域、不同背景的创客们汇聚一堂,共同探索未知、挑战极限,不断推动着科技创新的边界。在交易领域,以美国 Etsy 平台为代表的在线创客市场迅速崛起,为创客们提供了一个展示和销售自己创意产品的广阔舞台。这些平台不仅简化了交易流程、降低了创业门槛,还通过大数据分析和精准营销等手段,帮助创客们更好地了解市场需求、优化产品设计,从而实现商业价值的最大化。在活动层面,全球范围内涌现出了一大批具有影响力的创客盛会。美国的制汇节(Maker Faire)作为其中的佼佼者,以其规模大、内容丰富、参与度高而著称,吸引了来自世界各地的创客、科技爱好者、投资者等人群。德国的欧洲黑客大会(Chaos Communication Camp)则以黑客文化和自由开源精神为核心,为参与者提供了一个自由交流、共享知识的平台。此外,中国的创客嘉年华等活动也逐渐崭露头角,成为推动国内创客文化发展的重要力量。在资源共享方面,开源软件和硬件的结合为创客运动注入了新的活力。开源文化鼓励知识的共享和传播,使得创客们可以更加便捷地获取所需的技术资源和创意灵感。同时,开源硬件公司,如 Adafruit、SparkFun、MakerBot 等,通过提供高质量、低成本的硬件产品和开发工具,极大地降低了创新的技术门槛和成本负担。这些公司的成功不仅促进了开源生态的繁荣发展,也为创客们提供了更加广阔的创新空间。资金筹集方面,众筹平台的兴起为创客们提供了全新的融资方式。Kickstarter、IndieGoGo 等众筹平台通过为创意项目提供展示和融资的机会,帮助创客们实现了从创意到产品的跨越。这些平台不仅为创客们提供了资金支持,还通过市场验证和社区反馈等机制,帮助创客们更好地了解市场需求和潜在风险,从而做出更加明智的决策。

美国作为创客运动的领头羊,近年来在推动创客文化方面做出了巨大努力。从时任美国总统奥巴马亲自接见创客空间创始人到推出中小学创客空间建设项目,再到签署《就业法案》和军方资金的注入,一系列政策与措施为创客运动的发展提供了强有力的支持。同时,联邦政府与私营部门的紧密合作也为创客们提供了从资金支持到创业指导的全方位服务。这种政府引导、市场主导、社会参与的创客生态模式使美国在全球范围内的科技创新竞争中占据了有利地位。

中国作为世界上最大的发展中国家,在创客运动领域所展现的潜力和活力令人瞩目。自2010年"创客"概念被正式引入中国以来,创客文化便如雨后春笋般迅速生根发芽,并在中国这片热土上绽放出独特的色彩。以深圳为例,这座被誉为"中国硅谷"的城市,凭借其得天独厚的地理位置、丰富的人才资源以及浓厚的科技创新氛围,成为中国创客运动的领军者。据统计,深圳的创客空间数量已超过千个,其中不乏一些具有国际影响力的知名品牌。这些创客空间不仅为创客们提供了完备的硬件设备和软件资源,还定期举办各类技术沙龙、创意竞赛等活动,为创客们搭建了一个交流思想的平台。此外,北京和上海也在积极推动创客文化的发展。北京的中关村科技园区汇聚了众多高新技术企业和科研机构,为创客们提供了强大的技术支撑和产业链支持。而上海则凭借其国际化的视野和开放的市场环境,吸引了大量海外创客前来创业投资。政府在推动创客运动方面同样不遗余力。从中央到地方各级政府纷纷出台了一系列扶持政策,包括资金补助、税收减免、项目孵化等,为创客们提供了全方位的支持。例如,科技部每年都会举办"全国大众创业万众创新活动周",通过展示创新创业成果、举办论坛讲座等形式,激发全社会的创新创业热情。同时,各地政府还积极搭建创客平台,如建立创客空间、孵化器、加速器等,为创客们提供从创意到产品、从项目到市场的全链条服务。还采用以赛促发展的形式激活各类中小企业的创新创业能力。例如,"'创客中国'中小企业创新创业大赛",是工业和信息化部联合相关部门主办的一项重要赛事,截至2024年底,该赛事举办了九届,已经成为国内最具影响力的全国性创新创业大赛品牌之一。历年大赛发掘和培育了一批优秀项目和优秀团队,这些项目在新技术、新产品、新模式和新业态方面取得了显著成果。大赛注重产融结合,通过向国家中小企业发展基金等投资基金、创业投资机构、银行等推荐优秀项目,组织线上线下需求对接、产融对接等活动,为参赛企业提供多元化服务。并提供入驻园区与政策支持,优秀项目有机会入驻国家小型微型企业创业创新示范基地、国家新型工业化产业示范基地等园区,享受最新创业扶植政策和创业孵化服务。另外,媒体也加大了对创客文化的宣传力度,通过报道成功案例、分享创业经验等方式,激发了更多人的创新创业热情。数据显示,近年来中国的创客数量呈现出爆发式增长态势。据统计,目前中国已有数百万名创客活跃在各个领域,他们用自己的智慧和汗水创造了一个又一个令人瞩目的创新成果。这些成果不仅推动了相关产业的发展和升级,也为中国的经济社会发展注入了新的活力。

然而,我们也必须清醒地认识到中国的创客事业仍然处于起步阶段,面临着诸多挑战和困难。一些好创意还只是停留在样品阶段没有转化为商品;创客们普遍缺乏资金和融资渠道,对目标市场和竞争对手情况缺乏了解,导致创业难度较大。因此,我们需要努力争取政府、企业、社会、金融等各个方面的有效支持,全力打造适合中国创客发展的生态系统;同时,我们还需要加强创客与开源硬件公司、开源软件公司、众筹平台等机构间的互通交流、相互融合并不断完善构建有助于创客发展的链条式协作平台。只有这样,我们才能充分发挥创客运动的巨大潜力,为推动社会创新和技术进步作出更大的贡献。

三、我国青年创新创业政策法律概况

创新创业政策法律是指中央和地方政权机关在一定发展理念指导下,为激发全社会创新潜能和创业活力、实现大众创业、万众创新目标

而确定的行为准则或采取的行动计划,是一系列法律、法规、规章、规划、计划、措施、办法等的总称(曲婉等,2018),在创新创业活动不同阶段发挥重要作用。

为了不断且高效地促进青年创客创业活动的蓬勃发展,中央政府制定并发布了一系列创业扶持政策文件,为青年创客的创业之路铺设了坚实的制度基石,提供了强有力的保障与支持,相关学者梳理1998—2016年的相关政策(2017—2024年的相关政策见附录1)。总结下来,中国大学生创业政策的发展可分为四个阶段:起步阶段(1998—2002)、摸索阶段(2003—2007)、扩展阶段(2008—2011)、深化阶段(2012年至今)(牟芷,2024)。从中不难看出,政府一直在不遗余力地推动青年进行创新创业活动方面的支持和引导。

过去20年,中国对以大学生为主体的青年创客创业的支持力度显著增强,政策法律模式经历了深刻的变革。最初,高校作为创新创业教育的先锋,通过自主探索和实践,逐步积累了宝贵的经验。然而,随着创业浪潮的兴起和社会各界对创新创业认识的加深,政府开始扮演更加积极主动的角色,通过出台一系列政策法律规范,为大学生创业者提供了更加全面、系统的支持。在这一背景下,政府、高校、企业及社会各方力量紧密合作,共同推动"创新创业教育"这一新型教育模式的形成与发展。高校不仅加强了创新创业课程的设置,还通过校企合作、建立创业孵化器等方式,为学生提供了丰富的实践平台。同时,政府通过财政补贴、税收优惠、创业贷款等政策措施,有效降低了大学生创业的门槛和风险。由全球创业观察(Global Entrepreneurship Monitor,GEM)发布的《全球创业观察中国报告(2019/2020)》[1]指出,我国创业环境在不断优化和提升中,特别在政府政策、政府创业项目、研发转移等方面(详见图1-0-1、1-0-2)。

---

[1] GEM.全球创业观察(GEM)中国报告(2019/2020)[EB/OL].(2020-12-12)[2025-03-11].https://www.gemconsortium.org/report/global-entrepreneurship-monitor-gem-20232024-global-report-25-years-and-growing.

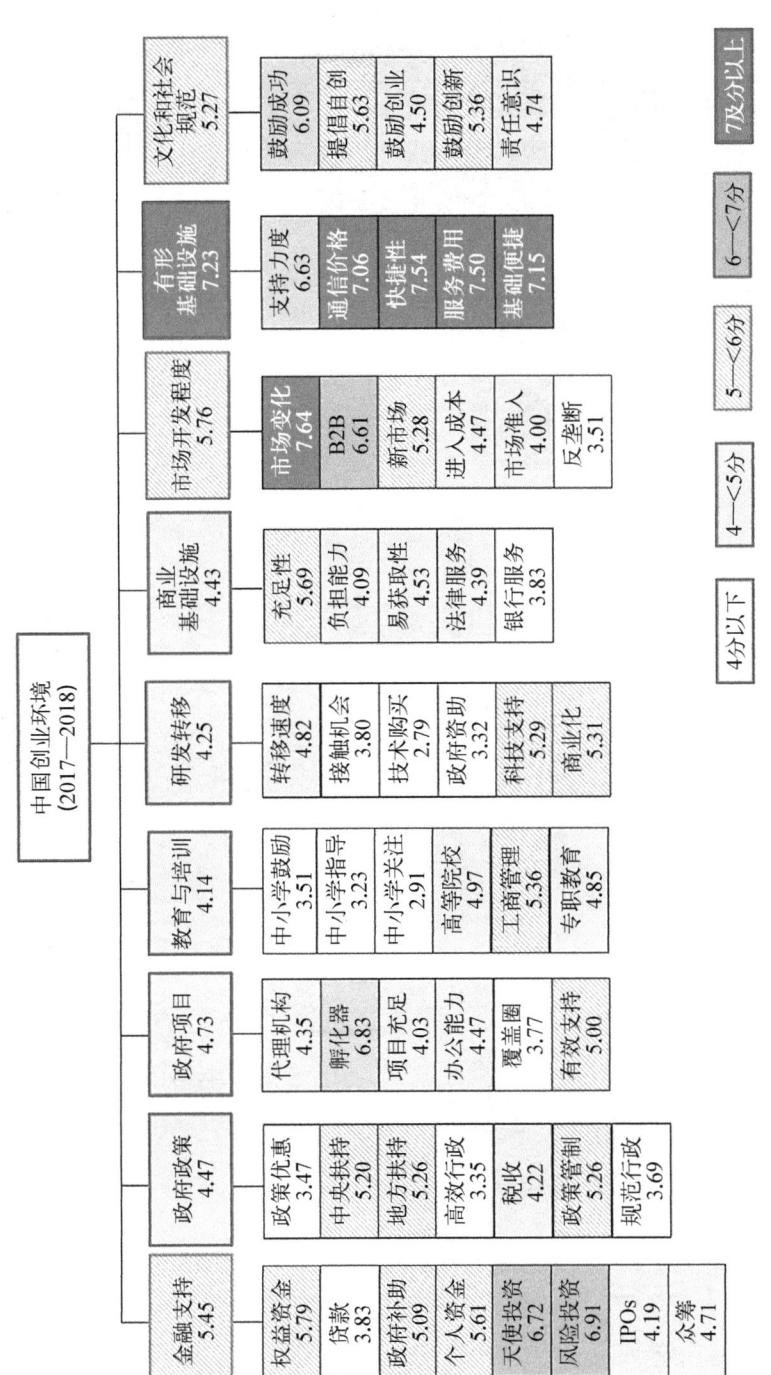

图1-0-1 中国创业环境(2017—2018)

10 青年创客的心理研究：从认知到行动

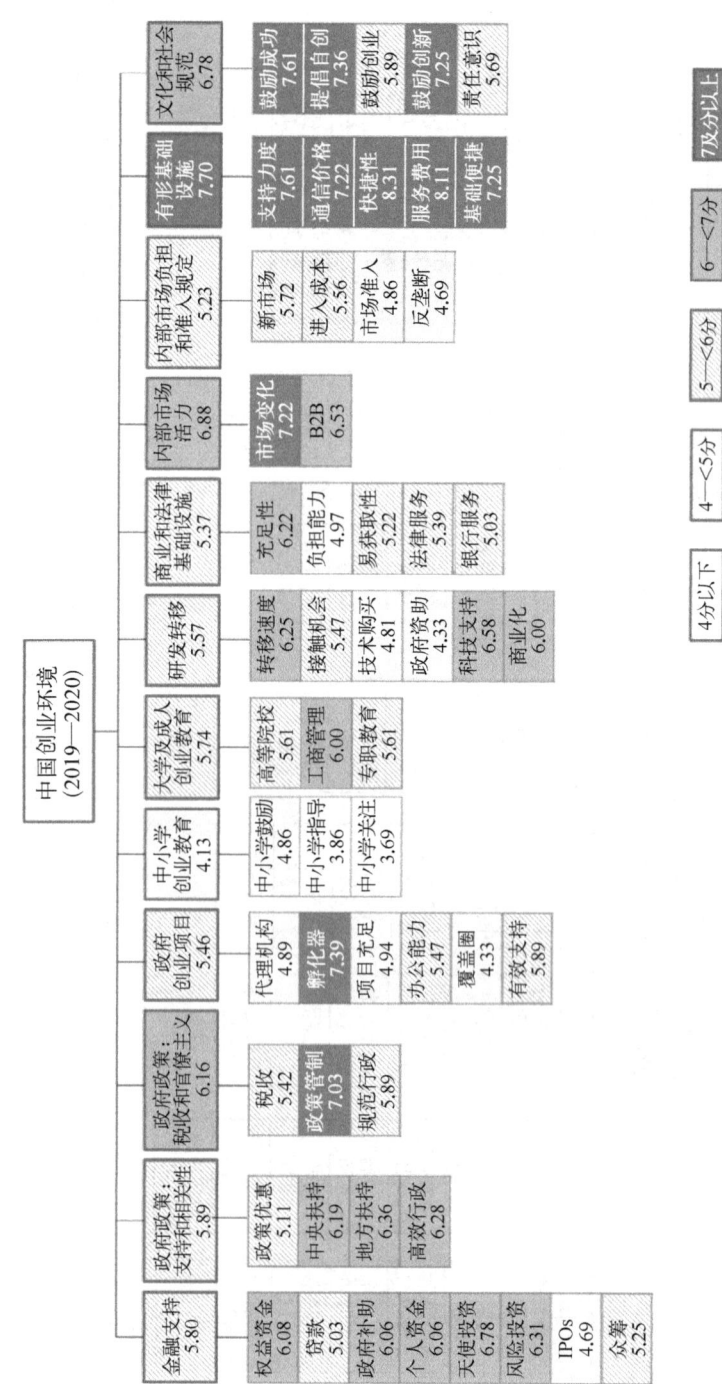

图 1-0-2 中国创业环境（2019—2020）

资料来源：图 1-0-1 和图 1-0-2 均摘自全球创业观察（GEM）中国报告（2019/2020）。

然而,尽管政策法律体系不断完善,但在实际操作中仍存在一些问题。比如,政策法律内容虽然丰富,但部分政策法律内容较空泛,缺乏操作性,难以有效满足大学生多样化的创业需求,特别是在科技创新技能提升和市场拓展方面,缺乏针对性的政策法律措施。此外,不同专业背景和能力水平的大学生,在创业过程中所面临的挑战和风险各不相同,因此需要更加灵活、个性化的政策法律支持。

总之,我国对以大学生为主体的青年创客创新创业的支持政策法律正在不断完善和优化中。通过政府、高校、企业和社会各界的共同努力,相信未来将有更多的优秀创新创业项目涌现出来,为中国的经济社会发展注入新的活力和动力。

四、我国创客教育发展概况

由清华大学创客教育实验室与现代教育技术杂志社携手呈现的《中国创客教育蓝皮书2015》[①]指出,在创客运动的带动下,创客教育在中国蓬勃兴起。创客教育可分为广义和狭义两层概念。广义上的创客教育不是一种具体的教学模式或方法,而是将"动手操作、实践体验"的理念和方式应用于教育中,以培育大众创客精神为导向的教育形态(傅骞等,2014)。狭义上的创客教育则是一种以培养学习者的创新素养为导向的教育模式,是传统课堂教学的有效补充之一(祝智庭等,2015)。学者们对创客教育有着不同的定义,但是他们都强调创客教育是一种注重"做中学"的培养学习者创造精神的教育。在作为复杂系统的创客教育中,创客空间、创客师资、创客课程、创客评价都是创客教育顺利开展的重要条件(陈永霖等,2017)。在前人研究基础上,代显华等(2024)将创客教育定义为一种以提升学生创新素养为目标、创客空间为平台、创客课程为基础、创客师资为关键、创客评价为反馈的教育模式。

张勇财(2024)指出我国创新创业教育起步较晚,大体上可以分为

---

① 中国教育报.《中国创客教育蓝皮书》发布[EB/OL].(2016-03-21)[2025-03-13].https://www.edu.cn/xxh/focus/201603/t20160321_1378215.shtml.

萌芽阶段、探索阶段、拓展阶段、快速发展阶段。萌芽阶段(1989—2002),"开拓教育""事业心教育"等理念被引入中国。清华大学,于1999年举办了国内第一届"挑战杯"中国大学生创业计划竞赛,在国内高校掀起了一股创业教育的浪潮,创业教育进入人们的视野。探索阶段(2002—2008),教育部高度重视创业教育,先后开展了多轮试点项目,各高校由最初的被动参与转变成为主动发展。拓展阶段(2008—2010),经过多方努力,我国创业教育取得阶段性成果。快速发展阶段在2010年后,尤其是出台针对高校和大学生具体创业的相关办法,意味着国家层面将全力助推此项工作,创新创业教育将向更高层次发展,基本形成了"四位一体、整体推进"的格局,我国创新创业教育进入全面推进阶段。

目前我国创客教育在多个维度上均实现了显著进步。在政策支持方面,我国政府高度重视创客教育的发展,通过制定和实施一系列政策,为其提供了坚实的后盾。2018年,教育部将三维设计、开源硬件、人工智能纳入高中新课标,标志着这些前沿技术正式成为基础教育体系的一部分。随后,教育部又明确了实验操作在初中学业评价中的重要性,并鼓励各校构建创客空间和创新实验室,进一步推动了创客教育的普及。在教育实践方面,创客教育的实践范围不断拓展,从一线城市延伸至中小城市,形成了广泛的实践网络。在这一进程中,注重创客教师的专业培训、智慧课堂的实施、学生创客能力的培养以及创客空间的构建,成为提升创客教育质量的关键。在企业参与方面,企业不仅是创客教育资金的重要来源,更深度参与教育内容开发、赛事组织等各个环节。例如,2024年"创客中国"浙江赛区的成功举办,就充分展示了企业在推动创客教育和科技创新方面的积极作用。在赛事活动方面,通过举办,如"中美青年创客大赛"等国内外赛事活动,中国不仅促进了创客文化的国际交流,还为青年创客提供了展示才华、交流思想的宝贵平台,有效推动了青年创客的成长与发展。在学科融合方面,创客教育强调跨学科整合能力,鼓励学生在解决实际问题时运用多学科知识。这种学科融合的理念不仅丰富了创客教育的内涵,也为培养具有综合素质和创新能力的人才开辟了新的路径。

创客教育在培养创新型、复合型人才方面具有重要作用。为深化创客教育的育人功能，我们需致力于培育学生的创新素养，通过巧妙运用数字技术，实现教育资源的动态整合与优化。在此基础上，积极探索大中小学创客教育一体化发展的新路径，勇于开拓创客教育的新模式，以期实现大中小学创客教育的无缝衔接（代显华等，2024）。为实现这一目标，我们应从结构维度进行深入剖析与构建。具体而言，需以创客政策为坚实的运行保障，为创客教育的发展提供政策指引与支持；以创客空间为活跃的平台依托，为师生提供实践创新、交流互动的广阔天地；以创客课程为丰富的供给途径，构建系统化、科学化的课程体系，满足学生多样化的学习需求；以创客师资为关键的联动抓手，加强师资培训，提升教师的创客教育能力与水平；以创客评价为精准的反馈改进机制，定期评估教育效果，及时调整教学策略，确保创客教育的持续优化与提升。通过各维度框架的构建与实施，推动各教育阶段创客教育的融合发展，促进创新人才培养机制的建立与完善，为培养具有创新精神与实践能力的高素质人才奠定坚实基础。

五、小结

习近平总书记在党的二十大报告中指出，"坚持创新在我国现代化建设全局中的核心地位""加快实现高水平科技自立自强""强化现代化建设人才支撑"。[①] 科技创新、社会创新本质上是人的创造性活动，最根本的问题是人才问题。"大众创业、万众创新"，激发各类人才的创新创业创造活力，才能为我国现代化建设提供坚实的社会人才、科技人才支撑。青年创客中有纯粹商业性质的创业者，也不乏旨在推动社会问题的解决、促进社会创新的创业者。这些具有创新创业抱负的青年创

[①] 新华社.习近平：高举中国特色社会主义伟大旗帜　为全面建设社会主义现代化国家而团结奋斗——在中国共产党第二十次全国代表大会上的报告[EB/OL].(2022-10-25)[2025-03-13].https://m.mofcom.gov.cn/article/zt_20thCPC/toutiao/202211/20221103366898.shtml.

客,在个人特质、自我认知、生命历程、社会资本等方面有何特点? 从他们对创业的认知,到形成具体的创业行动,究竟是哪些因素在影响着他们的选择? 他们的创业行动周期构成有何特点? 当他们面对挫折和困难时,对社会政策有怎样的诉求? 会形成怎样的身份认知? 笔者尝试运用文献研究法和问卷调查法,围绕上述问题,给出经验研究的答案。

参 考 文 献

陈永霖,金伟琼.中美高校创客教育比较研究[J].高等工程教育研究,2017(1): 169-173.
代显华,汤永洁.大中小学创客教育一体化:内涵价值和结构维度[J].教育理论与实践,2024,44(29):7-12.
傅骞,王辞晓.当创客遇上STEAM教育[J].现代教育技术,2014,24(10):37-42.
何娟."让青春在创新创造中闪光"(人民论坛):奋斗者正青春[N].北京:人民日报,2022-05-10(4).
克里斯·安德森.创客:新工业革命[M].萧潇,译.北京:中信出版社,2012.
刘忠艳.中国青年创客创业政策评价与趋势研判[J].科技进步与对策,2016, 33(12):103-108.
牟芷.我国大学生创业政策的回顾与展望[J].科技创业月刊,2018,31(12):4-6.
曲婉,冯海红.创新创业政策对早期创业行为的作用机制研究[J].科研管理,2018, 39(10):12-21.
张勇财.提升创新创业人才培养水平[N].中国社会科学报,2024-07-18(A10).
祝智庭,雒亮.从创客运动到创客教育:培植众创文化[J].电化教育研究,2015, 36(7):5-13.

第二章

青年创客的类型与特质

第一节 青年创客的总体概况

《2023—2024年全球创业观察报告》[①]指出,创业活动中最为活跃的群体是18—34岁的青年。《中国青年创业发展报告2023》[②]也指出,青年创业发展指数自2015—2022年由100升至184.4,呈现持续向好的发展势头。本章重点考察我国青年创客的特征,通过问卷调查收集青年创客的人口学资料及相关个人资料,进行统计分析,其目的在于,一方面对本书的调查研究对象进行介绍,以交代研究数据基础;另一方面通过与已有研究的调查结果进行比较,从而对青年创客群体结构特征、创业质量有深入认识。

一、青年创客的结构特征

本章采用线上和线下问卷的方式进行调查。数据调查时间为2019年,共调查了434人,其中因填写态度不认真(填写时间低于300秒,严重漏答,问卷前后题逻辑问题)剔除38人,年龄不符合要求(超过

[①] 全球创业观察(GEM)始于1999年,是一家提供全球创业信息的非营利联合研究体。https://www.gemconsortium.org/report/global-entrepreneurship-monitor-gem-20232024-global-report-25-years-and-growing.

[②] 《中国青年创业发展报告2023》由中国青年创业就业基金会联合泽平宏观发布。http://www.yee.org.cn/qywwxdt/202311/t20231130_14937524.htm.

40周岁,低于18周岁)剔除30人,最终有效问卷人数为368人(线上占33.7%)。这些人的数据构成了本书研究数据分析的基础。

GEM报告指出,2002—2017年的15年中,我国低学历创业者比例逐步下降,高学历创业者比例有所提高,初中及以下学历的创业者比例从2003年的14.2%逐步下降到2017年的6.3%。《中国青年创业发展报告2023》也指出,青年创业者超九成为大专及以上学历,呈现高学历的特征。本章的有效调查对象中,受教育水平跨度比较大,小学及以下到硕士及以上学历都有(具体见表2-1-1),其中初中及以下学历的青年创客仅占2.99%,本科学历的青年创客占到55.86%,总体受教育水平比较高。

表2-1-1 青年创客受教育程度分布

学历	人数	百分比(%)	累积百分比(%)
小学及以下	1	0.27	0.27
初中	10	2.72	3.00
高中职高中专	37	10.08	13.08
大专	80	21.80	34.88
本科	205	55.86	90.74
研究生	34	9.26	100.00

注：缺失1人。

受访青年创客中男性204人,女性164人,性别比为51∶41。年龄范围从18岁到40岁,平均年龄为29.68岁(标准差为5.61),其中25—30岁的占26.2%,30—35岁的占29.4%,35岁以上的占16.3%,值得注意的是18—25岁的占28.1%,这可能与我国大力发展和推行高等学校创新创业教育,大大促进了大学生自主创业有关。调查对象中未婚青年创客占51.8%,已婚的青年创客占45.2%,离婚或丧偶的占3%。

《中国青年创业发展报告 2022》[1]和《中国青年创业发展报告 2023》均指出，全国评选出的前 50 个青年创业友好型城市中，北京、深圳、上海位列前三，一线城市、发达省会城市及东部发达地级市排名居前。本章对创业者籍贯进行统计，探究不同地区创业"基因"，以侧面反映所在地区的创业环境和活力。调查结果显示，受访青年创客籍贯以华东地区居多（见表 2-1-2），其中江苏省占比 45.62%、安徽省占比 10.10%、山东省占比 6.01%，由于本研究调查主要在笔者所在城市（南京）进行，而非采用概率抽样，数据采样难免有所偏颇，但是从青年创客出生地的分布也可以看出，经济发达城市的创业环境有助于促进创新创业活动的发生。

表 2-1-2 青年创客籍贯按行政区域占比分布

行政区域	人　数	百分比(%)
东北	12	3.28
华北	20	5.46
华东	260	71.04
西北	4	1.09
西南	19	5.19
中南	51	13.93

注：缺失 2 人籍贯数据。本调查中，东北涉及省份：黑龙江、吉林、辽宁；华北涉及省份：北京、天津、河北、山西、内蒙古；华东涉及省份：上海、江苏、浙江、安徽、福建、江西、山东；西北涉及省份：陕西、甘肃；西南涉及省份：重庆、四川、贵州、云南；中南涉及省份：河南、湖北、湖南、广东、广西、海南。

二、青年创客的创业质量

创新创业具有高风险性和不确定性，创业失败也是创客们必须面对的一种结果。那么青年创客的创业周期有怎样的表现和差异？调查

---

[1] 中国青年创业就业基金会.2022 中国青年创业发展报告发布！［EB/OL］.［2025-03-11］.https://m.cyol.com/gb/kab/articles/2022-12/30/content_xaae8nugKo.html.

结果显示,青年创客的平均创业时间为54.25个月,新生创业者(创业时间小于等于2年)人数较多,占总人数的34.6%,但也不乏创业时间超过6年的(占27.3%),具体部分见表2-1-3。

表2-1-3 不同创业时间的青年创客的分布

创业时间	人 数	百分比(%)	累计百分比(%)
≤2年	123	34.65	34.65
>2—4年	88	24.79	59.44
>4—6年	47	13.24	72.68
>6年	97	27.32	100.00

创业时间长短的性别差异显著,$t(336.63)=2.72$,$p=0.007$,男性青年创客比女性青年创客平均创业时间长1年多(平均创业月数:男性为60.33个月,女性为46.21个月)。

将受教育程度划分为四个层次,分别为高中及以下、大专、本科、研究生。创业时间分为≤2年、>2—4年、>4—6年和>6年四个阶段。进行受教育程度和创业时间的交叉分析(见表2-1-4),结果显示,两变量关系显著,$\chi^2=21.03$,$p=0.013$。高中以及以下教育程度的青年创客踏入社会比较早,创业起步比较早,近半数(47.9%)创业时间达到6年以上。受教育程度从高中及以下到本科,随着教育程度的提高,创业时间小于等于4年的青年创业的比重逐步增加,创业时间6年以上的青年创业的比重逐步减少。而硕士及以上的青年创客创业时间小于等于2年的和创业时间超过6年的比重相当,有4年以上创业时间的青年创客达到了52.9%,说明受教育水平达到研究生的青年创客在国家号召"双创"伊始甚至更早就进行创新创业,也有一批人还在不断地进入创新创业活动当中来。

本章中全职进行创业的青年创客有269人,占比73.9%,兼职创业的有95人,超过总人数的四分之一。兼职创业的青年创客中有21人仍是在校学生;有12人在学校、事业单位或政府机关工作;其他从事编

表 2-1-4 青年创客受教育程度与创业时间的交叉

受教育程度		创业时间				合计
		≤2年	>2—4年	>4—6年	>6年	
高中及以下	人数	9	10	6	23	48
	百分比(%)	18.8	20.8	12.5	47.9	100.0
大专	人数	28	19	7	24	78
	百分比(%)	35.9	24.4	9.0	30.8	100.0
本科	人数	75	53	27	40	195
	百分比(%)	38.5	27.2	13.8	20.5	100.0
研究生	人数	10	6	8	10	34
	百分比(%)	29.4	17.6	23.5	29.4	100.0

导、设计、工程师、教育培训、会计、建材、房地产、IT等工作的共44人（8人未填写）。《中国青年创业发展报告2023》指出,农林牧渔、批发零售和住宿餐饮等是青年创业的主要领域。本研究中受访青年创客群体中主要创业领域是住宿和餐饮业,占比达到16.39%,其次是批发和零售业、文化/体育和娱乐业,此三大领域,占比均超过了10%。另外,信息传输/软件和信息技术服务业、教育、租赁和商务服务业也受到青年创客的青睐,占比超过5%（具体见表2-1-5）。

表 2-1-5 青年创客创业行业分布

行业类型	人数	百分比(%)
农、林、牧、渔业	5	1.37
采矿业	1	0.27
制造业	13	3.55
电力/热力/燃气及水生产和供应业	6	1.64

续　表

行　业　类　型	人　数	百分比(%)
建筑业	5	1.37
批发和零售业	57	15.57
交通运输/仓储和邮政业	12	3.28
住宿业和餐饮业	60	16.39
金融业	12	3.28
信息传输业/软件和信息技术服务业	31	8.47
房地产业	13	3.55
教育	28	7.65
科学研究和技术服务业	11	3.01
水利/环境和公共设施管理业	8	2.19
居民服务/修理	6	1.64
租赁和商务服务业	23	6.28
卫生和社会工作	18	4.92
文化/体育和娱乐业	40	10.93
公共管理/社会保障和社会组织	17	4.64

三、小结

总体而言，青年创客这一充满活力与潜力的群体，在结构特征和创业质量上的表现与我国庞大的创业者队伍之间存在着诸多不谋而合之处。他们同样以饱满的热情、敏锐的洞察力和不懈的努力，投身于这片充满机遇与挑战的创业蓝海，努力探索着属于自己的成功路径，为推动我国经济社会的创新发展贡献着青春与智慧。

然而，在肯定青年创客所取得的成就的同时，我们也应正视他们在创业过程中所面临的种种挑战与不足。首先，在创新行业领域的选择上,青年创客呈现一定的扎堆现象。这种趋势虽然在一定程度上反映了当前社会的创新热点和市场需求,但也可能导致这些领域的竞争过于激烈,同质化现象日益严重。这不仅限制了青年创客的创新空间和创业想象力,也可能影响整个创业生态的多元化和可持续发展。其次,青年创客在区域分布上也呈现不均衡的特点。一些地区由于地理位置优越、经济发达、政策优惠等因素,吸引了大量的青年创客聚集,形成了较为浓厚的创业氛围和较为完善的创业支持体系。然而,在一些经济相对落后或地理位置偏远的地区,青年创客的数量则相对较少,创业氛围也相对薄弱。这种不均衡的分布状况不仅影响了青年创客在带动地方创新创业发展和社会进步方面的功能的发挥,也可能加剧地区之间的发展不均衡和贫富差距。

作为创新创业事业的主体力量,青年创客肩负着推动经济社会创新发展、实现民族复兴的历史使命和时代责任。他们不仅要积极发挥自身的主观能动性和优势,不断提升自身的创新能力和创业素养;还需要国家政府和社会各界给予更多的关注和支持,共同营造一个更加开放、包容、创新、创业的良好环境,共同推动我国创新创业事业的繁荣发展。

第二节 青年创客的类型

创业是"一个以既定目标为方向的动态过程,在这个过程之中,个体或群体将富有创造性的思维与市场潜在的需求或机遇相结合,运用管理和组织的能力、获取和整合资源的能力以及适应环境的能力,并承担因此而产生的各种不同类型的风险,以达到所希冀的目标"(湛军,2010)。青年创客进行创新创业过程中,秉持的目标差异,极大地影响其创新创业认知和行为。本节通过文献梳理,将从创业动机、创业使命、创业导向、创业身份等差异来介绍青年创客的类型,以期深入认识青年创客的多样性。

一、青年创客的创业动机

基于动机理论,斯托里(Storey,1994)提出企业创建的"推力"和"拉力"假说。"推力"假说认为,失业者因为没有其他可选择的就业机会而更倾向于创建企业;"拉力"假说则认为,当经济繁荣,总体需求较高的时候,创业机会多,创业者常常被商业机会所吸引。艾米特(Amit,1995)从创业动机角度提出"拉动型"创业和"推动型"创业。2001年,全球创业观察年度报告首次明确提出了机会型创业和生存型创业的概念。其中,机会型创业指的是一些人为了追求商业机会而从事的创业活动;生存型创业指的是一些人别无选择或对当前就业不满意而从事的创业活动。生存型创业与机会型创业的本质区别是有没有充分的外在创业资源(陈杰、胡明志,2024)。大量基于国家层面数据的宏观差异研究发现,机会型创业对就业创造和经济增长等贡献大于生存型创业。发达国家的机会型创业与经济增长相关,而生存型创业通常出现在经济欠发达地区,对经济增长几乎没有影响(Wong et al.,2005)。

当然,创业动机受到多种因素的影响。从创业壁垒来看,生存型创业者相较于机会型创业者工作机会较少,更容易受到创业成本的影响(Stel et al.,2006)。从创业者特征上来看,机会型创业者往往受年龄的影响更大一些,他们更愿意承担风险,且他们更加成熟自信,对自己的能力更有把握,有更多的内在自我控制(Bhola,2006),高自我效能感的个体拥有更高的机会型创业倾向,但是对生存型创业没有决定性作用(Wong et al.,2005)。生存型创业者往往比机会型创业者更期望低风险,对创业失败的恐惧更高(Wagner,2005),成长期非利润回报对他们的吸引力更小(Block et al.,2009)。《全球创业观察(2017—2018)中国报告》的数据显示,2017年未受过正式教育或受教育程度为小学的创业者中,仅25%的创业动机是机会型创业,而这一比例在本科及以上学历创业者中为81.8%。可见创新创业的动机与受教育程度有密切关系。从技术应用情况角度,工业机器人应用主要促进了中等技能劳动者的机会型创业,这种促进效应也呈现先上升后下降的趋势

(陈杰等,2024)。虽然,机会型创业与生存型创业在各方面存在明显差距,但并不表明生存型创业就不值得提倡,机会型创客的素质就要好于生存型创客(薛红志等,2003)。要看到各种创新创业活动都有助于创造就业岗位并促进经济活力,生存型创客的创业活动并不逊色。另外,两类创客都是通过创新创业活动直接参与市场竞争,提高对市场机会的利用能力,生存型创客可以转向机会型创客。随着我国创新创业环境的优化,创业机会不断涌现,但也要考虑国情特点。谭远发(2010)曾分析指出,未来我国创业活动呈现"三高"(即创业总指数高、未来创业进入率高和创业失败率高)、"两低"(即机会型创业和生存型创业比率低、创业成长潜力低)的特点,"这些特点决定了中国的创业支持政策体系的特殊性,即在支持机会型创业时,也要重视生存型创业"。

二、青年创客的创业使命

青年创客从事创新创业过程中,所秉持的创业使命各有差异,可以将青年创客分为商业类创客和公益类创客。商业类创客从事的是商业类创业,其创业目标是为了获得经济利益。于铁山(2015)从经济学角度提出,"对经济要素的考量是创业价值观的一种具体的、显性的表达,同时以经济学指标作为主要考量标准可以为创业价值观提供一定的指引作用。"经济效益成为衡量商业创业成功与否的主要指标。

公益类创客从事的是公益类创业,"在广义的创业活动中,以实现社会责任为目标的那部分创业活动统称为公益创业"(湛军,2012)。公益创业旨在通过创业来为社会发展提供公共服务产品,其本质是实现既定社会性或公益性目标的一个动态过程,公益性是其内在特征(雷园园等,2023)。公益创业的产生背景在于,经济的市场化和全球化过程中社会问题越发凸显,需要有力量调和其中复杂的关系,承担更多的社会责任,因而对社会企业的需求不断增加。2009年全球创业观察把公益创业所涉及的范围归纳为实现社会责任与实施环境保护两个方面。其中社会责任方面的活动主要包括解决诸如改善弱势群体生活质量、发挥残疾人作用以及福利等民生方面的社会问题;环境保护方面则涉及促进低碳环保、利用清洁能源、保护全球自然环境与资源等内容。

商业类创客与公益类创客的区别在于，公益类创客以社会使命为核心，创造多少社会价值是衡量一个公益类创客成功与否的主要标准。对商业创客而言，需要通过创新产品来盈利，否则就要被市场淘汰；而对公益创客而言，创造利润只是实现目的的手段，而不是目的本身。当然无论是商业类创客还是公益类创客在创新创业过程中都涉及经济财富创造和社会财富创造。商业创客在追逐利益的同时，也通过创造新市场、新产业、新技术、新制度形式、新工作等来增加社会财富，社会财富是经济财富创造的副产品（严中华，2007）；公益创客也受到经济利益和社会回报的双重驱动，利润仍然是一个目标，但不是唯一目标，利润是被再投入于使命之中而不是分配给股东（李卉、沈茜，2019）。

已有研究显示，公益类创业相较于商业类创业整体发展缓慢（湛军，2012）。与此一致，本调查中，青年创客创业类型属于商业类的占85.7%，公益类的占9.6%，还有4.7%的人选择"其他"这一选项。就全球来看，从事公益类创客活跃的领域主要包括教育、保健、文化、经济发展、环境保护等。对我国公益类青年创客从事行业的统计显示，他们的创业主要分布在卫生和社会工作、公共管理/社会保障和社会组织行业（占比达77.1%），总体上相对局限。从全球的数据来看，公益类创客中，男性的比例大于女性，这一点与本调查结果相左。就不同创业类型中性别的差异进行卡方分析，$\chi^2=4.53$，$p=0.033$，商业类创业中男性青年创客的比例更大（男性：女性＝58.8%：41.2%），公益类创业中女性青年创客的比例更大（男性：女性＝60%：40%）。在我国从事社会组织或社会工作等相关工作相对来说时间自由，但工资报酬在很多地区有待提升。这可能是造成目前我国公益创业女性多于男性的原因之一。

本调查中，公益类创客与商业类创客平均年龄相当，商业类创客25岁及以下的青年占比最多（30.4%）；公益类创客以30—35岁的青年占比最多（40%）。已有研究显示，公益类创业受经济发展程度影响较大，发达国家的人相较于发展中国家的人，参与公益创业的比例更高（湛军，2012）。追求财富是吸引青年人进行创新创业的一个重要因素，从事公益创业的青年需要有一定经济积累和社会使命认识,加之目前人们的公益创业意识比较低,可能是公益类青年创客比例不高的重要原因。

三、青年创客的创业导向

即便在相同动机、使命的驱动下,创客创业也有不同的表现,例如不同创业导向下,创业的形式、运作方式有不同。以返乡创业为例,青年放弃城市务工机会返乡创业,呈现出更强的主体能动性。在青年群体内部,基于主体创业动力和个体资源、禀赋、能力的差异,青年返乡创业可以分为家庭本位主导下的生活导向型返乡创业与自我实现推动下的兴趣导向型返乡创业(毛一敬,2021)。毛一敬(2021)指出,在生活导向型的返乡创业模式中,青年选择在自己的家乡进行创业,这不仅为他们提供了完整的家庭生活体验,也是他们实现家庭发展目标的重要途径和工具。宅基地资源、土地资源以及丰富的社会关系资源等,成为直接影响他们生活成本和情感体验的关键因素。相比之下,兴趣导向型的返乡创业则更具个性化色彩。对于这类创业青年来说,创业本身是一种超越常规生活方式的尝试,创业过程中充满的未知和挑战,以及由此带来的冒险体验,正是他们发挥个人能力、获取成就感和价值感的重要方式。在选择创业空间时,他们更倾向于以创业实践的便利性为导向,地点的选择更加灵活多变。因此,尽管这些青年同样选择返乡,但他们可能并不会回到自己的村庄,而是选择在城市近郊或其他更适宜创业的地方落脚。

一般来说,当创客项目不复杂或者创客本人技术能力比较全面时,创客为个人创作,当然在创作过程中会与其他爱好者进行线上或线下的交流,但项目主要由个人完成。但大多数创客都会有自己的"圈子",当大家共同对某个项目产生兴趣或需要彼此取长补短时,会以爱好者组织的形式进行集体创作,但同一个项目组人数不会太多。因为兴趣而聚集在一起的青年创客,表现出兴趣导向的创新创业形式。这类青年创客不以营利为目标而主要追逐兴趣,但是他们可能是商业类创客,也可能是公益类创客。这类创客团队其组织就相对松散,管理系统和制度系统不健全。与之形成对照的是以商业为导向的创客,他们以创造出有价值的产品为目标,因追逐盈利而汇聚在一起。以商业为导向的创客团队一般采用公司化手段运作公司,在管理系统和制度系统方面更为完善,但组织结构和团队文化上仍带有鲜明的互联网组织文化,不同于传统组织。兴趣导向和商业导向在同一创客身上可以兼具,例如以商业为导向的创客也可能保持兴趣导向的出发点。以兴趣为导向创客和以商业为导向创客身份理论上也可以相互转化,不过也有研究指出,这种转化率比较低,一般在初始阶段就以商业为目标的创客很难直接转化为单纯的兴趣导向。但无论哪种类型的创客他们所具有的创客精神是一致的:追求创新、勇于实践、乐于分享。

四、青年创客的创业身份

创客身份是作为个体行为解释的机制,使个体明白作为一个创客需要付出哪些相应的努力(Hoang et al.,2010)。创客身份对于创客自身或是周围人都是一种意义、期待的集合,影响着创客的机会识别、资源获取和行动方式。不同的青年创客在创新创业过程中可能拥有不同的角色,也可能一个创客同时拥有不同的身份角色。就前者可以将其放到创新创业中创造性活动、创造性目标、创造性成果等方面不同承担者身上来理解。俞建华等(2015)提出,创客可分为创意客、创新客和创业客三种,创客的成长需要评估好自己属于哪一种创客。创意客是以实现创造性想法为目标,通过幻想、遐想、设想后提出一些想法、模式、方案或专利的人。这类创客是一些有想法、有思路、有点子的人以及一些策划、提供咨询的人。创新客是以实现创造新生事物为目标,通过制造单元、组件到整机过程所产生的实体或实体模型的人。这类创客是一些发明家和能工巧匠,他们是"硬件的制造者",是创新创业过程中不可或缺的。创业客是以实现创造事业、商业、产业为目标,为市场提供可用的和能变现的样品、产品、商品的人。他们的典型代表是企业家,通过创新生产方式和模式,实现创意、创新的变现,不仅把东西制造出来,还要销售出去,获取回报并继续投入生产,从而实现财富的集聚。对于后者,可以从创客在创新创业过程中不同阶段需要扮演的角色来理解。例如,在开始创业时,创客拥有着"创建者"或"创始人"的身份,但随着创业活动的发展和创业人物焦点的变化,创客的身份可能在投资者、管理者等多个角色中转换。作为创建者,更聚焦创业机会的把握,较少考虑风险因素,具有创新积极性;作为管理者,更多聚焦市场,基于顾客、利润和市场综合评估机会以降低风险;作为投资者,则从长期未来的发展路径来考量和评估、选择机会,并最小化风险(Mathias et al., 2015)。可以看到,不同角色身份的创客承担的角色任务和期待不同,与之相应的创新创业行动也会有差异。

五、小结

本节从创业动机、创业使命、创业导向和创业身份四个方面对青年创客的类型进行了梳理和讨论,以窥青年创客在创新创业过程中的使命、责任及内生动机和外部吸引。青年创客只有找准自己的类型定位,才能更好地调整自己的创新创业认知和态度,进而更好地着眼自己当下的创新创业行动。做好创客对象的细分工作,更是有助于相关政策制定、创新创业环境优化等相关支持、服务工作质量的提升。

参 考 文 献

陈杰,胡明志.创业类型的体系重构:兼论房价变动对不同类型创业选择的差异化影响[J].浙江工商大学学报,2024(02):111-123.

雷园园,王昀,张龙.高校公益创业教育的现实困境与机制创新[J].高教发展与评估,2023,39(5):110-118.

李卉,沈茜.政府-社会组织-贫困对象治理格局下农村贫困治理实践:基于湘西州H村苗绣合作社项目的个案分析[J].贵州社会科学,2019(4):86-91.

毛一敬.乡村振兴背景下青年返乡创业的基础、类型与功能[J].农林经济管理学报,2021,20(1):122-130.

谭远发.机会型和生存型创业的影响因素及绩效比较研究[D].成都:西南财经大学,2010.

薛红志,张玉利,杨俊.机会拉动与贫穷推动型企业家精神比较研究[J].外国经济与管理,2003(6):2-8.

严中华,杜海东,孙柳苑.社会创业与商业创业的比较研究及其启示[J].探索,2007(3):79-82.

俞建华,戴健华,张媛,等.关于创客特质析解与创客成长链的思考[J].科技创新与品牌,2015(8):63-66.

于铁山.个人主观社会地位的社会影响因素:基于CLDS(2012)数据的实证研究[J].人口与社会,2015,31(1):89-97.

湛军.金融危机背景下我国创业与科技创新发展对策建议:基于最新全球创业现状分析的结论[J].科技进步与对策,2010,27(1):27-31.

湛军.全球公益创业现状分析及我国公益创业发展对策研究[J].上海大学学报(社会科学版),2012,29(4):117-130.

AMIT R, MULLER E. "Push" and "pull" entrepreneurship[J]. Journal of Small Business & Entrepreneurship, 1995, 12(4), 64-80.

BHOLA R. Explaining engagement levels of opportunity and necessity entrepreneurs [D]. Erasmus University Rotterdam, 2006.

BLOCK J, SANDNER P. Necessity and opportunity entrepreneurs and their duration in self-employment: evidence from German micro data[J]. Journal of Industry, Competition and Trade, 2009, 9(2), 117-137.

HOANG H, GIMENO J. Becoming a founder: how founder role identity affects entrepreneurial transitions and persistence in founding[J]. Journal of Business Venturing, 2010, 25(1), 41-53.

MATHIAS B D, WILLIAMS D W. The impact of role identities on entrepreneurs' evaluation and selection of opportunities[J]. Journal of Management, 2015, 43(3), 892-918.

STOREY D. Understanding the Small Business Sector[M]. London: Routledge, 1994.

VAN STEL A, STUNNENBERG V. Linking business ownership and perceived administrative complexity [J]. Journal of Small Business and Enterprise Development, 2006, 13(1), 7-22.

WONG P K, HO Y P, AUTIO E. Entrepreneurship, innovation and economic growth: Evidence from GEM data[J]. Small Business Economics, 2005, 24: 335-350.

第三章

青年创客的自我驱动力

"人啊,认识你自己"是刻在希腊阿波罗神殿上的一句名言,人们从没停止过对自我的探索。自我不仅仅是一个概念——个体对自己的认识,自我还是一种结构。包梅思德(Baumeister,1998)在《社会心理学手册》(Encyclopedia of Social Psychology)中提出,自我状况的来源包括三个部分,分别是反身意识、人际存在和执行功能。反身意识是基础,只有当意识注意转向自身时,才能形成对自我的概念;人际存在是每个个体与他人人际互动的重要媒介;而执行功能是自我调和、调动的作用机制。格根(K. J. Gergen)从后现代时期人的生活环境和社会关系的复杂性和变化角度分析提出动态自我概念模型,即随着社会变迁的加剧,人际交往的频繁,人的身份也在发生急剧的变化,难以保持恒定不变的自我概念,自我在不断解构、重建,因而个体的自我是一种不断在更新的、动态的、发展的自我(詹启生、乐国安,2002)。莫尔夫(Morf)等(2012)在总结前人研究的基础上,提出自我是一个有组织的、由认知-情绪驱动的行动系统。自我具有动机性和目标性,能够计划、监控行为、选择性加工信息。因此,由自我驱动的动机,基于清晰的自我认知、目标认同和自我调控,能够驱使个体为了目标在行动中不断努力、修正。基于此,本章从青年创客的创业价值理念、自我认知、创新意识和日常习惯四个角度来探析青年创客自我驱动力的特点和表现,挖掘青年创客在创新创业过程中的内生动力。

第一节 青年创客的价值理念

随着国家对创新创业的大力支持,越来越多的年轻人投身其中。青年创客的价值理念对创客的行动、态度、情感等有潜移默化的影响,例如黄莉(2023)通过中介模型验证了创业教育通过创业价值观影响创业选择。因此,对青年创客创新创业过程中的价值理念研究有助于了解青年创客的思想动态,更好地引导青年把追求经济利益、实现个人发展和承担社会责任统一起来。

创业价值理念是社会主义核心价值观在创新创业领域的具体化呈现。要理解创业价值理念就要理解什么是创业理念和价值观。经济学家约瑟夫·熊彼特(2017)认为创业是一个突破现有资源束缚并寻求机会的过程。罗伯特·赫里斯(2004)认为,"创业就是创造新东西,并承担风险和得到回报的过程,即创业就是通过奉献必要的时间和努力,承担相应的经济负担、心理压力和社会风险,并获得最终的货币报酬、个人满足和创造出有价值的新东西的过程"。罗天虎(2004)从财富创造和积累的过程来定义创业,认为创业是"社会上的个人和群体为了改变现状、造福后人,依靠自己的力量创造财富的艰苦的斗争过程"。雷家骕等(2001)也指出创业的目的在于"取得商业成功、获得商业利润"。葛建新(2004)从更为综合的角度将创业定义为"以创造价值为目的、以创新方式将各种经济要素综合起来的一种有目的的经济活动",这些要素包括人的因素、物的因素、社会因素和组织因素。

价值理念在哲学、社会学和心理学等领域都有研究地位,因为各学科研究角度和内容的不同,价值理念的定义也有所不同。哲学中,价值理念是"关于什么是价值,价值的本质、功能等一系列问题的基本看法"(袁贵仁,2006)。社会学中,价值理念属于社会文化范畴,是社会中人们一直接受的象征系统中的一个因素,是社会里各种选择或行为的标准(帕森斯,2003)。心理学中,价值理念是一种心理现象,是与人的需要、兴趣、信念等密切关联的概念,是关于什么是"值得的"的看法(彭聘龄,2019)。虽然学界对于"创业"和"价值理念"已经有相对成熟的研究,但是创新创业价值理念仍然是一个比较新的学术研究领域,已有研究对创业价值理念尚没有统一的定义,更多侧重创业价值观,但主要是从需要视角来界定。如张进辅(2006)提出创业价值观是主体以自己的需要为基础,对创业目标的重要性的认识和在创业时采取的行为方式的判断和选择标准,它指导和调节着人们的创业目标和创业行为;王勇(2009)认为创业价值观是创业的价值取向,是创业主体从自己的创业需要出发,对创业动机以及创业过程所采取的行为方式的判断、取舍的标准,指导着创业过程;王晓莉(2010)把创业价值观定义为主体以自己的需要为基础,对创业的态度、创业目标的重要性的认识和在创业前以及创业时所采取的行为方式的判断和选择的标准。在此基础上,王占仁等(2019)将创新创业价值观界定为以社会主义核心价值观为导向,创新创业主体基于个人的需求和国家、社会的需要,在创新创业实践活动中对目标的认识以及对行为方式的判断和选择标准,主要包括创新创业价值目标、创新创业价值评价、创新创业价值选择三个方面内容;可区分为以创新创业驱动经济社会发展、以创造价值为目的的机会型创业、以创业带动就业、以解决生存问题为目的的自我雇用型创业四个层次。基于以上,在本书中,青年创客的创业价值理念指的是青年创客按照创新创业对其自身及社会的意义或重要性进行评价和选择的原则、信念和标准,对青年创客的思想和行为具有导向或调节作用。符合创新创业价值理念的事物和行为被认为是有价值的,否则就被认为是没有价值的。青年创客把创业目标价值看得越重,由此激发的动机就越强,在创业过程中投入越多。创新创业价值理念是个体在生活、创业实践中逐渐形成的,不同的人存在价值理念的差异。

对大学生调查显示,大学生的创业价值目标包含社会利他、利益实惠、名声虚荣、自我发展、精神追求五种倾向,受到了性别、生源地、专业、年级、家庭收入、创业经历等因素的影响(邓硕宁,2007)。李平仪（2011）提出与人沟通协作的能力、社会环境、家庭环境、组织能力等影响大学生的创业价值观。同时，他指出，大学生创业价值观存在创业意识淡薄（表现在缺乏开拓创新的意识、缺乏风险的意识、缺乏艰苦创业的意识）、创业素质偏低（表现在缺乏创新思维能力、缺乏实践能力、缺乏社交能力）、创业人格不健全（表现在缺乏诚实守信、存在功利主义倾向）等问题。赵晓凯（2013）通过对10位创业青年的深度访谈分析指出，青年创业者在创业目标的选择上存在着维持生计、追求经济利益、谋求个人发展、帮助他人、实现自我、挑战自我等多种价值取向，受到个人因素、文化因素、家庭因素、同伴因素和社会因素等影响。

青年创客作为创新创业的新型人才，应该积极通过创新创业提升自身价值，积极传导社会正能量，有必要准确把握他们创业价值理念的情况，从而探索青年创客创新创业行动背后的价值驱动。为此，笔者编制了创业价值理念认同问卷，采用1—5级计分方式，1表示完全赞同，5表示完全不赞同，分数越小表示对创业价值理念越认同，一共有六个问题。将青年创客创业价值理念分为社会和个人两个层面（各三个问题），社会服务、财富创造和人生价值三个维度（各两个问题）。如"我觉得'创业是为社会作贡献的一种重要手段'"（社会层面、社会服务维度）、"我觉得'创业是创造社会财富的一种有效途径'"（社会层面、财富创造维度）、"我觉得'创业是实现自我价值的一种重要方式'"（个人层面、人生价值维度）。

对不同维度或层面的创业价值观念分数的平均值进行统计分析，具体结果如下。

一、青年创客创业价值理念的现状分析

当代青年创客对创业的价值理念普遍持认同的态度，认同分数的平均值为1.65，标准差为0.57（介于完全赞同和比较赞同之间），其中有78.5%的青年创客认同均值小于等于2，11.2%的青年创客对创业价值理念的认同均值介于比较赞同与一般之间。

独立样本 T 检验结果显示,个人层面的创业理念认识度平均值显著低于社会层面的创业理念认同度(1.51∶1.80),$t(366)=8.64$,$p<0.001$。

重复测量方差分析结果发现,社会服务、财富创造、人生价值三个层面的创业理念认同程度存在显著差异,$F(2,732)=61.96$,$p<0.001$。简单效应分析显示,人生价值层面的创业理念认同度显著高于财富创造层面的创业理念认同度和社会服务层面的创业理念认同度,财富创造层面的创业理念认同度显著高于社会服务层面的创业理念认同度(p 值均小于 0.001)(具体见图 3-1-1)。

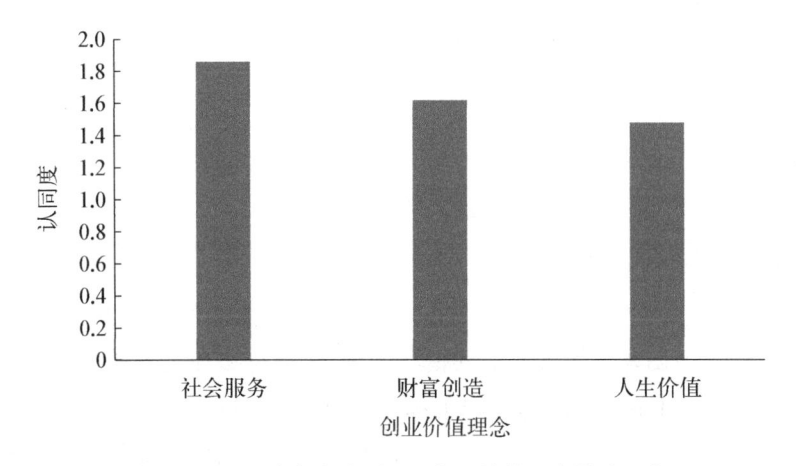

图 3-1-1 青年创客对不同创业价值理念的认同度

二、青年创客创业价值理念的影响因素分析

不同性别的青年创客对创业价值理念认同度没有差异,$t(366)=0.17$,$p=0.86$。不同层面、不同内容的创业价值理念也不存在显著的性别差异,p 均大于 0.24。

对党员身份在创业价值理念上的表现,结果显示,党员与非党员在社会层面的创业价值理念认同度存在显著差异,$t(355)=2.89$,$p=0.004$;在社会服务层面的创业价值理念认同度存在显著差异,$t(355)=2.76$,$p=0.006$。在其他层面党员身份与否差异不显著,具体结果见表 3-1-1。

表 3-1-1　不同政治面貌青年创客的创业价值理念的差异分析

创业价值理念	政治面貌	N	认同度均值	标准差	t 值	p 值
社会服务	群众	263	1.93	0.81	2.76	0.006
	共产党员	94	1.67	0.69		
财富创造	群众	263	1.65	0.65	1.82	0.070
	共产党员	94	1.51	0.64		
人生价值	群众	262	1.52	0.64	1.86	0.064
	共产党员	94	1.38	0.55		
社会层面	群众	263	1.86	0.75	2.89	0.004
	共产党员	94	1.61	0.63		
个人层面	群众	262	1.53	0.58	1.58	0.115
	共产党员	94	1.43	0.54		

对青年创客参加公益活动情况的统计,没有参加过公益活动的有89人,参加过1—5次公益活动的有196人,参加过6—12次的34人,参加过13次及以上的有44人。参加公益活动次数对创业观念的影响显著,$F(3, 362)=4.16$,$p=0.006$。简单效应分析结果显示,参加过6—12次公益活动的青年创客创业相关理念的认同程度最高,参加过13次及以上公益活动的青年创客创业相关理念的认同程度最低,参加公益活动在1—5次和6—12次的青年创客创业相关理念的认同度显著高于没有参加过公益活动的青年创客($p=0.013$)以及参加公益活动13次及以上的青年创客($p=0.012$)。

进一步分析发现,参加公益次数对社会服务层面创业理念认同度、财富创造层面创业理念认同度和社会层面创业理念认同度影响差异显著,简单效应分析显示,参加公益次数为1—5次和5—12次的青年创客在这些因变量指标上认同度显著更高。参加公益次数对个人价值或个人层面创业理念认同度没有显著影响(具体见表3-1-2)。

表 3-1-2　不同公益服务参加情况的青年创客创业价值理念差异分析

因变量	公益服务参加次数	均值	标准误差	F 值	p 值
创业理念认同度	无	1.77	0.06	4.16	0.006
	1—5 次	1.59	0.04		
	6—12 次	1.49	0.10		
	13 次及以上	1.81	0.09		
社会服务创业理念认同度	无	2.06	0.08	4.10	0.007
	1—5 次	1.77	0.06		
	6—12 次	1.66	0.13		
	13 次及以上	2.00	0.12		
财富创造创业理念认同度	无	1.71	0.07	3.65	0.013
	1—5 次	1.57	0.05		
	6—12 次	1.40	0.11		
	13 次及以上	1.82	0.10		
人生价值创业理念认同度	无	1.53	0.07	1.52	0.209
	1—5 次	1.43	0.04		
	6—12 次	1.40	0.11		
	13 次及以上	1.61	0.09		
个人层面创业理念认同度	无	1.56	0.06	1.98	0.117
	1—5 次	1.47	0.04		
	6—12 次	1.39	0.10		
	13 次及以上	1.66	0.09		

续 表

因变量	公益服务参加次数	均值	标准误差	F值	p值
社会层面创业理念认同度	无	1.98	0.08	4.70	0.003
	1—5次	1.71	0.05		
	6—12次	1.58	0.12		
	13次及以上	1.96	0.11		

将受访青年创客按受教育程度划分为四个层次,分别为高中及以下、大专、本科、硕士及以上。方差分析结果显示,在社会层面创业理念认同度上存在受教育程度的主效应,$F(3, 362) = 2.86$,$p = 0.037$(具体见表3-1-3)。

表3-1-3 不同学历水平青年创客创业理念的差异分析

因变量	学历	N	均值	标准偏差	F值	p值
创业理念	1	48	1.77	0.71	1.85	0.138
	2	79	1.63	0.53		
	3	205	1.66	0.55		
	4	34	1.47	0.56		
社会服务创业理念认同度	1	48	2.09	1.09	2.86	0.037
	2	79	1.80	0.70		
	3	205	1.87	0.73		
	4	34	1.60	0.68		
财富创造创业理念认同度	1	48	1.68	0.67	0.57	0.638
	2	79	1.65	0.71		
	3	205	1.61	0.64		
	4	34	1.50	0.67		

续表

因变量	学历	N	均值	标准偏差	F值	p值
人生价值创业理念认同度	1	48	1.53	0.79	1.22	0.302
	2	79	1.44	0.55		
	3	205	1.50	0.61		
	4	34	1.31	0.54		
个人层面创业理念认同度	1	48	1.49	0.62	0.54	0.653
	2	79	1.51	0.55		
	3	205	1.53	0.59		
	4	34	1.39	0.57		
社会层面创业理念认同度	1	48	2.04	1.02	3.30	0.020
	2	79	1.75	0.69		
	3	205	1.79	0.65		
	4	34	1.55	0.64		

注：学历1，表示高中及以下学历；学历2，表示大专学历；学历3，表示本科学历；学历4，表示硕士及以上学历。

简单效应分析显示，高中及以下学历的青年创客对社会层面创业理念的认同度显著低于大专学历（$p=0.038$）和硕士及以上学历（$p=0.005$）的青年创客。在社会服务层面创业理念认同度上存在受教育程度的主效应，$F(3,362)=3.30$，$p=0.02$。简单效应分析显示，高中及以下学历的青年创客对社会服务层面创业理念的认同度显著低于大专学历（$p=0.028$）、本科学历（$p=0.032$）和硕士及以上学历（$p=0.002$）的青年创客。

统计家人的创业经历对青年创业价值理念的影响显示，家里有人创业的青年创客对个人层面和人生价值维度的创业价值理念认同度更高，$t(358)=-2.43$，$p=0.016$；$t(358)=-2.37$，$p=0.019$。家里有人创业对青年创客在社会层面以及社会服务方面、财富创造维度的创业价值理念影响差异不显著,具体结果见表3-1-4。

表3-1-4 家里是否有人创业对青年创客价值理念的影响

创业价值理念	家里是否有人创业	N	认同度均值	标准差	t 值	p 值
社会服务	有	152	1.94	0.84	1.63	0.104
	无	209	1.80	0.74		
财富创造	有	152	1.58	0.67	−0.77	0.443
	无	209	1.64	0.66		
人生价值	有	151	1.38	0.60	−2.36	0.019
	无	209	1.54	0.62		
社会层面	有	152	1.85	0.78	1.32	0.188
	无	209	1.75	0.68		
个人层面	有	151	1.42	0.57	−2.43	0.016
	无	209	1.57	0.58		

三、讨论

本节探讨了青年创客创业价值理念的特点和影响因素。从价值理念的维度层面将青年创客创业价值理念分为社会层面和个人层面,从内容上将青年创客创业价值理念区分为社会服务、财富创造和人生价值三个维度,据此编制了青年创客创业价值理念问卷。调查结果表明,青年创客对待创业的价值理念认同度比较高,但是存在层面和维度上的差异。青年创客对创业在个人层面的价值理念认同度更高,其主要表现在创业对个人价值体现方面,其次就是创业能够创造财富,对创业能够服务社会的价值理念认同度相对较低。

刘海滨(2019)使用N-vivo11对访谈资料进行编码转录,根据扎根理论进行分析,结果指出,个体交往、创业环境、创业挫折、创业教育和群体评价五个维度的因素是影响大学生创新创业价值观转变的主要因素。本书进一步补充发现,党员身份、参加公益活动的次数以及受教育程度等影响青年创客创业价值理念的认同情况,且主要体现在社会层面和社会服务方面。党员青年创客对创业在社会层面和社会服务方面的价值理念认同度显著高于一般青年创客,表明以"为人民服务"为宗旨的党员意识影响青年创客对创业的认知和价值导向,因而党员青年创客对创业在社会层面的价值和社会服务方面的价值认同度更高。近3年参加公益活动次数在1—12次(平均每年4次及以下)的青年创客对于创业的社会价值认同度更高,但是没有参加过公益活动的和参加公益活动次数超过12次的青年创客对于创业的社会价值认同度相对较低。可见在公益活动中,青年创客能够发现社会需求和问题,更能够认同创业的社会价值,但是随着公益活动参加次数增加(大于或等于13次),创业的社会价值认同度会下降。其原因可能要归结到青年创客参加公益活动的目的上。参加公益活动可能是出于青年创客个人的选择倾向,与其创业与否没有必然的关联,那么这一类由内部动机驱动的青年创客喜欢参与公益活动,会比较稳定地参加公益活动,因而公益活动次数会比较多。而青年创客出于积累人脉、宣传品牌、提高美誉度或者响应动员等外部动机而参加公益活动,参与公益活动的次数就不稳定,并更多会将做公益与自己的创业产生关联。由此可以推测由内部动机驱动长期且定期参与公益活动的青年创客对创业的社会价值认同度要低于被外部动机驱动参与公益活动的青年创客。另外,青年创客的受教育程度越高对创业的社会价值认同度更高,具体表现在大专以上青年创客对创业的社会服务价值认同程度更高。可见高等教育有助于提高青年创客对创业社会价值的认知和理解。

虽然党员身份、参加公益活动次数和受教育程度仅影响青年创客对社会价值理念的认同,但是并不影响青年创客对创业在个人层面价值理念的认同。与此相反,分析发现,家里有人创业的经历将显著影响青年创客对创业个人价值理念的认同,更加认同创业可以实现人生价值、丰富人生阅历。可见,家里有人创业会形成一种创业的氛围,这种氛围可能会推动年轻人也走上创业的道路,并加深青年创客对创业个人价值的认同。

创业具有缓解就业压力、拓展职业路径的功能,更代表了一种全新的社会价值导向、生活方式与时代气息。创业价值观作为创新创业活动的原发动力,创业活动中发挥着重要的导向作用。创业价值观是社会主义核心价值观的个性展现、具体落实。有必要以社会主义核心价值观为引领,加强顶层设计,通过对青年创客价值理念的整体把握及其相关影响因素的认识,整体谋划创业价值观的引导。特别是要将创新创业教育与思政理论教学紧密交织,着重强调创业价值观的培养,旨在引导大学生对创新创业形成全面、理性的认知,并鼓励其以正确的方式投身创新创业实践。在教育实践层面,我们将秉持"知识传授与价值引领并重"的核心理念,通过创新创业教育与专业教育的深度融合、理论知识与实践探索的相互促进、多样化教学形式的运用与多元化教育资源的整合、价值观念的塑造与外部环境的适应性培养,全方位地提升学生的创新意识、坚韧品质、职业道德和社会责任感。通过以上教育举措,增强学生的思想觉悟、道德层次和文明修养,为高校践行立德树人的根本使命,以及培养能够肩负起民族复兴大任的新时代青年提供坚实支撑。

第二节 青年创客的自我认知

在"大众创业、万众创新"的热潮下,越来越多的人投身创业,虽然他们的动机不尽相同,但是有一点是相通的,即不满足于一眼望到底的人生,想要去追寻自我。钟雄星等(2020)对大学生的调查分析发现,大学生创业者对自我性格、兴趣倾向、能力、价值观等的认知与创业成败密切相关。由王晶主编(2019)的《大学生职业生涯规划与就业指导》着重介绍了自我探索的理论和方法,提出主动探索自我、认识自我、成就自我，可为职业生涯规划做好前期准备。

　　1890年，美国心理学之父威廉·詹姆士（William James）在其著作《心理学原理》中首次提出自我分为主我与客我（詹启生等，2002）。主我是主动的自我，是进行中的意识流；客我是作为思维对象的自我，包括一个人所持有的关于他自己的所有知识与信念。自我又可以分为现实自我和理想自我，现实自我是当下自我状态，理想自我则是个体想要成为的状态。理想自我和现实自我存在差距，个体通过自我调节，调动自身能量向目标自我前进，以缩小差距。但是个体在认识自我的时候，是将自我放在某种参照体系中进行认知的（Markus et al.，1991），或将自我看作与他人分离的独立实体，或将自我看作某种社会关系网络的一部分，这一过程称为自我建构。Markus和Kitayama从文化视角提出，东方文化以互依型自我建构为典型，人们重视人与人的关系，渴望获得良好的人际关系，其自我表征多以人际交往为背景；西方文化以独立型自我建构为典型，人们看重自我的独立自主，自我表征更多涉及个人特质、能力和偏好。布鲁尔（Brewer）等（2001）在Markus等人的基础上提出，互依型和独立型自我建构是人的两种基本需求，因而可以同时存在于一个人身上。另外，他们根据个体是从自身特性定义自我、从自己与亲密他人的关系中定义自我还是从自己和所从属团体的关系中定义自我，将自我建构倾向分为个人自我、关系自我和集体自我。自我建构的差异导致个体间认知风格、社会交往和个人自主等方面的差异。举例来说，互依型自我建构水平较高的个体在进行决策时更有可能考虑他人的需要和期望（Cross et al.，2000），关系自我水平较高的人对人际关系质量更加乐观（Gore et al.，2006）。因而，青年创客对"我是谁"的认识可从自我建构的方法层面来探究。

　　"我是谁？"这一问题更深层次的含义是"我能干什么？"能否面对困难和挑战。我对目前的工作驾轻就熟，那么除此以外我还可以干什么？诸如此类的自我疑惑的背后是对自我更多可能性的探索，也暗含对作为整体的自我能力的疑惑。班杜拉在其著作《自我效能——控制的实施》中将自我效能感定义为"个体对自己具有组织和执行达到特定成就的能力的信念",是个体对自己能否利用所拥有的技能,成功完成特定任务所具备的信心程度(班杜拉,2003)。创业自我效能感显著影响创业意愿(刘万利等,2011),直接影响到创业动机、创业行为以及能否成为一个真正创业者。研究发现,大学生创业自我效能感处于中等偏上水平;男大学生的创业自我效能感要显著高于女大学生;不同年级、不同专业之间创业自我效能感整体上无显著差异;情商、创业经历、创业课程培训和性别对大学生创业自我效能感有显著影响(陈权等,2015)。刘志迎等(2017)通过对国内若干众创空间的调查,发现创客创新自我效能感不仅对创新行为有直接影响,还通过知识共享的中介作用间接影响创客创新行为,众创空间的创新支持在模型中起到二阶段调节效应。

综上,本章在分析相关文献和参考国内外问卷的基础上,考查青年创客自我认知的自我建构方式和自我效能感两个维度,以此指导问卷内容的编制。最终青年创客的自我认知问卷有 10 个题目,采用李克特 5 级计分,1 表示完全赞同,5 表示完全不赞同,分数越低表示对自我认知的描述越认同。剔除无效问卷或数据后,采用 SPSS 进行因素分析对问卷进行探索以确定问卷结构,在此基础上进一步展开统计分析。

一、青年创客自我认知问卷

用因素分析检验量表结构效度,旨在通过因素分析提取因子,看这些因子结构是否与构想的结构相一致,如果完全一致,则表明量表测量到了想测量的东西,因此其结构效度高。首先,进行因子适合性检验,对青年创客自我认知问卷的数据进行了巴特利特(Bartlett)球形检验,检验值为 1 315.123,$p<0.001$,说明各项目间有共享因素的可能性。同时,样本适当性度量值 KMO＝0.827,表明数据样本适宜作因素分析。其次,采用主成分正交旋转法进行探索性因素分析。结果显示,本问卷中自我认知包括两大因子,其中"我是一个喜欢变化的人"这项因子适合性低,方差值为 0.383,将其去删除,最终 9 个项目进一步进行因素分析。结果显示,青年创客自我认知问卷包括两个因子(见表 3－2－1),

分别命名为自我效能和关系自我,共解释总变异的61.93%。自我效能因子包含5个项目,分别是"我是一个具有时间观念的人""我是一个具有自制力的人""我是一个做事情井井有条的人""我是一个具有行动力的人""我是一个具有抗压能力的人"。关系自我因子包含4个项目分别是"我是一个待人亲切友善的人""我是一个受朋友器重的人""我是一个受别人欢迎的人""我是一个身体健康、精力充沛的人"。

表3-2-1 青年创客自我认知分维度的探索性因素分析

题　项	自我认知	
	自我效能	关系自我
我是一个具有时间观念的人	0.771	0.140
我是一个具有自制力的人	0.770	0.235
我是一个做事情井井有条的人	0.744	0.101
我是一个具有行动力的人	0.711	0.233
我是一个具有抗压能力的人	0.705	0.253
我是一个待人亲切友善的人	0.063	0.836
我是一个受到朋友器重的人	0.333	0.770
我是一个受别人欢迎的人	0.259	0.761
我是一个身体健康、精力充沛的人	0.187	0.735

进一步考查问卷的内部一致性和可信度,青年创客自我认知问卷克隆巴赫系数(Cronbach's α)为0.852。分别考查问卷不同因素的内部一致性信度,结果显示,关系自我维度的Cronbach's α为0.817,自我效能感维度的Cronbach's α为0.824,表明本问卷内部一致性信度较高。

二、青年创客的自我认知特点

对青年创客的自我认知情况进行统计,青年创客自我认知总均值为1.75(标准差为0.50),自我效能评价均值为1.81(标准差为0.60),关系自我评价均值为1.67(标准差为0.55),均介于非常赞同和比较赞同之间,表明青年创客自我评价比较高。但是也发现,有1.6%的青年创客自我效能评分3分及以上,有1.1%的青年创客关系自我评分3分及以上。

配对样本T检验显示,青年创客的关系自我评价显著高于自我效能评价,$t(364)=4.57$,$p<0.001$。

三、青年创客自我认知的影响因素

独立样本T检验显示,男性青年创客的自我效能认同度显著高于女性青年创客的自我效能认同度,$t(366)=1.99$,$p=0.047$;在关系自我上性别差异不显著,具体见表3-2-2。

表3-2-2 青年创客自我认知的性别差异分析结果

	性别	N	认同度均值	标准差	t 值	p 值
自我效能	男	204	1.76	0.61	−1.99	0.047
	女	164	1.88	0.58		
关系自我	男	201	1.67	0.60	−0.09	0.926
	女	163	1.68	0.48		

青年创客自我认知还存在党员身份的差异。主要表现共产党员身份的青年创客的自我效能显著高于一般青年创客,$t(355)=2.14$,$p=0.033$,但是在关系自我评价上没有差异,具体见表3-2-3(政治面貌为民主党派的青年创客人数较少,未纳入分析)。

父母的党员身份对青年创客的自我认知也存在一定的影响。具体表现在母亲政治面貌是共产党员的青年创客自我效能和关系自我评价更高,父亲政治面貌对青年创客的自我认知影响差异不显著(具体见表3-2-4)。

表 3-2-3 青年创客自我认知的政治面貌差异分析结果

	政治面貌	认同度均值	标准差	t 值	p 值
自我效能	群众	1.86	0.60	2.14	0.033
	共产党员	1.71	0.57		
关系自我	群众	1.68	0.56	0.31	0.757
	共产党员	1.66	0.53		

表 3-2-4 青年创客自我认知受父母政治面貌影响下的差异分析结果

	父母政治面貌	评价均值	标准差	t 值	p 值
自我效能	母亲(群众)	1.85	0.59	2.37	0.018
	母亲(共产党员)	1.61	0.61		
关系自我	母亲(群众)	1.71	0.55	2.38	0.018
	母亲(共产党员)	1.49	0.53		
自我效能	父亲(群众)	1.83	0.61	0.72	0.474
	父亲(共产党员)	1.78	0.57		
关系自我	父亲(群众)	1.70	0.56	1.11	0.268
	父亲(共产党员)	1.63	0.52		

家里有人创业与否对青年创客的自我认知也有影响,表现在家里有人创业的青年创客的关系自我评价显著高于家里没有人创业的青年创客,$t(355)=3.46$,$p=0.001$。但是家里是否有人创业对青年创客的自我效能评价影响不显著(具体见表 3-2-5)。

青年创客的自我认知与其年龄和创业时间进行相关分析,结果显示,自我效能评分与年龄、创业时间、创业次数呈负相关(自我效能数值越小表示评价越高),$r_{年龄}=-0.12$,$p=0.018$;$r_{创业时间}=-0.13$,$p=0.016$,$r_{创业次数}=-0.11$,$p=0.034$;即随着年龄的增长、创业时间越长、创业次数越多,青年创客的自我效能感越高。青年创客的关系自我与年龄、创业时间、创业次数相关不显著(详见表 3-2-6)。

表 3-2-5　家里是否有人创业对青年创客自我认知的影响

	家庭里是否有人创业	评分均值	标准差	t 值	p 值
关系自我	是	1.56	0.53	−3.46	0.001
	否	1.76	0.56		
自我效能	是	1.76	0.63	−1.69	0.091
	否	1.87	0.57		

表 3-2-6　青年创客自我认知与其他变量的相关关系

	年龄	创业时间	创业次数	自我效能	关系自我
年龄	1				
创业时间	0.557**	1			
创业次数	0.223**	0.284**	1		
自我效能	−0.123*	−0.127*	−0.112*	1	
关系自我	0.036	0.041	−0.05	0.494**	1

注：* 表示在 0.05 水平(双侧)上显著相关；** 表示在 0.01 水平(双侧)上显著相关。

进一步将青年创客的年龄分为四个阶段,分别是 25 岁及以下、25—30 岁、30—35 岁和 35 岁以上。进行年龄段×自我认知维度的混合方差分析,结果显示,自我认知维度的主效应显著,$F(1,359)=15.16$,$p<0.0001$。年龄段的主效应不显著,$F(3,359)=0.71$,$p=0.55$。年龄段和自我认知维度的交互作用显著,$F(3,359)=3.27$,$p=0.021$。

分别进行不同年龄段关于自我效能和关系自我的分析。结果显示,25 岁及以下的青年创客关系自我评价显著高于自我效能评价,$t(102)=4.18$,$p<0.0001$；30—35 岁的青年创客关系自我评价显著

高于自我效能评价，$t(106)=2.57$，$p=0.012$，其他两个年龄段关系自我评价和自我效能评价差异不显著。另外，35 岁以上创客的自我效能评价显著高于 25 岁以下的创客，$p=0.008$，具体见图 3-2-1。

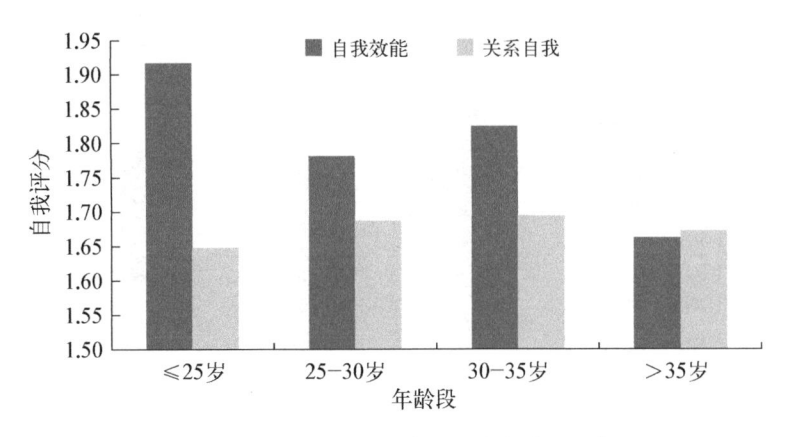

图 3-2-1　不同年龄段青年创客自我认知表现

注：自我评分越低，表示评价越高。

根据创业平均时间（平均创业时间为 54.28 个月）将采样对象分为两组：短创业时间组（<54 个月）和长创业时间组（≥54 个月）。对这两组进行独立样本 T 检验，结果发现，长创业时间组的自我效能感显著高于短创业时间组，$t(353)=2.02$，$p=0.045$。在关系自我上，年龄差异和创业时间差异不显著（p 值均大于 0.8）。进一步将创业时间分为四个阶段，分别是：≤2 年、>2—4 年、>4—6 年、6 年以上。进行创业时间×自我认知的混合方差分析，结果显示，自我认知的主效应差异显著，$F(1, 348)=114.57$，$p<0.001$。创业时间和自我认知的交互作用显著，$F(3, 348)=2.99$，$p=0.031$。创业时间段主效应边缘显著，$F(3, 348)=2.14$，$p=0.095$。分别进行不同创业时间段关于自我效能和关系自我的方差分析。结果显示，创业 6 年以上的青年创客自我效能评价显著高于创业 2 年以下的青年创客（$p=0.028$）和创业 4—6 年的青年创客（$p=0.008$），高于创业 2—4 年的青年创客（$p=0.092$），具体见图 3-2-2。不同创业时间段的青年创客关系自我评分不同，创业 4—6 年的青年创客关系自我评分最高，创业时间不满 2 年

的青年创客关系自我评分最低。独立样本 T 检验显示,创业时间不满 2 年的青年创客关系自我评分显著小于创业>4—6 年的青年创客, $t(168)=2.46$, $p=0.015$。

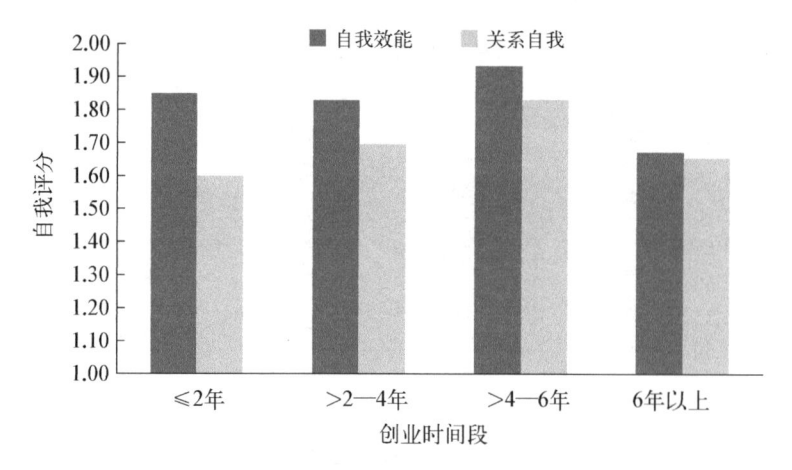

图 3-2-2 不同创业时间段青年创客自我认知表现

四、讨论

本节在收集和整理国内外自我认知研究相关文献基础上,结合青年创客的特点编制了青年创客自我认知问卷,初步构想了自我效能和关系自我两个结构维度,共 10 个题项。对获得数据进行探索性因素分析,剔除了因子适合性小而离散的题目,最后保留 9 道题。得出青年创客自我认知的两个维度:自我效能和关系自我。自我效能指的是青年创客对自己达成目标或任务具备的品质和技能的信心;关系自我指的是青年创客对自己在人际交往中的待人态度和表现的评价。与此同时,考察本研究各维度的内部一致性程度,均达到了可接受的水平。

在此基础上,统计分析显示,青年创客的自我评价普遍较高,但是在不同的维度上存在差异,表现为关系自我的评价显著高于自我效能的评价。国外研究指出,社会网络的规模、个人和父母的政治面貌构成了政治资本的主要方面,父母拥有的"政治资本"更可能直接对子女有商业益处(Knight,Yueh,2008)。陈怡安(2017)对我国金融调查与研究中心的调查数据分析发现,父母的党员身份对于"自我实现型"创业有促进作用,对"生存型"创业存在一定的抑制效应。对此,陈怡安的解释是,父母的政治身份与社会网络能够帮助子女"自我实现型"创业对资金、人脉、创意、渠道以及发展方向等方面的需要;同时党员家庭的子女由于家庭背景相对较好,缺少就业机会和难以找到满意的工作的现象较少,导致"生存型"创业的动力不足。鉴于此,本章也分析了父母政治面貌和青年创客自身政治面貌对其自我认知的影响。母亲是党员身份的青年创客关系自我评价更高,但不受父亲党员身份的影响。家里有人创业的青年创客关系自我评价也更高。个体的社会化过程离不开家庭教育,其人格及价值观的形成均受到来自家庭的重要影响。研究显示,正向的父母教养方式对大学生自我和谐以及人际信任存在显著的积极影响(康战科,2014)。自我效能感受到性别、政治身份影响,男性青年创客的自我效能评价更好,共产党员青年创客自我效能评价高于一般青年创客。另外,年龄与自我效能评价呈负相关关系,与关系自我相关不显著。25岁以下的青年创客的自我效能感评价最低,显著低于35岁以上的创客的自我效能评价。可见,年龄和阅历的增长可增加青年创客的自信。

  自我认知与创业时间长短表现出交互的作用。创业伊始,青年创客的自我效能评价相对较低,关系自我评价最高。随着创业时间的增加,青年创客的自我评价不断降低。但是青年创客创业时间超过6年,其关系自我评价会有所提升。而自我效能评价显示,随着创业时间的增加呈现不断提高的趋势,但是在创业>4—6年的时候自我效能评价有所降低,创业时间达到6年以上自我效能评价又进一步提升。表明创业>4—6年时间对于青年创客可能是一个瓶颈期,在这一阶段他们自我评价相对较低,可能来自对创业的自信和坚守的质疑,创业过程中面临的人际关系的状态,如与创业伙伴的关系、与家人的关系等都可能面临挑战。但是数据也显示,只要创业时间足够长,跨过6年的门槛后,青年创客的自我就会调试得比较好。

  另外,数据还显示青年创客创业次数越多,自我效能评价越高。创新创业活动不是一蹴而就的,研究显示,创业的失败除了会给创客造成沉重的经济负担,还会带来身心的负面影响,例如羞愧、耻辱、自责等负面情绪,自尊和自我效能感降低,以及伴随的疲劳、失眠、体重下降等生理反应(Cope,2011;Shepherd et al.,2011;Singh et al.,2007)。但是,创业的失败带来的影响并不都是消极、负面的,卡顿(Cardon)等(2011)认为,经历了严重失败的创业者在创业机会面前不会退缩。有33%的关闭过企业的创业者会重新创业(Stokes et al.,2002)。据统计,我国连续创业者占创业者总体的12.5%,美国约占12.5%,德国占18%,芬兰甚至高达30%(赵文红等,2014)。实际上,连续创业者在创业者中的比例是不可忽略的。例如,马云也是在创办了"中国黄页"后,再次创业成立了阿里巴巴;乔布斯创立苹果,离开后再次创业,创立了著名的3D动画公司——皮克斯动画工作室。连续创业者相较于初次创业者有一定的优势,表现在具有创业经验,对于创业活动更熟悉,形成了自己的社会网络,能够相对更好地应对创业过程中的突发事件,在绩效方面表现更突出(Parker,2013)。多次失败创业者具有更多的自信和创业激情,因为他们将失败看成是成功的入场券。这也不难理解我们的发现,在多次的创业中,青年创客不断总结经验,不断学习,不断成长,为再创业创造条件。

综上,青年创客对自己能力和关系的评价受到不同因素的影响,既有家庭因素,也会随着年龄、创业时间甚至创业次数的增加表现出动态的变化。创业并不是一蹴而就的事情,也不是做了就一定会成功的选择。相反,创业是创业者在风险和不确定性中识别和把握机会、获取利润并谋求成长的过程(丁桂凤等,2016)。只有经历了时间和失败的淬炼,才能促进自我的提升和发展。

第三节 青年创客的创新意识

实现高质量发展是中国式现代化的本质要求,是全面建设社会主义现代化国家的首要任务。创新被视为推动高质量发展的首要驱动力。党的二十届三中全会审议通过的《中共中央关于进一步全面深化改革、推进中国式现代化的决定》①强调,高水平社会主义市场经济体制是中国式现代化的重要支撑,并提出要建立健全全面支持创新的体制机制。为了以创新为引擎推动高质量发展,我们必须进一步全面深化改革,完善高水平市场经济体制下的创新制度体系,实现制度创新与技术创新双轮驱动,从而激发创新发展的强大内在动力和无限活力。因此,要积极构建创新、创业与创富紧密联系的"金三角"模式,为高质量发展提供坚实支撑和强大动力(深化改革与创新发展课题组,2024)。针对中国A股上市公司管理者的研究指出,创新意识对企业数字化转型的促进作用更强(王泽庶,2023)。此外,我国不少企业在加速出海的过程中遭遇了巨大的挑战,关键核心技术存在短板,这不断倒逼企业加速提升自主创新能力,也不断提醒整个社会创新意识的重要性。

创新意识是推动创新行为的内在驱动力(孙玮,2024),可以从"意识"和"创新"两个部分来了解。从马克思主义哲学角度讲,意识是人脑的机能,是客观存在的主观反映,"从总体上讲,意识是知、情、意三者的统一"。心理学对意识的内涵尚无定论,维果斯基将意识理解为"机体的心灵",是以需要、动机、目的为最高调节器的各种高级心理技能的复合系统(李志,2008)。黄希庭(2002)认为意识是心理反应的最高形式,是人所特有的心理现象,从活动形式上表现为认知的、情绪的和意志的形式。彭聃龄(2019)在《普通心理学》一书中提出,意识是一种知觉,意味着"观察者"对某种"现象"或"事物"的觉察;意识是一种高级的心理功能,可以对个体的身心起到统合、管理和调控的作用;意识是一种心理状态,存在不同的层次或水平。无论哪一种领域或层面的创新,都是一个活动过程,是建立在"已有"或"现有",也就是"旧"认识和实践的基础上,通过对"旧"的再加工、再创造、标新立异、打破常规,提出新主张、开拓新

---

① 习近平.关于《中共中央关于进一步全面深化改革、推进中国式现代化的决定》的说明[J/OL].求是,2024(16)[2025-03-12].http://www.qstheory.cn/dukan/qs/2024-08/15/c_1130192011.htm.

领域、创造新事物的过程(丁飞,2014)。创新有别于创造,两者又有着密切的联系。斯滕伯格(Sternberg,1999)将创造性定义为"一种创造既新颖又适用的产品的能力";张庆林等(2002)提出,创造性是人类所特有的,利用一定条件产生新颖独特、可行适用的心理素质。创造性是创新的一个必备条件,创新是创造性想法再组织的成功实施(张华,2010)。

学界对于创新意识的界定尚不统一。有研究者从动机角度出发,指出创新意识是在对客观物质世界的探求过程中,形成的一种新思想的心理动机,是一种试图发现问题、积极探索的心理取向,如有研究者指出,创新意识主要解决"为什么要创新和为谁创新",指的是个体对创新的认识和态度,是个体进行创造活动的内在推动力(何克抗,2016)。创新意识能够引领并推动个人发展,能够催生并支持创新创业活动的开展,一定程度上反映了社会的创新精神和创业文化(吕君等,2024)。有研究者从意识外延的角度出发,认为创新意识是主体根据自身发展或社会发展需求,不断产生稳定且持久的对未有事物、观念进行创造或已有事物、认识进行不断更新的观念和意识;创新意识是促进创新、追求创新,形成活跃的创新理念和意识,不盲从、敢于标新立异、有独特精神追求的思想活动(沈琴,2014)。无论是动机视角还是意识外延视角,定义之间并不矛盾,甚至相互补充。创新意识是个体对创新的认识和态度,是个体进行创造活动的内在推动力。因此,创新意识可以作为评估个体创造性水平的重要指标。学界对创新意识的测量主要集中在对创造性态度的评估上。例如,巴萨杜(Basaduer)等(1996)设计了一系列量表来测量商业领域内个体的创造性态度,如观念偏好、评价新思想、忙于产生新思想等。朱琦(2003)对成人工作创造性态度的研究发现,创造性态度包含较广泛的内容:对新奇的开放性、对自己创造性的信心、关于解决问题和接受挑战的倾向、对变化的态度等。

创新意识既来源于实践,又指导实践,在创新创业过程中发挥着重要的作用。我国最先提出建设创新型国家,必须强化创新意识,提高创新能力。青年创客作为我国创新创业号召的践行者和排头兵,必须具备较高的创新意识,才能有效激活社会的创新活力,共建创新型国家。

当前经济社会迅猛发展,竞争无处不在,形式多样、种类繁多,青年创客要想在其中生存发展,同样离不开创新意识。虽然,在我国"大众创业,万众创新"的号召和系列政策引导下,创新问题受到了重视,但是大学生创新意识的培养仍然任重道远。那么已投身创业的青年们的创新意识现状如何、有怎样的特点、是否可以反映当下大众创新创业热潮中的问题?鉴于此,笔者设计了青年创客创新意识问卷,并展开调查分析。

一、青年创客创新意识问卷

本章研究在分析相关文献和参考国内外问卷的基础上,从青年创客对待创新的态度、评价、理念等角度编制问卷内容。最终"青年创客创新意识问卷"有12个题目,采用李克特5级计分,1表示完全赞同,5表示完全不赞同,分数越低表示对创新的描述越认同。剔除无效问卷或数据后,采用SPSS进行因素分析对问卷进行探索以确定问卷结构,并在此基础上进一步展开统计分析。

用因素分析检验量表结构效度,旨在通过因素分析提取因子,看这些因子结构是否与构想的结构相一致,如果完全一致,则表明量表测量到了想测量的东西,因此其结构效度高。首先,进行因子适合性检验,对青年创客创新意识问卷的数据进行了Bartlett球形检验,检验值为1 281.64,$p<0.001$,说明各项目间有共享因素的可能性。同时,样本适当性度量值KMO为0.85,表明数据样本适宜作因素分析。其次,采用主成分正交旋转法进行探索性因素分析。结果发现,问卷中"包括企业在内的各类社会组织,创新时都会面对很大风险""创新是小部分人的事情,并非每个组织(企业)都需要创新"等项目因子适合性较低,将其去删除,对剩余的10个项目进一步进行因素分析。最终结果显示,青年创客创新意识问卷包括三个因子,分别命名为创新认知意识、创新行动意识和创新创业意识,共解释总变异的62.85%。其中,创新认知意识包含3个项目,分别是"无论是产品,还是服务,想要保持竞争力,都必须创新""哪怕不进行实质性的创新行动,保持对未知事物的好奇心也是非常必要的""创新是社会发展的动力所在"。创新行动意识包

含4个项目,分别是"所有企业或组织的发展都离不开创新""创业者要创新就要善于独立思考""能够跳出经验,敢于自我否定、质疑权威,是创新者的基本素养""创业者要把创新当成一种习惯"。创新创业意识包含3个项目,分别是"每个创业型的组织都必须创新""创业就是对能够满足社会需求的方式、方法进行创新""创业是一种针对社会问题解决方案的创新"。

进一步考查问卷的内部一致性程度,青年创客创新意识问卷Cronbach's α系数为0.842。分别考查问卷不同因素的内部一致性信度,结果显示,创新认知意识的Cronbach's α系数为0.69,创新行动意识维度的Cronbach's α系数为0.75,创业创新意识维度的Cronbach's α系数为0.72,表明本问卷内部一致性信度较高。

二、青年创客创新意识现状及特点

根据青年创客创新意识问卷探索性因素分析结果,计算各维度的平均得分。结果显示,青年创客创新认知意识平均得分为1.57(标准差为0.54),创新行动意识平均得分为1.63(标准差为0.58),创新创业意识平均得分为1.83(标准差为0.67),表明青年创客的创新意识比较强。但是也发现,有2.2%的青年创客创新认知意识得分大于等于3分,有3.8%的青年创客创新行动意识得分大于等于3分,有6.8%的青年创客创新创业意识得分大于等于3分。

重复测量方差分析显示,青年创客三个维度差异显著,$F(2, 730) = 37.31, p < 0.001$。事后比较结果显示,青年创客的创新认知意识得分显著高于创新创业意识得分($p<0.001$),边缘显著高于创新行动意识得分($p=0.057$),创新行动意识得分显著高于创新创业意识得分($p<0.001$)。

三、青年创客创新意识影响因素

独立样本T检验结果显示,女性创客创新行动意识和创新创业意识显著高于男性创客,$t(363.80) = 2.19, p = 0.029$;$t(365) = 2.53, p = 0.012$。在创新认知意识上,女性创客和男性创客差异不显著(具体见表 3-3-1)。

表 3-3-1　青年创客创新意识的性别差异分析结果

	性别	N	平均得分	标准差	t 值	p 值
创新认知意识	男	204	1.59	0.55	0.80	0.425
	女	163	1.55	0.53		
创新行动意识	男	204	1.69	0.58	2.53	0.012
	女	163	1.54	0.57		
创新创业意识	男	204	1.89	0.75	2.19	0.029
	女	164	1.74	0.56		

独立样本 T 检验结果显示，家里有人创业的青年创客创新认知意识和创新行动意识显著高于家里没有人创业的青年创客，创新创业意识不受家里是否有人创业的影响(具体见表 3-3-2)。

表 3-3-2　青年创客创新意识在家里是否有人创业上的差异分析结果

	家里是否有人创业	N	平均得分	标准差	t 值	p 值
创新认知意识	是	152	1.4781	0.54208	−2.80	0.005
	否	208	1.6394	0.53719		
创新行动意识	是	151	1.5464	0.56745	−2.07	0.039
	否	209	1.6734	0.57867		
创新创业意识	是	152	1.7851	0.66491	−1.03	0.30
	否	209	1.8596	0.67974		

青年创客自身及其母亲政治面貌对其创新意识没有影响(p 均大于 0.05)，父亲为共产党员的青年创客相较于父亲为群众的青年创客，创新认知意识显著更高(具体见表 3-3-3)。

表 3-3-3　青年创客创新意识在父母政治面貌上的差异分析结果

	父母政治面貌	平均得分	标准差	t 值	p 值
创新认知意识	母亲(群众)	1.59	0.55	1.71	0.089
	母亲(共产党员)	1.44	0.50		
创新行动意识	母亲(群众)	1.64	0.59	0.99	0.323
	母亲(共产党员)	1.54	0.55		
创新创业意识	母亲(群众)	1.84	0.64	0.45	0.655
	母亲(共产党员)	1.78	0.86		
创新认知意识	父亲(群众)	1.61	0.55	2.00	0.046
	父亲(共产党员)	1.47	0.53		
创新行动意识	父亲(群众)	1.64	0.60	1.14	0.254
	父亲(共产党员)	1.56	0.53		
创新创业意识	父亲(群众)	1.82	0.66	−0.61	0.540
	父亲(共产党员)	1.87	0.71		

受教育水平影响青年创客的创新意识,事后比较显示,硕士及以上教育水平的青年创客创新认知意识显著高于高中及以下教育水平($p=0.002$)、大专($p=0.048$)、本科($p=0.029$)的青年创客(具体见表 3-3-4)。

表 3-3-4　不同受教育程度青年创客的创新意识差异分析结果

	受教育程度	平均得分	标准差	F 值	p 值
创新行动意识	高中及以下	1.70	0.67	0.74	0.527
	大专	1.61	0.56		
	本科	1.63	0.57		
	硕士及以上	1.51	0.53		

续　表

	受教育程度	平均得分	标准差	F 值	p 值
创新创业意识	高中及以下	1.84	0.68	2.17	0.091
	大专	1.79	0.67		
	本科	1.88	0.66		
	硕士及以上	1.57	0.72		
创新认知意识	高中及以下	1.72	0.67	3.15	0.025
	大专	1.57	0.51		
	本科	1.57	0.53		
	硕士及以上	1.35	0.43		

四、讨论

"什么是创新意识"学界尚没有统一的定论,已有研究偏向通过创造性态度来评估个体的创新意识,但是仅偏重"创新"层面,缺少了对"意识"的诠释。创新意识不仅仅是对创新的态度偏向,还具有动力导向作用。因此,本研究在前人研究基础上结合青年创客的特点编制了"青年创客创新意识问卷",并通过探索性因素分析确定青年创客的创新意识包含创新认知意识、创新行动意识和创新创业意识三个维度。创新认知意识指的是青年创客对于创新的认识、态度和评价;创新行动意识指的是青年创客对于如何创新的意识;创新创业意识指的是青年创客在创业中的创新意识。基于这三个维度,本研究对青年创客创新意识进行了评估和分析。

总体来看,青年创客的创新意识总体较强。但是还是有小部分青年创客创新意识比较薄弱,特别是在创新创业意识上。问卷"包括企业在内的各类社会组织,创新时都会面对很大风险"项目下,92.1%的青年创客认同创新要面对很大的风险,"创新是小部分人的事情,并非每个组织

(企业)都需要创新"项目下,50.3%的青年创客比较认同或非常认同并非每个组织(企业)都需要创新。这些进一步佐证了目前人们对于创新创业的看法还是相对分离的,仍然有人认为创新不是创业的必备条件。新的时代带来了很多创业的机会,创业是市场创新的摇篮,创新是最持久的驱动力,如何将创新融入创业中去是每个青年创客必须面对的问题。

创新认知意识受到家庭中是否有人创业以及父亲政治面貌的影响,表明家庭环境和教养会潜移默化地影响青年创客对创新的态度和评价。调查显示,较低的受教育水平会显著阻碍青年创客创新认知意识的提升。受教育水平在高中及以下的青年创客平均年龄为32.48岁,进入社会比较早,从我国创新创业教育发展史看,他们在学校阶段较少接触到创新创业教育。我国早在1990年就在基础教育阶段开展就业创业教育,但是普及率不高。2010年,教育部颁行第一个推进创新创业教育的全局性文件[1],并成立了"教育部高等学校创新创业教育指导委员会";2012年教育部颁行《普通本科学校创业教育教学基本要求(试行)》[2],首次对高等学校创业教育教学做出规范;2015年5月,国务院颁行《国务院办公厅关于深化高等学校创新创业教育改革的实施意见》[3],站在国家实施创新驱动发展战略、促进经济提质增效升级、推进高等教育综合改革、促进高校毕业生更高质量创业就业的高度,明确了深化高等学校创新创业教育改革的指导思想、基本原则和总体目标。2021年国务院办公厅印发《关于进一步支持大学生创新创业的指导意见》[4]提

---

[1] 教育部.教育部关于大力推进高等学校创新创业教育和大学生自主创业工作的意见[EB/OL].(2010-05-04)[2025-03-12].http://www.moe.gov.cn/srcsite/A08/s5672/201005/t20100513_120174.html.

[2] 教育部.教育部办公厅关于印发《普通本科学校创业教育教学基本要求(试行)》的通知[EB/OL].(2012-08-01)[2025-03-12].http://www.moe.gov.cn/srcsite/A08/s5672/201208/t20120801_140455.html.

[3] 国务院办公厅.国务院办公厅关于深化高等学校创新创业教育改革的实施意见:国办发〔2015〕36号[A/OL].(2015-05-04)[2025-03-12].https://www.gov.cn/zhengce/content/2015-05/13/content_9740.htm.

[4] 新华社.国务院办公厅印发《关于进一步支持大学生创新创业的指导意见》[EB/OL].(2021-10-12)[2025-03-12].https://www.gov.cn/xinwen/2021-10/12/content_5642108.htm.

出,深化高校创新创业教育改革,健全课堂教学、自主学习、结合实践、指导帮扶、文化引领融为一体的高校创新创业教育体系,增强大学生的创新精神、创业意识和创新创业能力,建立以创新创业为导向的新型人才培养模式,健全校校、校企、校地、校所协同的创新创业人才培养机制,打造一批创新创业教育特色示范课程。虽然在创新创业教育概念出现之前就有"创造教育""创新教育"和"创业教育"三个概念的存在,但是各概念侧重点不同,并且创新创业教育重点部署在高等教育阶段,对早期高中及以下青年创客的创新认知意识的培养影响自然要小很多。这一发现也侧面论证了我国不断强化的创新创业教育对于创客创新认知意识具有较好的提升作用,也表明要想实现"大众创业,万众创新"还需要深化各教育阶段创新创业教育。

另外,创新行动意识和创新创业意识不存在教育水平的差异,但受到性别的影响。调查结果显示,女性青年创客的创新行动意识和创新创业意识显著高于男性青年创客。进一步提示,我国创新创业教育不仅需要普及化,还需要在创新行动意识培养方面多加发力,在创新创业融合方面多下功夫,提升全民创新创业意识水平。创新意识需要长期的、坚持不懈的人生观和价值观的培育才能树立,虽然在本调查中青年创客表现出较好的创新的意识和认同,但是对于"为什么要创新""如何创新"和"为谁创新"等创新的动力问题还需要深入挖掘。

第四节　青年创客的日常习惯

英国著名思想家弗朗西斯·培根(Francis Bacon)认为"人们的思想大半取决于他们的倾向,他们的言谈话语取决于他们的学识和所吸收的见解。但是他们的行动却遵循平日的习惯。"美国心理学家威廉·詹姆士说:"播下一个行动,收获一种习惯;播下一种习惯,收获一种性格;播下一种性格,收获一种命运"(朱永新,2017);2006年,美国杜克大学发布研究报告指出:"人每天有40%的行为并不是真正由决定促成的,而是出于习惯。"(查尔斯·都希格,2013)由此可见,日常习惯的养成对个体的成长具有深远意义,很多有所成就的人士在分享成功经验和人生感悟时,都会或多或少地谈到习惯带给他们的益处。它就像一种无形的力量影响着个人的工作、学习、生活、处世等方方面面。良好的习惯还可以为个人带来好的机遇;反之,则可能会失去一次重要的机会。

习惯,是指人的一种行为倾向,并且该行为倾向具有一定的稳定性,达到了自动化的程度。按照心理学中行为主义的说法,是刺激与反应之间强烈的、稳固的关联。习惯往往是后天养成的。经过军队的严格训练,军人们会养成早起的习惯,内务总是做得整齐板正。习惯虽然具有一定的稳定性,但是并不是一成不变的,所谓"入乡随俗",即从小保持的习惯当在一个新的环境中待久了也会被改变。某种习惯一旦养成,就会成为支配人体行为的一股无形的力量,而这种力量往往不需要经过个体的思考就能够自动化地表现出来,并对个体的学习、生活、处世等方面产生不同程度的影响。例如,部分人的不文明行为,从表面上看属于道德素质的问题,但一定程度上是个人某些不良习惯的外显表现。

创新是一种生活态度,需要平时大量的积累,将创新融入生活,转化为习惯。而日常习惯的累积又会转化为个体行动的不竭动力或是阻碍,影响着人的判断和行为选择。潘昊是柴火创客空间的创始人之一,是国内最早一批创客。他对硬件产品一直有浓厚的兴趣,经常自己动手设计一些硬件产品,还广泛参加各类电子竞赛及机器人比赛。一次新媒体艺术展上他见到了用开源电路板 Arduino 创造出的各种各样的优秀作品,被深深地吸引住,从此走上了创客的道路(赵光辉,2016)。习惯作为一种行为模式,也是一种认知方式的反映,存在个体个性特征的差异,例如自律性强的人做事比较有计划性,倾向对自己的生活学习作好安排并严格遵守。习惯也受到个体社会身份的影响。就像一位准妈妈,原来对育儿信息一点不感兴趣,但是一旦有了妈妈这个身份,她开始阅览各式育婴信息,参与别人聊起的育儿话题中。身份角色的转变会赋予个体标签,这一过程正是习惯养成的过程。柴火空间的创客们将创新打造为一种新的日常习惯,例如,在存钱罐中加入自己动手制作的电子硬件,可以对存入的零钱进行统计;制作可以检测土壤含水量的花盆,提示人们何时浇水、浇多少水;在坐垫中加入电子元器件,提醒人们不要久坐,等等。亦有研究指出,创客的日常习惯体现在其时间管理上(Lévesque et al.,2020),通过固定的行为模式探索或优化企业管理,例如,写备忘录、阅读、人际关系维护等(Corcos,2021)。

诚如前文提及的,青年创客的日常习惯既是其成为一名创客的原因,也可能是其不断创新的动力。但是目前研究中,对创客的日常习惯仅有零星提及,更遑论对他们习惯的细致探讨。因此,本章对青年创客的日常习惯情况进行统计,由于不同青年创客日常习惯存在差异,还对这些差异性展开细致分析,探究这些差异的原因。

由于日常习惯多样而复杂,故本章研究采用例举法,从青年创客做事习惯、思考习惯、休闲习惯等角度编制问卷内容。最终形成的"青年创客的日常习惯问卷"有12个题目,采用李克特5级计分,1表示完全符合,5表示完全不符合,分数越低表示句子的描述越符合青年创客的日常习惯。剔除无效问卷或数据后,采用SPSS对每个问题上的表现进行差异分析。

一、青年创客日常习惯表现

描述性统计分析显示,有88.3%的青年创客有较好的保持学习的习惯;有75.5%的青年创客有较好的一有想法就去验证实施的习惯;82.9%的青年创客有较好的对做过的事情进行总结反思的习惯;有72.6%的青年创客有较好的"今日事今日毕"的习惯;有81.3%的青年创客有较好的保持对行业内信息的追踪、收集的习惯;有58.4%的青年创客有每天浏览创客相关新闻的习惯;有69%的青年创客有每天浏览时事相关新闻的习惯;56.3%的青年创客有每天浏览科技相关新闻的习惯;有61.7%的青年创客有较好的保持良好作息的习惯;72.8%的青年创客有定期放松自己的习惯;有82.6%的青年创客有与创业团队成员情感交流的习惯。

二、青年创客日常习惯的差异分析

差异分析发现,青年创客日常习惯受到多种因素影响,并在不同的日常习惯上有不同的差异表现。

(一) 青年创客保持学习习惯的差异表现

青年创客保持学习的习惯存在受教育水平的差异[$F(3,363)=6.75, p<0.001$]。事后比较显示,高中及以下教育水平的青年创客保持学习的习惯程度最低(见图3-4-1),显著低于其他教育程度的青年创客(p值均<0.042);研究生教育水平的青年创客保持学习的习惯程度最高,显著高于其他教育程度的青年创客(p值均小于0.002)。

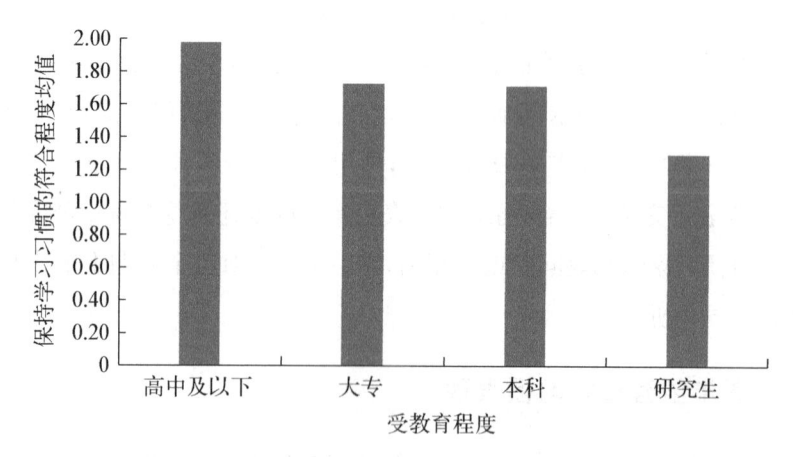

图3-4-1 保持学习的习惯在不同受教育程度上的表现

注:分值越低,符合程度越高。

近3年参加社会公益服务活动情况的差异也表现出日常习惯的差异。方差分析结果显示,青年创客在保持学习的习惯上存在参加公益服务活动的主效应[$F(3,363)=2.86, p=0.037$]。事后比较显示,近3年没有参加过社会公益服务活动的青年创客保持学习的习惯显著差于参加过的青年创客(p值均<0.04),从符合程度数值的趋势上看,参加次数越多的青年创客保持学习的习惯的程度越高(见图3-4-2)。

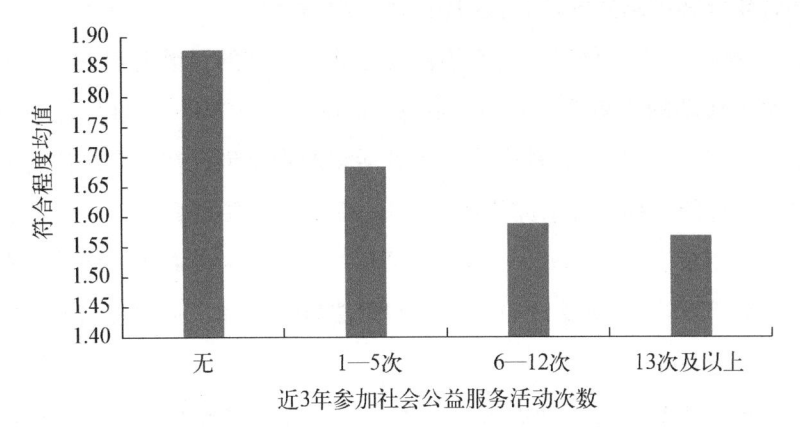

图 3-4-2　参加公益服务活动次数对青年创客保持学习的习惯的影响

对青年创客的创业类型进行独立样本 T 检验,结果发现,创业属于公益型的青年创客相较于创业属于商业型的青年创客更有保持学习的习惯[$t(346)=2.00, p=0.042$]。

(二) 青年创客与计划性、执行力有关习惯的差异表现

计划性表现在做事有条理有计划并坚持执行。执行力表现为不局限、停留在想法层面,而是将想法落实到行动中,并在行动中及时进行自我总结反思来修正自己的行为。计划性和执行力相辅相成,计划是执行的前提,执行是计划得以实现的保障。因此,就这两方面相关的习惯有:做计划的习惯、"今日事今日毕"的习惯、一有想法就去验证实施的习惯、对做的事情进行总结反思的习惯。这些习惯的差异表现如下。

独立样本 T 检验分析显示,共产党员青年创客相较于非党员青年创客更具有做计划的习惯[$t(355)=2.51, p=0.013$]。母亲是党员的青年创客相较于母亲非党员的青年创客更具有做计划的习惯[$t(356)=1.97, p=0.049$]。

非独生子女青年创客相较于独生子女青年创客更具有今日事今日毕的习惯,[$t(366)=2.30, p=0.022$]。

一有想法就去验证实施的习惯的差异体现在创业团队中主要的角色定位差异上[$F(2, 362)=4.10, p=0.017$],角色定位为创意策划者

的青年创客更倾向于具有该习惯[对比决策者 $p=0.045$；对比执行者 $p=0.006$]。青年创客在一有想法就去验证实施的习惯上存在参加公益服务活动的主效应，[$F(3,363)=3.77, p=0.011$]。事后比较显示，近3年没有参加过社会公益服务活动的青年创客在一有想法就去验证实施的习惯上显著差于参加过1—5次的青年创客($p=0.007$)和6—12次的青年创客($p=0.003$)。没有参加过社会公益服务活动和参加次数13次以上的青年创客在一有想法就去验证实施的习惯上差异不显著($p=0.18$)。

独立样本T检验分析显示，共产党员青年创客相较于一般青年创客更倾向对做的事情进行总结反思(具体见图3-4-3)。

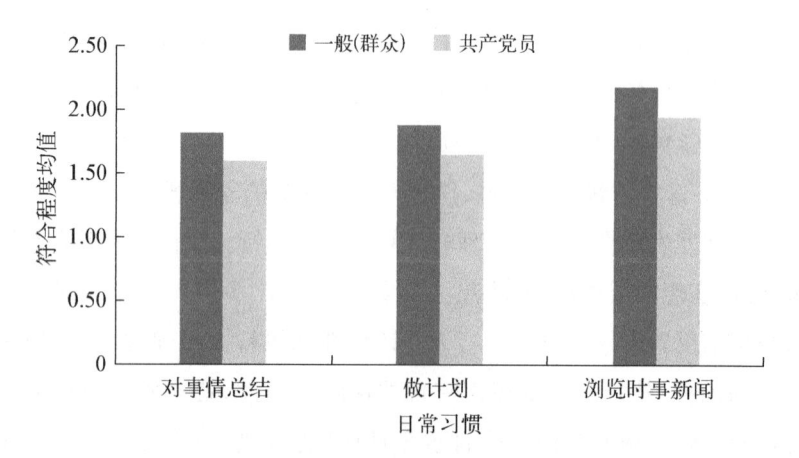

图3-4-3 不同政治面貌青年创客的日常习惯

(三) 青年创客保持对行业内信息追踪、收集习惯的差异表现

不同受教育程度的青年创客在保持对行业内信息的追踪、收集的习惯存在差异[$F(3,363)=3.66, p=0.013$]。事后比较显示，高中及以下教育水平的青年创客保持对行业内信息的追踪、收集的习惯程度显著小于大专($p=0.01$)、本科($p=0.025$)和研究生($p=0.002$)的青年创客。

不同年龄段的青年创客在保持对行业内信息的追踪、收集的习惯上存在差异[$F(3,363)=3.06, p=0.028$]。事后比较显示，35岁以上的青年创客相较于25岁以下的青年创客和25—30岁的青年创客，更注重平时对行业内信息的追踪、收集($p=0.023$;$p=0.006$)。

不同角色定位的青年创客在保持对行业内信息的追踪、收集的习惯上差异显著[$F(2,362)=4.08$,$p=0.018$]。事后比较显示,决策者角色定位的青年创客相较于执行者角色定位的青年创客更倾向于具有该习惯($p=0.005$)。

近3年参加社会公益服务活动次数不同的影响青年创客在保持对行业内信息的追踪、收集的习惯上存在差异[$F(3,363)=3.07$,$p=0.028$]。事后比较显示,近三年参加公益服务活动达到6—12次的青年创客追踪、收集行业内信息的习惯性更高于近3年没有参加过公益服务活动的青年创客($p=0.007$)和近3年参加公益次数为1—5次的青年创客($p=0.003$)(见图3-4-4)。

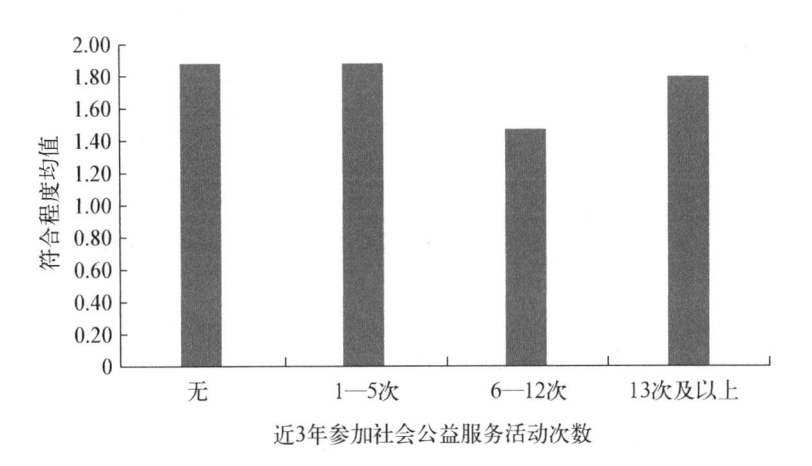

图3-4-4 不同公益服务参与情况下青年创客保持
对行业内信息的追踪、收集的习惯

(四) 青年创客浏览各类信息习惯的差异表现

在信息爆炸的互联网时代,浏览各类信息成为人们一大主要日常习惯。但很多时候,信息的阅读受到信息媒体平台的操控,例如各类信息推送,人们的阅读往往是被动的、漫无目的的。但是也存在主动阅读,表现在对特定类型信息的重点关注,因为这些信息能满足人们某方面的需要(如兴趣、行业偏好等)。那么青年创客在日常信息浏览上有怎样的表现和不同？基于此，笔者对青年创客每天浏览创客相关信息、每天浏览时事相关信息和每天浏览科技相关信息的差异性进行调查和分析。

结果发现，近3年参加社会公益服务活动次数不同的青年创客在每天浏览创客相关新闻的习惯上存在差异[$F(3, 363)=5.13, p=0.002$]。事后比较显示，近3年参加公益服务活动达到6—12次的青年创客每天浏览创客相关新闻的习惯性显著高于近三年没有参加过公益服务活动的青年创客($p=0.001$)和近3年参加公益次数13次及以上的青年创客($p=0.003$)，近3年参加社会公益服务类活动1—5次的青年创客每天浏览创客相关新闻的习惯性显著高于近3年没有参加过公益服务活动的青年创客($p=0.013$)(具体见图3-4-5)。

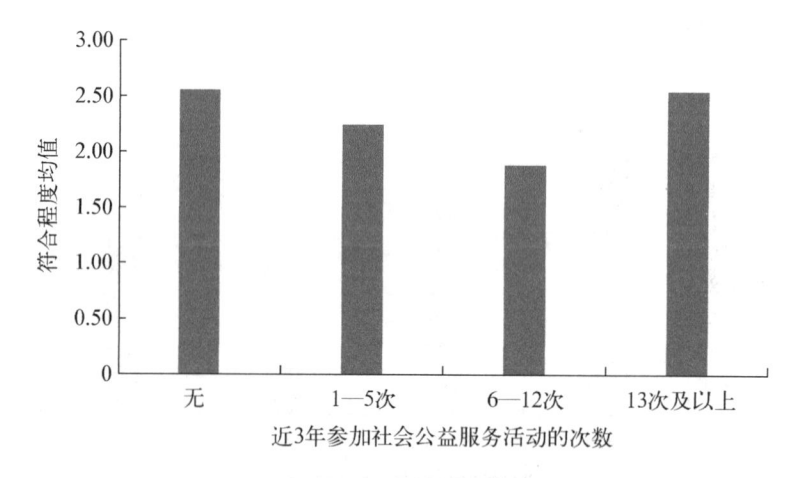

图3-4-5 不同公益服务参与情况下青年创客每天浏览创客相关新闻的习惯

不同年龄段的青年创客在每天浏览时事相关新闻的习惯上存在差异[$F(3, 363)=3.26, p=0.02$]。30—35岁的青年创客更加注重每天浏览时事相关新闻，显著高于35岁以上的青年创客(符合程度分值分别为1.92、2.37，$p=0.003$)。

在每天浏览时事相关新闻的习惯上，角色差异显著(具体见图3-4-6)，事后比较显示，执行者角色定位的青年创客在该习惯上显著弱于决策者($p=0.014$)和执行者定位的青年创客($p=0.026$)。

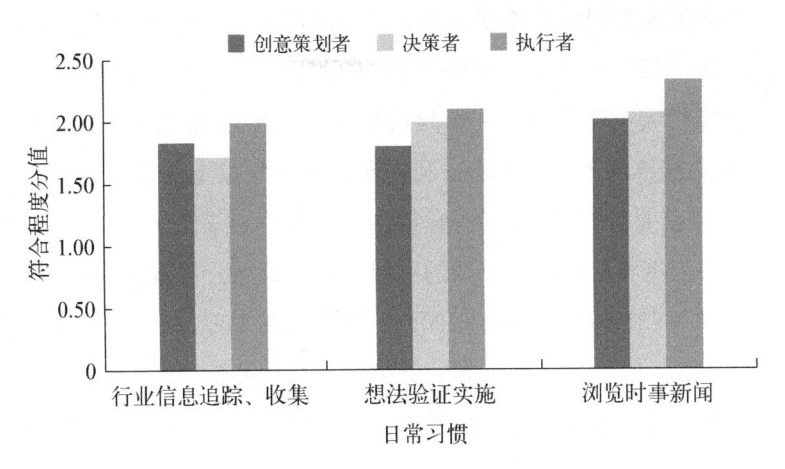

图 3-4-6 团队中不同角色定位的青年创客的日常习惯

独立样本 T 检验分析显示,共产党员的青年创客相较于一般青年创客更具有浏览时事相关新闻的习惯[$t(197.91)=2.33$,$p=0.021$]。母亲是党员的青年创客相较于母亲是群众的青年创客更具有浏览时事新闻的习惯[$t(356)=2.02$,$p=0.044$]。青年创客在每天浏览时事相关新闻的习惯上存在参加公益服务活动的主效应[$F(3,363)=3.65$,$p=0.013$]。事后比较显示,近 3 年参加公益服务活动 6—12 次的青年创客最倾向于具有该习惯。(具体见图 3-4-7)。

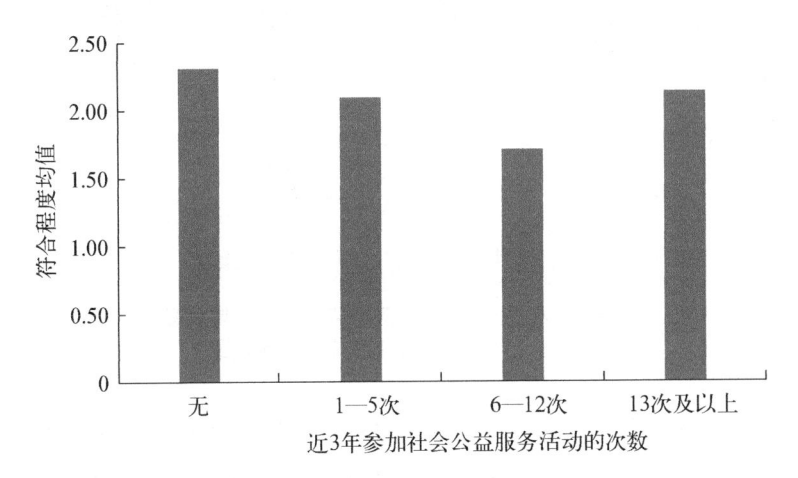

图 3-4-7 不同公益服务参与情况下青年创客每天浏览时事相关新闻的习惯

不同创业时间的青年创客每天浏览科技相关新闻的习惯也存在差异，[$F(3, 352) = 4.39, p = 0.005$]。事后比较显示，创业时间≤2年的青年创客每天浏览科技相关新闻的习惯程度最高，显著高于创业时间2—4年的青年创客（$p = 0.001$）和创业时间6年以上的青年创客（$p = 0.012$），与创业时间4—6年的青年创客差异不显著（$p = 0.49$）。青年创客在每天浏览科技相关新闻的习惯上存在参加公益服务活动的主效应，[$F(3, 363) = 3.40, p = 0.008$]。事后比较显示，近3年参加公益服务活动6—12次的青年创客每天浏览科技相关新闻的习惯性上显著高于近3年没有参加过社会公益服务活动的青年创客（$p = 0.039$）和近3年参加社会公益服务活动13次及以上的青年创客（$p = 0.043$）。近3年参加公益服务活动1—5次的青年创客每天浏览科技相关新闻的习惯性上显著高于近3年没有参加过社会公益服务活动的青年创客（$p = 0.007$）和近3年参加社会公益服务活动达到13次及以上的青年创客（$p = 0.019$）（具体见图3-4-8）。

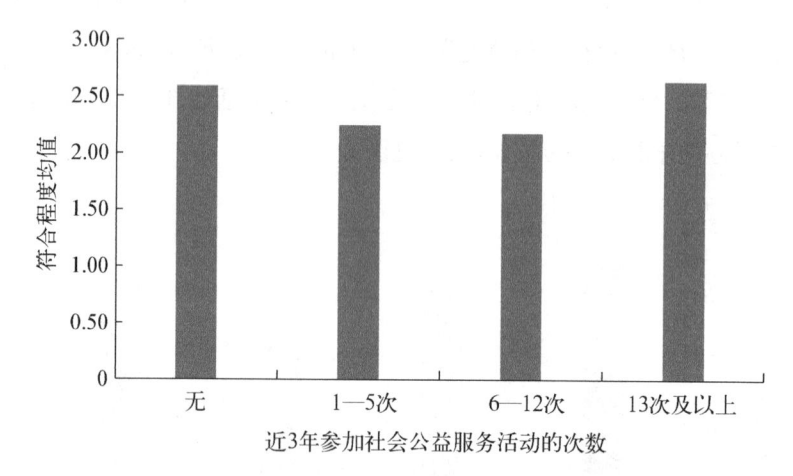

图3-4-8 不同公益服务参与情况下青年创客
每天浏览科技相关新闻的习惯

（五）青年创客与创业团队成员情感交流习惯的差异表现

独立样本T检验分析显示，青年创客与创业团队成员情感交流习惯存在性别差异[$t(360.58) = 2.54, p = 0.012$]，女性青年创客相较于男性青年创客更习惯与创业团队成员进行情感交流(符合程度均值分别为 1.72、1.93)。

青年创客在与创业团队成员情感交流的习惯上存在参加公益服务活动的主效应,$[F(3, 363)=3.14, p=0.025]$。事后比较显示,近 3 年没有参加公益服务活动的青年创客与创业团队成员情感交流的习惯性上显著低于近 3 年参加社会公益服务活动 1—5 次的青年创客($p=0.048$)和近 3 年参加社会公益服务活动 6—12 次的青年创客($p=0.004$)。

三、讨论

本节对青年创客的日常习惯进行了调查,结果显示,有 80%以上的青年创客有较好地保持学习的习惯,对做的事情进行总结反思的习惯,追踪、收集行业内信息的习惯以及与创业团队中成员进行情感交流的习惯。这表明这些习惯在不同青年创客中的普遍性。仅 50%—70%的青年创客有每天浏览创客类新闻、科技类新闻和时事类新闻的习惯,表明青年创客对特定类别的新闻并不是很关注,而是较多地聚焦所在行业的信息。

但是结果也显示,青年创客的日常习惯受到不同因素的影响而表现出差异性。保持学习是现代青年必须具备的素质。所谓终身学习,就是要保持学习的兴趣和热情,并将其转化为平常的习惯中。这需要人们对外界的变化持有一种开放的态度,不断去接触、去了解新事物,才能不断更新自己的知识体系、技术和观念,才能适应社会的发展,保持创新的活力。本调查发现,保持学习的日常习惯受到创业类型的影响,公益性青年创客相较于商业性青年创客具有更好的保持学习的习惯性。商业性创业有较长的发展历史,公益性创业出现较晚,进入该领域的青年创客相对较少,但是随着经济社会的发展,增长迅速。两者的差异导致这两个领域的青年创客在可借鉴的经验和需要掌握的能力也存在差异,公益性青年创客面对的问题更多、更新,需要他们投入更多精力去学习充电。该结果与对青年创客近 3 年参加社会公益服务活动的差异结果一致。经常参加社会公益服务活动的青年创客保持学习的习惯性更高。可以推测原因之一是公益性青年创客相较于商业性青年创客参加社会公益服务活动的次数更多。另外,就是与公益类相关活动能够推动个体不断地学习。除此以外,硕士及以上学历的青年创客有更好的保持学习的习惯,这可能是因为他们在学校读书时养成的学习习惯在创业后也一直延续。

研究发现,党员青年创客的做计划的习惯性和对做事情进行总结反思的习惯性显著高于一般青年创客。可见党员身份可以影响青年创客做事的习惯。母亲是党员的青年创客做计划的习惯性显著高于母亲是群众的青年创客;非独生子女青年创客相较于独生子女青年创客"今日事今日毕"的习惯性更高。这两方面的结果共同提示家庭因素对青年创客做事的计划和执行力有重要影响。另外,青年创客的角色定位会影响他们做事的习惯,创业团队中的创业策划者更倾向于一有想法就去验证实施。

信息的关注、收集和追踪是人们认知世界、帮助决策的重要方式。保持对行业内信息的追踪、收集才能紧跟行业发展脉搏,才能敏锐地洞悉市场,才能及时有效地调整自身发展方向。青年创客收集、追踪行业内信息的习惯受年龄、角色定位、近3年参加社会公益服务活动频次等因素的影响。具体表现为35岁以上、角色为决策者、参与社会公益服务活动频次高的青年创客更倾向于有该习惯。此外,角色为决策者、党员及母亲为党员的青年创客更习惯关注时事新闻;创业时间较短的青年创客更倾向于每天浏览科技新闻。

研究发现,在企业内部日常组织实践中,追求人际情感共通的关系建构过程推动着组织的形成与发展。在关系的建立、增进及维持阶段,通过关系建构可以保证未来交往机会、沟通情感及维持情感共通状态;在组织创建初期、发展期及成熟期,关系建构分别驱动任务性资源的调用、情境性资源的开发及产生和情感性资源的激活,为创业性组织带来资源优势及潜在组织优势(王萍,2015)。创业团队成员间的情感交流与沟通十分重要。创业过程中遇到各种问题、困难、挫折,都会极大影响创客的情绪,创业团队中成员间的情感沟通也是创业团队建设、管理不可或缺的。本研究中，青年创客普遍具有与团队成员进行情感交流的习惯，并且女性青年创客更倾向于具备该习惯。这可能是因为女性的情绪感知、表达和调节能力要高于男性（陈武英等，2014；蔡阿燕等，2016）。

除了以上差异外，研究发现青年创客参加社会公益服务活动的情况对青年创客行动的执行力，信息关注、收集、追踪以及与团队成员的情感交流均有一定影响。近3年参加社会公益服务活动在6—12次的青年创客具有更好的信息关注、收集、追踪的习惯。研究表明，青年创客在想法执行、信息收集以及团队情感建设等方面的习惯与其参加社会公益服务有密切关系。结合保持学习的习惯也受到参加公益服务活动的影响，可以推测，积极参加公益服务活动可以较好推动青年创客这些日常习惯的养成。

综上，可见青年创客日常习惯存在多方面的差异，这些差异在一定程度上可以帮助我们认识到青年创客这一群体行为偏向的多样性。但是本研究并未发现青年创客在娱乐、休息习惯上的差异性。由于本问卷的项目是采用例举法设计的，仅对于青年创客一些独特的、细小习惯的捕捉，存在方法上的局限性。对此，未来可以结合质性研究的方法手段，例如个案研究法、访谈法等，对此进行深入细致的研究。

参 考 文 献

班杜拉.自我效能：控制的实施[M].上海：华东师范大学出版社，2003.
蔡阿燕，杨洁敏，许爽，袁加锦.表达抑制调节负性情绪的男性优势：来自事件相关电位的证据[J].心理学报，2016,48(5),30-42.
查尔斯·都希格.习惯的力量[M].吴奕俊，曹烨，译.北京：中信出版社，2013.
陈权，尹俣潇.大学生创业自我效能感及影响因素实证研究[J].高校教育管理，2015,9(6)：115-120.
陈武英，卢家楣，刘连启，林文毅.共情的性别差异[J].心理科学进展，2014,22(9)，1423-1434.王萍.企业内部组织创建中的关系建构与资源流动：基于微观民族志方法的探索性研究[D].大连：大连理工大学，2015.
陈怡安.父母政治身份、职位背景与子女创业[J].世界经济文汇，2017(1)：26-50.

邓硕宁.大学生创业价值观问卷的初步编制与实测[D].重庆:西南大学,2007.
丁飞.当代中国大学生创新意识培养问题研究[D].长春:东北师范大学,2014.
丁桂凤,侯亮,张露,等.创业失败与再创业意向的作用机制[J].心理科学进展,
　　2016,24(7):1009 - 1019.
葛建新.创业学[M].北京:清华大学出版社,2004.
何克抗.论创客教育与创新教育[J].教育研究,2016,37(4):12 - 24.
黄莉."四新"建设下创业教育对大学生创业意愿的影响机制研究:一个有调节的
　　中介模型[J].高等工程教育研究,2023,(04):183 - 188.
黄希庭.心理学导论[M].北京:人民教育出版社,2002.
杰弗里·蒂蒙斯.战略与商业机会[M].周伟民,等译,北京:华夏出版社,2002.
康战科.90后大学生父母教养方式、自我和谐与人际信任的关系研究[D].成都:四
　　川师范大学,2014.
雷家骕,冯婉玲.高新技术创业管理[M].北京:机械工业出版社,2001.
李平仪.大学生创业价值观的建构研究[D].贵阳:贵州财经学院,2011.
李志.企业家创造性与创新行为和企业绩效关系的研究[D].重庆:西南大学 2008.
刘海滨.大学生创业价值观转变的影响因素研究[J].思想政治教育研究,2019,
　　35(1):154 - 160.
刘志迎,孙星雨,徐毅.众创空间创客创新自我效能感与创新行为关系研究:创新
　　支持为二阶段调节变量[J].科学与科学技术管理,2017(8):146 - 156.
吕君,李圣昕.高校思政教育、学生创新创业意识与经济金融支持[J].山西财经大
　　学学报,2024,46(增刊1):287 - 289.
罗伯特·赫里斯,迈克尔·彼得斯.创业学[M].王玉等译,北京:清华大学出版
　　社,2004.
罗天虎.创业学教程[M].西安:西北工业大学出版社,2004.
帕森斯.社会行动的结构[M].张明德,夏翼南,彭刚,译.南京:译林出版社,2003.
彭聃龄.普通心理学(第5版)[M].北京:北京师范大学出版社,2019.
深化改革与创新发展课题组.以改革激发高质量发展的内生动力与创新活力[J/
　　OL].财贸经济,1 - 12[2024 - 11 - 04].
沈琴.当代大学生创新意识培养研究[D].兰州:西北民族大学,2014.
孙玮.当代大学生创新创业精神与意识培养模式研究:评《创新创业教育》[J].人民
　　长江,2024,55(7):259 - 260.
王晶.大学生职业生涯规划与就业指导[M].北京:清华大学出版社,2019.
王晓莉.(2010).研究生的成就动机与创业成就:创业价值观的中介作用[D].郑州:
　　河南大学,2010.
王勇.(2009).浙江高职学生创业能力开发的对策研究:基于创业价值观的视角
　　[J].滁州职业技术学院学报(3),23 - 25.

王泽庶.管理者创新意识对企业数字化转型的影响研究[D].北京：北京化工大学,2023.

王占仁,孔洁珺.中国高校创新创业价值观教育研究[J].国家教育行政学院学报,2019,(10)：23-30.

袁贵仁.价值观的理论与实践：价值观若干问题的思考[M].北京：北京师范大学出版社,2006.

詹启生,乐国安.百年来自我研究的历史回顾及未来发展趋势[J].南开学报(哲学社会科学版),2002(5)：27-33.

张华.企业家创新意识与企业创新潜力研究[D].重庆：西南大学,2010.

张进辅.青少年价值观的特点：构想与分析[M].北京：新华出版社,2006.

张庆林等.创造性研究手册[M].成都：四川教育出版社,2002.

赵光辉.创客时代[M].广州：广东人民出版社,2010.

赵文红,王垚,孙万清.连续创业研究现状评介与未来展望[J].管理学报,2014,11(2)：293.

赵晓凯.青年创业价值观研究[D].北京：中国青年政治学院,2013.

钟雄星,曹福兴.大学生创业失败与自我认知关系调查研究[J].就业与保障,2020(3)：95-96.

朱琦.工作创造性态度及其特征的研究[D].重庆：西南师范大学,2003.

朱永新.习惯养成是核心素养形成的行动路径：新教育实验推进"每月一事"的理论与实践[J].课程.教材.教法,2017,37(1)：4-15.

BASADUR M, HAUSDORF P A. Measuring divergent thinking attitudes related to creative problem solving and innovation management [J]. Creativity Research Journal, 1996, 9(1)：21-32.

BAUMEISTER R F. The self[M]//The handbook of social psychology, 4th ed. New York, NY, US：McGraw-Hill, 1998：680-740.

BREWER M B, Gardner W. Who is this "We"? Levels of collective identity and self representations[J]. Journal of Personality and Social Psychology, 1996, 71(1)：83-93.

CARDON M S, STEVENS C E, POTTER D R. Misfortunes or mistakes? Cultural sense making of entrepreneurial failure[J]. Journal of Business Venturing, 2011, 26(1)，79-92.

COPE J. Toward a dynamic learning perspective of entrepreneurship [J]. Entrepreneurship：Theory and Practice, 2005, 29(4)，373-397.

CORCOS S. An Exact Breakdown of How One CEO Spent His First Two Years of Company-Building [EB/OL]. (2021-9-2) [2024-11-4]. https：//review. firstround. com/an-exact-breakdown-of-how-one-ceo-spent-his-first-two-yearsof-company-building/.

CROSS S E, BACON P L, MORRIS M L. The relational-interdependent self-construal and relationships[J]. Journal of Personality and Social Psychology, 2000, 78(4): 791-808.

GORE J S, CROSS S E, MORRIS M L. Let's be friends: Relational self-construal and the development of intimacy[J]. Personal Relationships, 2006, 13(1): 83-102.

KNIGHT J, YUEH L. The role of social capital in the labour market in China[J]. Economics of Transition, 2008, 16(3): 389-414.

LÉVESQUE M, STEPHAN U. It's Time We Talk About Time in Entrepreneurship [J]. Entrepreneurship: Theory and Practice, 2020, 44(2), 163-184.

MARKUS H R, KITAYAMA S. Culture and the self: Implications for cognition, emotion, and motivation[J]. Psychological Review, 1991, 98(2): 224-253.

MORF C C, MISCHEL W. The self as a psycho-social dynamic processing system: Toward a converging science of selfhood[M]//Handbook of self and identity. 2nd ed. New York: The Guilford Press, 2012: 21-49.

PARKER S C. Do serial entrepreneurs run successively better- performing businesses? [J]. Journal of Business Venturing, 2013, 28(5), 652-666.

SEDIKIDES C, BREWER M B. Individual self, relational self, collective self[M]. New York: Psychology Press, 2001: xiv, 341.

SHEPHERD D A, HAYNIE J M. Venture failure, stigma, and impression management: A self-verification, self-determination view [J]. Strategic Entrepreneurship Journal, 2011, 5(2), 178-197.

SINGH S, CORNER P, PAVLOVICH K. Coping with entrepreneurial failure[J]. Journal of Management and Organization, 2007, 14(4), 331-344.

STERNBERG, R J. Handbook of creativity [M]. New York: Cambridge University Press, 1999.

STOKES D, BLACKBURN R. Learning the hard way: the lessons of owner-managers who have closed their businesses[J]. Journal of Small Business and Enterprise Development, 2002, 9(1), 17-27.

第四章

青年创客的社会驱动力

知名健身应用 Keep 的创始人王宁是一位"90 后"。他踏上创业之路,是为了追寻一个答案,"既然什么都没有,那就光脚不怕穿鞋的,搞起来,失败就算了"。① 相较于 20 世纪 60 年代创业者因责任与使命而创业,王宁这一代青年创客似乎更加注重实现自我价值。然而,他的创业意愿深刻地反映了时代特色,并带着个人的独特印记。创业意愿是洞察创业行为的核心要素,也是预测个体是否会采取创业行动的最佳指标。唯有具备强烈创业意愿的潜在创业者,才有可能真正投身于创新创业的实践中。个体的创业意愿并非固定不变,而是受到个人特质和外部环境因素的双重影响。

笔者对青年创客的创业原因数量进行统计,结果显示,有 86.03% 的青年的创业原因数量在 1—3 个(详见表 4-0-1)。

表 4-0-1 青年创客选择创客的理由数

原因数	频　数	百分比(%)
1	93	25.98
2	130	36.31

---

① 杨雪.Keep 成长史:5 000 万用户,5 轮融资和一支广告片的故事[EB/OL].(2016-09-01)[2025-03-12].https://www.geekpark.net/news/216593.

续 表

原因数	频 数	百分比(%)
3	85	23.74
4	37	10.34
5	9	2.51
6	4	1.12
合 计	358	100

其中挑战自我、实现自我的选择比例达到了63.7%为第一大原因；第二大原因是为了获得更多财富，选择比例为60.6%；第三大原因是有志同道合的创业伙伴，选择比例为45.5%。有22.3%的人成为一名创客是考虑到就业压力大，有19.6%的人有服务社会的考虑，还有15.6%的人成为创客有受国家政策吸引的因素(详见表4-0-2)。

表4-0-2 青年创客选择做创客的原因

原 因	N	百分比(%)	个案百分比(%)
获得更多财富	217	26.30	60.60
挑战自我，实现自我	228	27.60	63.70
国家政策吸引	56	6.80	15.60
有志同道合的创业伙伴	163	19.80	45.50
就业压力大	80	9.70	22.30
服务社会	70	8.50	19.60
其他	11	1.30	3.10
总 计	825	100	

当前我国经济社会快速转型，青年人职业生涯发展机遇与挑战并存。前一章节探讨了青年创客创新创业的内在因素，本章节将从驱动

青年创客创新创业的社会性因素入手,通过对政府的政策性支持、青年创客的社交网络以及创新创业市场的吸引力等方面的调研,探析青年创客行动的外在动力。

第一节 青年创客面临的政策性支持

创新创业是一种技术和资本密集型活动,涉及企业(或组织)的形成、成果转化、产品生产/服务提供、价值创造等多环节动态而复杂多变的过程,其中涉及的创业风险及困难是创客必须面对的挑战。对此,中央和地方政府有必要在政策层面提供强有力的指引和支持。

2015年6月,《国务院关于大力推进大众创业万众创新若干政策措施的意见》发布[①],并相继颁布了一系列创新创业政策措施,通过体制机制改革、税收优惠政策、金融和服务政策等一系列政策措施,大力激发全社会创新潜能和创业活力。"双创"政策在短时间内密集出台,其中仅2015年制定的"双创"政策文件就多达116份,截至2017年12月底已出台相关文件378份,数量之多在专项政策领域极为少见,2017—2024年每年都有相关创新创业的政策出台(见附录1)。经过十几年的探索,我国创新创业政策从最初探索阶段发展至全面推进阶段,目前已经形成了由创业教育、创业服务平台、创业融资等内容组成的创业政策体系(顾辉,2021)。目前我国创新创业政策主要包括财政政策、税收政策、投融资政策、商事政策、创新创业服务政策、创新创业条件平台政策、创新产品和服务的政府采购政策和创新人才政策等。各地方政府也相应出台了与地方经济社会发展实际相适应的创新创业落地政策,同时还出台相关配套政策文件。创业机会是创业过程的核心要素,创业过程是围绕创业者机会识别、开发和利用的一系列过程(刘万利

---

① 国务院.国务院关于大力推进大众创业万众创新若干政策措施的意见:国发〔2015〕32号[A/OL].(2015-06-11)[2025-03-12].https://www.gov.cn/zhengce/content/2015-06/16/content_9855.htm.

等,2011),创新创业活动的政策支持创造了大量的创新创业机会。同时,也构建了政府的信息供给、技术支持以及互动平台建设等正式性社会支持网络(顾辉,2021),拓展了青年创客的社会资本。以江苏省为例:该省 2014 年底创业投资机构达 589 家,共有 11 967 家企业受惠于科技税收优惠政策,落实科技税收减免额达 254.62 亿元,较上一年度增长 10.62%;全省 2015 年上半年成功创业 83 474 人,带动就业 333 975 人(戚湧等,2017)。另外,该省制定了《发展众创空间推进大众创新创业实施方案(2015—2020 年)》提出,(1) 创业服务载体加快发展。建设国内知名、特色鲜明的众创空间等新型创业服务平台 500 家以上,小企业创业基地、大学生创业园、留学人员创业园、大学生创业示范基地等创业载体超过 1 000 家;(2) 创业人才队伍不断壮大。全省集聚大学生等各类青年创业者、企业高管及连续创业者、科技人员、海归创业者为代表的创业人才超过 30 万人;扶持 60 万名城乡劳动者自主创业,带动就业 300 万人以上;(3) 创业企业快速发展。新登记注册的初创企业户数、吸纳从业人员数平均每年增长 10%;采用新技术和新模式的创业企业不断涌现;(4) 创业服务资源高度集聚。建立一支超过 3 000 人的创业导师队伍;聚集一批天使投资机构和天使投资人,创业投资机构管理资金规模超过 2 500 亿元;建设 120 家科技支行、科技小额贷款公司、科技保险公司等新型科技金融组织,科技贷款增幅高于全部贷款增幅;(5) 创业文化氛围更加浓厚。支持大众创业、万众创新的长效机制基本建立,鼓励创新、宽容失败的创业文化在江苏大地繁荣发展,"创业江苏"品牌在国内外具有较大影响。[①] 在这些政策驱动下,江苏省加大各方面投入建设。由省科技厅指导,省高新技术创业服务中心、省科技企业孵化器协会联合编写的《江苏科技创业孵化发展报告(2022)》指出,截至 2021 年底,全省科技创业载体总数达 2 145 家,其中科技企业孵化器 1 070 家,众创空间 1 075 家;国家级载体数量保持

---

① 科技局.省委办公厅 省政府办公厅关于印发《发展从创空间推进大众创新创业实施方案(2015—2020 年)》的通知[EB/OL].(2015 - 05 - 11)[2025 - 03 - 12]. http://www.tongzhou.gov.cn/tzqkjj/ghjh/content/CD9C7FE16A63465CB7DDF48C4A821162.html.

全国前列,国家级孵化器244家,数量、面积及在孵企业数继续保持全国第一;2021年,全省科技创业载体在孵企业和创业团队从业人员66.5万人,其中吸纳应届大学毕业生6万人,大学生创办团队和企业近1.3万个(家)。[①] 2024年,江苏"双创计划"吸引了总计2 000余名来自全球的英才(包括1 192名双创人才和192个双创团队)来到江苏,他们带项目、携团队展开了激烈的角逐(林元沁,2024)。可见,地方政策支持引领下的人才工程,已成为招引人才、发展产业的重要支撑。通过加强顶层设计,统筹协调联动,分工推进落实,集成政策支持,营造良好环境,使各类创业主体各显其能、各展其才,最大限度地激发全民创业潜力、释放创业活力;大力发展新技术、新产品、新业态、新模式,培育新的经济增长点,以创业促创新,以创业促就业,以创业促发展,为深入实施创新驱动发展战略提供新动能。

安德森(Anders,2005)最早开展创业政策研究,强调创业政策应包含激发创业动机、提供创业机会、培养创业能力三个方面。艾森伯格(Isenberg,2011)提出了著名的创业生态系统模型(entrepreneurship ecosystem strategy),认为市场、政策、金融、文化、人力资本和其他相关支持相结合才能促成创业实现自我可持续,其中涉及的政策要素包括投资和支持制度、金融支持、研发支出、税收优惠政策、风险偏好型规制等,该理论模型成为较为主流的研究视角,而被大多数学者沿用(如Zhang et al.,2023)。曲婉等(2018)提出了创新创业政策作用机制分析模型(见图4-1-1),提出创新创业活动分为萌芽期、孕育期、创立新企业期、密集性创新活动开展期、高速成长期五个阶段,不同的政策工具在创新创业活动不同阶段发挥的作用不同。并通过对2007—2016年580个国家样本的平衡面板数据回归,验证了创新创业税收优惠政策和政府创新创业项目在创业资本和创业机会对早期创业行为影响中的调节作用,具体表现在从创业资本和感知的创业机会向早期创业行

[①] 江苏省高新技术创业服务中心.《江苏科技创业孵化发展报告(2022)》发布[EB/OL].(2022-11-21)[2025-03-12].https://kxjst.jiangsu.gov.cn/art/2022/11/21/art_82536_10675601.html.

为发生的传导机制中,政府创新创业政策的实施一方面降低了创业成本,提高了创业资本使用效率和效益,有利于更好地发挥资本红利,促进早期创业行为的发生;另一方面营造了良好的制度环境,进一步激发了创业者的早期创业行为。梅红等(2024)基于2013—2021年中国31个省份(不含港澳台)的面板数据,运用连续双重差分法分析发现,双创政策显著促进了省域文创产业创新活跃度的提升,人才集聚、市场竞争是提升双创政策效果、实现创新发展的重要路径。但总的来说目前国内学界对创新创业政策研究不足,大部分停留在思辨性的观点上。

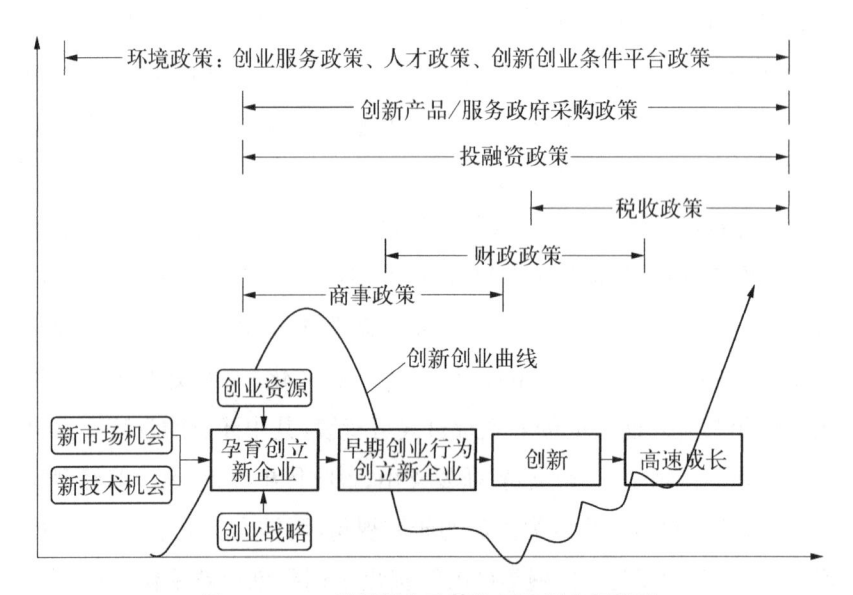

图 4-1-1 创新创业政策作用机制分析模型

资料来源:引自曲婉、冯海红(2018)。

各级政府出台的创新创业政策优化了创新创业环境,促进着创新创业理念的普及,为形成一个真正鼓励创新、宽容失败的生态环境发挥重要作用。但是,随着创新创业活动日益呈现全球化、复杂化等趋势,创新创业政策的外部环境发生巨大变化,新的政策工具与模式不断出现,现有创新创业政策存在不能完全顺应新经济发展特征和新时代发展需求的问题(曲婉、冯海红,2018)。另外,根据瑞典学者伦德斯特伦和史蒂文森的创业周期理论,创业企业在经历"种子期"和"成长期"两个不同时期时,政府提供的创业环境重点也应有所不同(辜胜阻等,2008)。刘忠艳(2016)通过文本分析,指出我国现有大学生创业政策表现出鲜明的阶段性特征,其连续性与精准性亟待进一步提高;政出多门、政策泛化、叠化现象严重,影响政策执行效率,有待深入整合集成;围绕大学生青年创客创业科技创新成果转化的供给类政策以及政策评估、后续高质量化服务的需求类政策仍需深入优化完善。本研究通过对已经在创业道路上的青年创客的调查,了解中央和地方出台的各种创新创业政策在激发他们投身创业活动中具体发挥了什么作用、呈现怎样的特点,又存在哪些问题,最后在此基础上提出对策建议。

一、青年创客利用政策支持现状分析

通过调查青年创客对创新创业类政策支持的了解情况,发现青年创客所知晓的政策支持主要集中在初创期的启动资金、场地或租金补贴、金融财税扶持优惠等政策,有超过40%的青年创客知晓这些政策。但是,青年创客对免收行政事业性收费政策、市民购房待遇及购房补贴政策、科教特色扶持政策以及医疗保险等市民待遇政策知晓程度较低(均低于10%),具体见表4-1-1。

表4-1-1 青年创客对政府支持政策的了解情况

政策支持	响应 N	百分比(%)	个案百分比(%)
初创期的启动资金	170	19.50	46.60
场地或租金补贴	166	19.00	45.50
金融财税扶持优惠政策	149	17.00	40.80
免收行政事业性收费	58	6.60	15.90
市民购房待遇及购房补贴	63	7.20	17.30
职业培训补贴	100	11.40	27.40

续 表

政 策 支 持	响 应 N	响 应 百分比(%)	个案百分比(%)
科教特色扶持	55	6.30	15.10
医疗保险等市民待遇	72	8.20	19.70
其他	42	4.80	11.50
总 计	875	100	

进一步统计青年创客对所在地方政府针对创新创业出台政策的知晓程度,结果显示,青年创客平均知晓的支持政策数为2.4,标准差为1.47(有效作答人数为365人)。差异分析显示,党员青年创客比一般青年创客对地方政府支持政策的知晓程度更高[(2.72∶2.28),$t(143.62)=2.30$,$p=0.023$]。不同年龄段青年创客政策支持的知晓程度存在差异[$F(3,360)=2.82$,$p=0.039$],具体表现为25岁及以下的青年创客相较于26—35岁的青年创客对地方政府的支持政策知晓程度更高($p=0.012$;$p=0.013$)。

近3年参加社会公益服务活动的次数会影响青年创客对地方政府支持政策的知晓度[$F(3,360)=3.45$,$p=0.017$],具体表现为参加次数越多的青年创客对支持政策知晓度越高(见图4-1-2),参加次数13次及以上的青年创客对地方政府支持政策的知晓程度显著高于参加次数1—5次($p=0.031$)和没有参加过的青年创客($p=0.008$);参加次数为6—12次的青年创客对地方政府支持政策的知晓程度显著高于没有参加过的青年创客($p=0.022$)。

参与调查的青年创客,享受过最多三项政策:场地或租金补贴政策、初创期的启动资金政策和金融财税扶持优惠政策(具体见表4-1-2),但是也有38.6%的青年创客表示没有享受过任何相关扶持政策。进一步对青年创客享受的政策数量进行统计,发现平均享受政策数为1.85,标准差为1.09(有效作答人数为361人)。

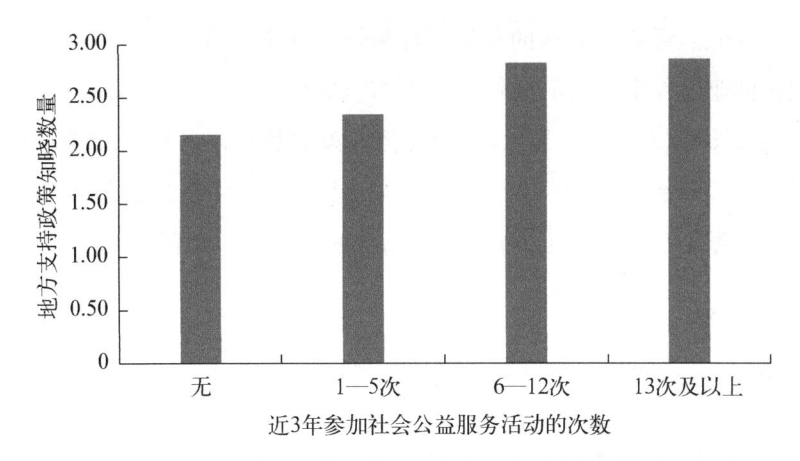

图 4-1-2　不同社会公益参与情况下青年创客对支持政策的了解情况

表 4-1-2　青年创客享受支持政策的情况

享受的支持政策	响应 N	百分比(%)	个案百分比(%)
初创期的启动资金	82	14.40	22.80
场地或租金补贴	106	18.70	29.40
金融财税扶持优惠政策	72	12.60	20.00
免收行政事业性收费	27	4.70	7.50
市民购房待遇及购房补贴	27	4.70	7.50
职业培训补贴	51	8.90	14.20
科教特色扶持	21	3.70	5.80
医疗保险等市民待遇	43	7.50	11.90
其他	2	0.40	0.60
未享受过	139	24.40	38.60
总计	570	100	

独立样本 T 检验结果显示,男性青年创客相较于女性青年创客在创新创业过程中享受的政策数量更低[(1.75∶1.98),$t(359)=-1.97$,

$p=0.05$]。母亲是党员的青年创客相较于母亲是群众的青年创客,在创新创业过程中享受的政策数量更多[(2.29∶1.79),$t(349)=2.85$,$p=0.005$]。方差分析显示,享受支持政策的数量存在年龄段的差异,[$F(3,356)=4.12$,$p=0.007$]。30岁及以下的青年创客享受支持政策数量显著高于30岁以上的青年创客(p均小于0.016)(详见图4-1-3)。

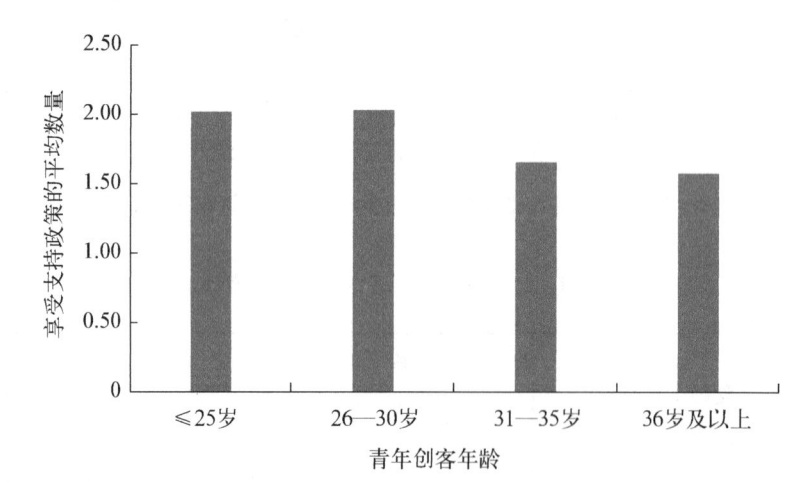

图4-1-3 不同年龄阶段青年创客享受支持政策的情况

近3年参加社会公益服务类活动次数影响青年创客在创新创业过程中享受支持政策的数量[$F(3,356)=2.97$,$p=0.032$]。事后比较显示,参加次数为1—5次和6—12次的青年创客享受支持政策的数量显著高于没有参加过的青年创客($p=0.026$;$p=0.03$)。

享受过相关政策的青年创客中(有20人未作答,有效样本量为209)有45.93%是自己主动寻求政府支持的,13.88%的人享受相关政策支持是政府主动提供的,剩余的40.19%青年创客表示享受的政策支持既有自己主动寻求的,也有由政府提供的。将青年创客分为30岁以下和30岁以上两个年龄阶段,分析发现,30岁以下的青年创客中,主动寻求政府支持的人更多(见表4-1-3)。

工商行政管理局是青年创客寻求帮助最多的部门,其次是人力资源和社会保障局、民政局、发展和改革委员会、财政局、经济和信息化委员会(详见表4-1-4)。

表 4-1-3　不同年龄段获得政府支持方式的占比

获得政策支持的方式	年龄段 ≤30 岁	年龄段 >30 岁
自己主动寻求	61.5%	38.5%
政府主动提供	48.3%	51.7%
两者都有	59.0%	41.0%

表 4-1-4　青年创客寻求帮助的政府部门占比情况

政府部门	响应 N	响应 百分比(%)	个案百分比(%)
工商行政管理局	120	18.20	34.90
人力资源和社会保障局	95	14.30	27.60
民政局	46	6.90	13.40
发展和改革委员会	44	6.60	12.80
财政局	44	6.60	12.80
经济和信息化委员会	42	6.30	12.20
科学技术委员会	32	4.80	9.30
城乡建设委员会	31	4.70	9.00
教育局	29	4.40	8.40
质量技术监督局	28	4.20	8.10
公安局	25	3.80	7.30
物价局	23	3.50	6.70
环境保护局	16	2.40	4.70
审计局	14	2.10	4.10

续　表

政府部门	响应 N	响应 百分比(%)	个案百分比(%)
国土资源局	8	1.20	2.30
司法局	5	0.80	1.50
统计局	3	0.50	0.90
其他	58	8.70	16.90
总　　计	663	100	

注：有效个案344人。

进一步对青年创客寻求政府部门帮助的部门数量进行统计，结果发现，商业型创客相较于公益型创客在遇到问题、困难时寻求的政府部门更多[2.00∶1.58，$t(59.51)=3.19$，$p=0.002$]。家里有人创业的青年创客在遇到问题、困难时寻求的政府部门帮助显著少于家里没有人创业的青年创客[(1.66∶2.13)，$t(339.20)=-3.86$，$p<0.001$]。青年创客是党员或者其父亲、母亲是党员的，在遇到问题、困难时会更多寻求政府相关部门的帮助（见表4-1-5）。

表4-1-5　不同青年创客及父母的政治面貌下求助部门的差异比较

	政治面貌	求助部门数量均值	t值	p值
自己	群众	1.82	−2.80	0.006
	共产党员	2.29		
母亲	群众	1.87	−1.96	0.056
	共产党员	2.38		
父亲	群众	1.85	−2.33	0.02
	共产党员	2.19		

在创业团队中定位为执行者的青年创客报告在创新创业过程中遇到困难求助的政府部门数量显著少于定位为创意者和决策者的青年创客（p 均小于 0.03）。不同年龄段的青年创客在创新创业过程中遇到困难求助地方政府部门的数量存在显著差异[$F(3,341)=3.27$，$p=0.021$]，25—30 岁的青年创客求助地方政府部门的数量显著高于 30 岁以上的青年创客（$p\leqslant 0.013$）（见图 4-1-4）。

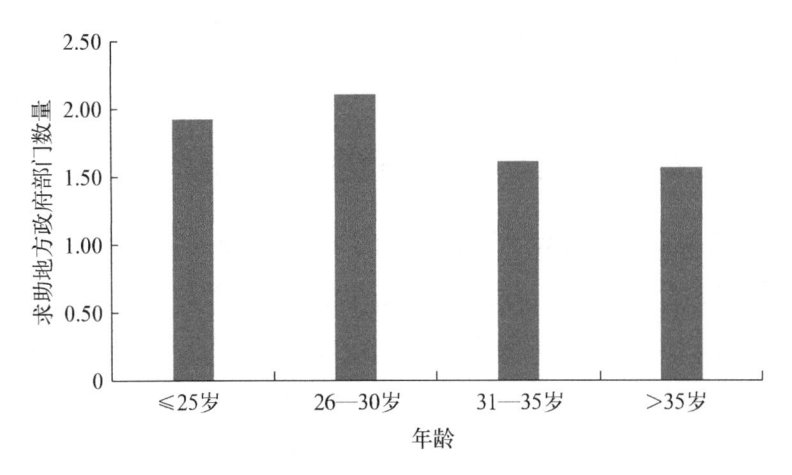

图 4-1-4　不同年龄段的青年创客求助地方政府部门的数量

对青年创客在创新创业中遇到困难求助的对象进行分析，结果发现，寻求政府组织帮助的仅占到 26.24%，青年创客更习惯向创业伙伴、家人、亲友寻求帮助（见表 4-1-6）。

表 4-1-6　青年创客遇到困难时帮助来源情况

帮助来源	响应 N	百分比(%)	个案百分比(%)
创业伙伴	244	27.11	67.40
家人	234	26.00	64.64
亲友	225	25.00	62.15
社团组织	95	10.56	26.24

续　表

帮助来源	响应 N	响应 百分比(%)	个案百分比(%)
政府组织	95	10.56	26.24
其他	7	0.78	1.93
总　计	900	100	

注：有效个案362人。

二、青年创客在利用政策性支持中反映的问题

以上调查结果显示，青年创客对地方政府颁布的与创新创业有关政策知晓程度有限，知晓度最高的是初创期的启动资金，占比也低于50%。另外，青年创客对政府政策支持的利用度不高，享受过创新创业政策支持的青年创客仅占2/3，且平均享受政策数量仅1—2项，集中在场地或租金补贴、初创期的启动资金上。基于以上结果，结合文献资料对我国现阶段青年创客面临的政策性支持问题进行讨论。

(一) 政策支持的推进机制有待提升

现有政策从中央到地方的贯彻执行上仍然存在不畅的地方，特别是对草根创业政策推进重视度有待提升(戚湧等，2017)。例如，针对农民工创业教育与培训政策从中央到省级政府存在"政策细化或再规划的过程"，导致有时省级政府在落实中央政策上存在一定迟滞；而另一方面，从省级政府到市级政府，政策制定容易出现被忽略、被简化、被异化的现象(韩娟等，2024)。瞿晓理(2016)对地方创新创业人才政策行政体制的研究曾指出，地方政策在实际工作中的落地可操作性不够强。因为如果所有政策操作细则出台，势必会大幅增加政府的财政支出，但是其政策细则的实际收效却未必理想，因而导致地方政府在现行的创新创业人才政策适用对象上更偏向"收益率高"的高层次人才。本调查中，青年创客受教育程度跨度比较大，本科以下占34.9%，这可能是导

致他们政府创新创业支持政策利用度不高的原因之一。

虽然能够满足创业政策各种要求的大学生比例仍然偏低(刘刚等,2016),但是在国家政策号召和支持下,大学生群体创新创业积极性更高涨了许多,创新创业比重也在增长。本研究中的青年创客报告的享受政策支持的数量普遍不多,但是存在年龄的差异性。30岁以下的青年创客相较于30岁以上的青年创客获得的政策支持数量显著更多。可能的原因一方面在于,30岁以下的青年创客以在读以及刚出校门不久的大学生为主,国家地方针对这类群体的创新创业政策比较多,他们也是"双创"号召下主要经历者和红利获得者。另一方面,30岁以上的青年创客社会阅历丰富,社会资源和原始积累相对较好,使得他们对政策支持的依赖性不高,寻求政策支持的动力不强。

(二) 政策支持的宣传机制有待完善

"大众创业、万众创新"的大力号召下,创新创业政策井喷式出现,一定程度上激活了市场,提高了创业就业活力。但是本研究发现政府政策知晓程度和利用程度与青年创客的年龄、在团队中的角色定位、参加社会公益服务活动的次数、政治面貌(自己或父母)以及家中是否有人创业等因素密切相关。提示创新创业相关政策的利用受到内外部因素的影响,不仅需要青年创客有关注相关政策的意识和主动性,还需要有更多的渠道能够提供给想要创业的和正在创业的人去获得相关政策的信息。因此从政府角度来说,青年创客相关政策的知晓度低反映出政策宣传机制的不完善。另外,还要考虑到政策推进的阻碍有可能来自青年创客。随着经济下行压力不断增大,加之政策效用固有的迟滞性和递减性,青年群体受到就业压力的影响,参与创新创业活动的主动性和积极性受到一定抑制(刘刚等,2016)。

有研究指出,现行创新创业政策泛化、叠化现象严重,影响政策执行效率(刘忠艳,2016)。本书中,青年创客享受到的创新创业支持性政策集中在场地或租金补贴、初创期的启动资金、金融财税扶持优惠政策,而其他支持性政策,如免收行政事业性收费政策享受的比例相对较低。是政策宣传不够,还是政策享受门槛过高,导致其他支持性政策在青年创客创业活动中没有充分发挥其作用还需要进一步思考和研究。

（三）政策支持的需求衔接不够

现行创业政策与实践衔接方面问题突出（刘刚等，2016）。举例来说，目前全国各地区创意产业园、文化产业园、创业孵化基地如雨后春笋般不断建立，但是当下市场的基础产品和服务严重同质化且占比大，这可能在于孵化器建设以及运营管理团队市场化程度不够，对不同创业企业或组织的差异化需求回应不足。另外，政府投资建设的孵化器虽然较多，但是准入门槛相对较高，政策对社会资本介入众创空间建设的激励不足；还表现在政府政策忽视了创新创业活动的阶段性特征，政策工具的精细化、科学化程度不足，政策工具间的配套衔接和协同作用难以发挥，对创新创业活动的带动效果没有充分显现。在早期阶段，创业活动的风险高、投入高、不确定性高，例如青年人才的"返乡创业""下乡创业"是一种自发的、非组织化的创业探索，在资源调配、资金投入、产业效益、风险防范等方面存在力量薄弱等问题（冯定国、吴江，2024）。因此，政府可以加大对创业项目、创业投资基金等财政和投融资政策的支持，简化流程、降低门槛等商事政策，并辅以政府采购，加大对新创企业或组织的指导和扶持。到了高速成长阶段，初创企业或组织会经过密集型创新创业活动形成主导产品或服务，亟需的是高新技术企业税收优惠等税收政策，以及在推动投资、开拓市场等方面有积极作用的投融资政策与创新产品和服务的政府采购政策（曲婉等，2018）。创新创业政策不仅需要考虑创新创业活动的阶段性，还需要具有连续性。从创新创业活动的发展规律性看，会经历萌芽阶段、孕育阶段、创立新企业阶段、密集性创新活动开展阶段、高速成长阶段五大阶段，每个阶段对政策支持的需求是存在差异的。目前各地方政府出台创新创业政策，多以孤立的视角看待创新创业活动，而创新创业的复杂性致使创业知识、能力、技术、资金等方面的缺陷或缺口仅仅依靠一次性政策支持很难得到持续保障，因此现有政策的连续性与精准性亟待进一步提高。

除了金融、商事等直接服务创客创新创业活动需求的政策，其他支持性政策的出台和落实对于青年创客也有积极意义。这一点在国家出台的"大众创业,万众创新"一系列指导政策中的实施意见中也有考虑,如"建设创新创业平台"、"加强城乡基层创业人员社保、住房、教育、医疗等公共服务体系建设"以及"对创业人员在配偶就业、子女入学、医疗、住房、社会保障等方面完善相关措施"等要求,①通过解决创业人员的后顾之忧,保障创业人员的创业热情和积极性。但是政策落实往往强调创新创业行为而忽视个体生存和生活需求,这正是目前地方政府政策的薄弱环节。

三、政策支持促进青年创客创新创业活动的对策建议

在青年创客的发展阶段,政府应当将自身角色定位转变为青年创客返乡创业项目的平台搭建者、金融服务者、宣传推广者,着力构建支持和保障青年创客的创业项目发展壮大的全链条政策环境(白静,2024)。为青年创客的创业项目搭建技术平台、交流平台与市场平台,推动金融机构开展针对青年创客的创业项目的服务创新,开展对青年创客的创业项目的宣传推介,为青年创客创造良好的经营环境,将青年创客的创业项目送上稳定发展、逐步做大做强的道路(顾辉,2021)。在优化自身创新创业政策支持时,加大简政放权力度,全面深化体制改革,应秉持两个原则:第一,以地方政府为主导,进一步发挥多方合力。充分发挥市场在资源配置中的决定性作用,以社会力量为主体构建市场化的众创空间,以满足个性化、多样化消费需求和开放式、体验式创新为重点,促进创新创意与市场需求和社会资本有效对接。政策措施的贯彻落实需要政府引导,市场调节和社会服务三方统筹推进。第二,明确各职能部门的分管职责,促进各职能部门联动,整合各类有效资源,协同创新创业。由此,地方政府的政策机制才能为各类人才的创新创业提供保障,助推大众创新创业。进一步深化整合政策出台部门之间的通力协

---

① 国务院.国务院关于大力推进大众创业万众创新若干政策措施的意见:国发〔2015〕32号[A/OL].(2015-06-11)[2025-03-12].https://www.gov.cn/zhengce/content/2015-06/16/content_9855.htm.

作,规范涉及青年创客创新创业政策制定主体的责任边界,加强各项政策制定主体之间的有效沟通。政府应牵头建立起创新创业政策资源信息共享平台,为青年创客提供便捷的线上、线下创新创业政策分享和咨询服务,避免所出台的相关政策出现"撞车"现象,造成不必要的资源浪费。加强协调联动和政策集成,在体制和机制上为创业者提供保障。

结合创新创业活动规律,进一步完善政策体系,使得地方政府的财政投入和政策投入获得人才收益最大化。可以将创新创业人才实施分类、分层、分阶段管理作为制定和促进政策落地操作的有效途径之一(曲婉等,2018;瞿晓理,2016)。人才管理的一个原则便是"人尽其才、人尽其用、因材施用"。要让不同类型、不同层次的个体恰当地发挥其才干,首先要了解该个体的特质和所处的创业阶段。地方政府在国家"大众创业,万众创新"精神的指导下,可依据创新创业类人才的能力、专业背景、文化素质、年龄、风险承受力等层次类型分阶段制定政策细则。这样一方面可以构建一个较为完善全链条的政策体系,另一方面也将有效地控制政策的成本投入,提高政策收益。必须在深刻理解创新创业政策内涵基础上,分析财政、税收、市场规制等不同类型政策工具在创新创业活动不同阶段的作用机制。另外,结合青年创客层次阶段特点,深入宣传落实普惠性政策,凸显特惠性政策,打好组合拳,才能更加充分地发挥不同政策的组合效应,推动全社会创新创业活动的良性发展。

第二节 青年创客面对的社群网络支持

人具有社会属性,决定了其通过构建社会网络系统来支持生存和发展,社群是人类社会活动的基本形式。有关社群的概念最早可追溯到亚里士多德,他在《政治学》一书中指出,人类未来达到某种共同的善的目的所组成的关系或者团体就是社群(李先桃,2008)。作为社会学一个重要的学术概念,社群主要指的是有两个或两个以上的具有共同认同和团结感的人所组成的人的集合,群体内的成员相互影响,共享着特定的目标和期望。由个体所在的不同社群建构的关系网络即为社群网络。

在开放硬件与开源软件唾手可得的今天,蓬勃的创客社群与近在咫尺的小型生产制造商们共同开辟了一个创造者的黄金时代。从关系网络视角来看,青年创客掌握的网络关系是其获取信息、技术、资金、知识等资源最重要的渠道和最合适的机会。Dubini 和 Aldrich(1991)将创业网络划分为创业者个人的社会网络以及创业企业的拓展网络,其中社会网络是创业者以个人为中心与家庭、亲属、朋友、同学、同乡等建立的网络,有效的创业网络有助于创业成功。王于佳(2011)提出,新创企业的社会网络由团队成员之间的关系总和与公司外的合作伙伴关系组成。组织中的创新能力依赖于网络成员的关系(Dewick,Miozzo,2004)。孙中博(2014)通过调查研究也发现,创业者的网络关系能够帮助他们构建新想法,通过知识共享与技能互补来深化互动。具体体现在强关系网络中,由于长期紧密而频繁的互动,成员间相互对知识和信息展开深度交流,为彼此提供意见建议,促进利用性技术创新;而与个人属性关联性不大的弱关系网络中,创业者探索性技术创新得以发展,降低探索的风险,也有助于创新创业活动。独特、全面的网络关系不仅仅是青年创客们创新创业的保障和资源,对于青年创客也是强有力的情感源泉和动力。项国鹏等(2023)指出,数字时代下,随着社群影响的不断深入,互联网创业企业商业模式的价值主张、价值创造、价值传递和价值获取等维度不断递进和交互,进而实现商业模式闭环。社会资本是创客模式的重要推动力量(克里斯·安德森,2012)。青年创客的社会关系在资源获得、行动效率和价值创造方面发挥关键作用,是促进个人创新活动和组织知识创造的无形资产(Bolino et al.,2002;Daskalopoulou et al.,2023;Tsai,2002)。以社群网络在创客空间中的表现为例:创客通过频繁参加社区活动形成强联系,并借助创客空间合作网络与外部利益相关者形成弱联系,增加获取知识与资源的多样性;在社区交往中,创客基于共同兴趣和异质化专业背景产生情感和认知信任,增强对创业风险的承受能力;创客之间、创客与外部利益相关者之间在合作过程中蕴含互惠的社会交换,促进知识共享与资源交换;创客主要通过共同价值观及愿景形成相近的行为规范,更容易相互理解;创客基于兴趣,在开放的实体和虚拟社区中共享创意与资源,形成协作创业的共有价值观,提高群体凝聚力和归属感(李振华等,2018;刘新华,2024)。通过对小红书和得到商业模式演化的双案例研究,项国鹏等(2023)发现社群驱动下的互联网创业企业商业模式呈现阶段性演化特征(见图4-2-1),主要表现在:社群构建期通过物质连接打通双边市场,形成市场适应型商业模式;社群发展期通过情感联结聚合多边用户,形成技术驱动型商业模式;社群成熟期通过生态联结创造社群红利,形成社群生态型商业模式。

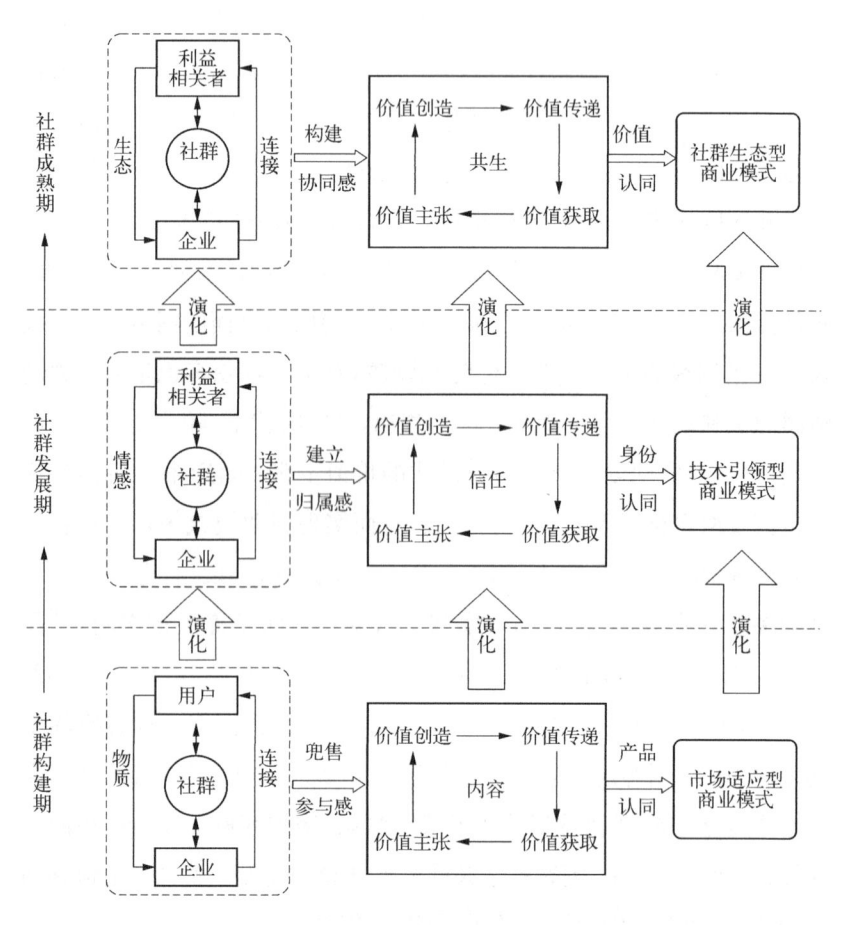

图4-2-1 社群视角下互联网创业企业商业模式演化

资料来源:引自项国鹏等(2023)。

社群网络与社会支持密切相关。社会网络可界定为社会支持的主体。社会支持的主体有广义和狭义之分。广义的社会支持分为国家支持(主体是国家)、经济领域支持(主体是企业)和狭义的社会支持(主体是社团和个人)三个层次。从社会行为的性质来看,社会支持是一种能促进扶持、帮助或支撑事物的行为或过程,是个人对他人社会需要的反应,是一种在社会环境中促进个体发展的力量或因素。因此,社会支持是一定社会网络运用一定的物质和精神手段对社会弱者进行无偿帮助的一种选择性社会行为;从社会互动角度来定义,社会支持是人与人之间的亲密关系,因此既涉及家庭内外的供养与维系,也涉及各种正式与非正式的支援与帮助;从社会资源角度来说,社会支持是一个人通过社会联系所获得的影响,如来自家庭成员、亲友、同事、团体、组织和社区的精神上的和物质上的支持和帮助,这种影响能减轻心理应激反应、缓解精神紧张状态、提高社会适应能力(王礼君,2018)。来自不同主体的社会支持对青年创客的支持和帮助有助于提高创新创业活动质量。汪国华(2019)对新生代农民工返乡创业的研究,发现新生代农民工社会支持网络从内卷化逐步向外延拓展,呈现出阶段性的演变特征,其创业的社会支持经历了三个演变阶段:(1)创业初期。以家庭和地缘支持为核心,获得原始资本和情感支持,社会支持未能增加收益。(2)风险加大期。借助扩大化的地缘群体获得了风险认知,为他们脱离差序格局圈层准备条件。(3)资本增值期。同业缘群体建立稳定联系,学习规避资本风险方法和资本增值能力,培养市场理性分析素质。

社群网络支持在创新创业活动中发挥重要的作用。血缘、地缘、业缘、网络等构成建构社群的基本介质。本节重点考查社团组织在青年创客创新创业活动中的表现和作用。社团组织又称为社会团体组织,是指以文化、学术或公益性为主的非政府组织(即协会、学会、联盟、俱乐部、兴趣组、学习组、创客类团体等)。社团组织是党委、政府中联系广大创新创业者的重要纽带,是创新创业体系中的重要组成部分。随着国家加大对社团组织培育发展力度,社团组织迅猛发展,具有比较好的群众基础。同时,社团组织汇聚了各方工作者,人才荟萃、学科齐全、联系广泛,是重要的党建和服务平台,能够为组织成员提供资源链接、信息共享和技术整合。相关研究指出,产业集群规划是政府制定发展政策的重要模式,创新创业活动嵌入产业集群也成为我国现今促进区域经济发展、提升产业竞争力的重要方式之一(杨艳等,2013)。集群中的相关机构为新创企业发展提供相关政策、技术和人力资源支持,使得产业集群在创业孵化方面产生独特的优势(赵江明、刘金红,2004)。一方面,集群可以提升早期创业的成功率,并被视为新生企业的孵化器和稳定器;另一方面,集群具有的独特的创业活力及企业家精神对高科技园区企业的发展也起到了促进作用(Watkins-Mathys et al., 2006)。其中行业协会发挥了举足轻重的作用。刘容志等(2014)通过对温州中小企业集群的案例分析,提出(1) 行业协会对创业资源配置起到协调作用,主要体现在通过提高集群内部公共物品及共享资源的效用,增强创业企业的比较竞争优势;通过其行业规范及监督机制,推进"集群品牌"的塑造;(2) 行业协会对孵化主体关系起到协调作用,作为行业发展的协调者、行业利益的保卫者,为增进企业与政府等各类机构间网络联系"牵线搭桥",同时扮演企业之间竞争与合作关系的协调者。行业协会的重要作用为创新创业活动的产生、发展以及创客人才的孵化提供了必要条件。因此,通过研究青年创客社团组织的研究来认识社群网络支持在创新创业活动中的表现和作用,是一个有意义的新视角和有效切入点。

一、青年创客参加社团组织的情况

在调查的对象中,有 39.24%的青年创客表示没有参加社团组织,40.87%的青年创客参加了 1—2 个社团组织,14.17%的青年创客参加了 3—4 个社团组织,参加超过 5 个及以上社团组织的青年创客占5.72%(见表 4-2-1)。

参加社团组织与受教育程度有关联($\chi^2 = 22.83$, $p < 0.001$)。受教育程度越高,参加社团组织的青年创客占比越大(见表 4-2-2)。

表 4-2-1　青年创客社团参与数量

数　目	频　次	百分比(%)
无	144	39.24
1—2个	150	40.87
3—4个	52	14.17
5—6个	15	4.09
7个及以上	6	1.63
合　计	367	100

表 4-2-2　青年创客受教育程度与有无参加社团组织的交叉分布

			有无参加社团组织		合　计
			无	有	
受教育程度	高中及以下	计数(个)	31	17	48
		占比(%)	64.60	35.40	100.00
	大专	计数(个)	38	42	80
		占比(%)	47.50	52.50	100.00
	本科	计数(个)	66	138	204
		占比(%)	32.40	67.60	100.00
	研究生	计数(个)	8	26	34
		占比(%)	23.50	76.50	100.00

青年创客的政治面貌与参加社团组织的情况存在相关($\chi^2=8.13$，$p=0.004$)，党员青年创客参加社团组织的比例显著高于非党员(71%∶57.8%)。创业类型也与参加社团组织情况相关($\chi^2=8.13$，$p=0.004$)，公益型青年创客中参加社团组织的占82.9%，商业型青年

创客中参加社团组织的占58%。

参加社团组织与参加社会公益服务活动次数相关（$\chi^2=38.11$，$p<0.001$）。参加社团组织的青年创客中参加社会公益服务活动的比例高于没有参加社会公益服务活动的（60.9%：39.1%）。参加社团组织的青年创客相较于没有参加社团组织的青年创客在自我认知、创业理念和对政策知晓和利用程度上有显著的差别（见表4-2-3）。独立样本T检验显示，参加社团组织的青年创客有更好的自我认知，自我效能更高，关系自我评价也更好。参加社团组织的青年创客社会层面的创业理念认同程度显著高于没有参加社团组织的青年创客，但是个人层面创业理念认同程度与是否参加社团组织不相关（$p>0.05$）。参加社会组织的青年创客对政策知晓程度更高，对政策支持的利用程度也更好。另外，创新理念（创新行动意识、创业创新意识和创新认知意识）与是否参加社团组织不相关（p均大于0.3）。

表4-2-3 青年创客参加社团与否的差异表现

	有无参加社团组织	均值	标准差	t值	p值
自我认知	无	1.85	0.54	2.75	0.01
	有	1.70	0.46		
自我效能	无	1.91	0.63	2.37	0.02
	有	1.76	0.57		
关系自我	无	1.76	0.61	2.31	0.02
	有	1.63	0.50		
社会层面创业理念	无	1.92	0.85	2.51	0.01
	有	1.71	0.62		
个人层面创业理念	无	1.50	0.61	−0.19	0.85
	有	1.51	0.56		

续　表

	有无参加社团组织	均值	标准差	t 值	p 值
政府政策知晓数量	无	2.13	1.42	−2.69	0.01
	有	2.55	1.49		
获得政策支持数量	无	1.51	0.88	−4.73	0.00
	有	2.02	1.19		

注：自我认知相关变量均值越低表示评价越高。

二、社团组织在创新创业过程中的支持作用情况

在创新创业过程中，青年创客可以通过参加社团组织获得来自多方面的支持，其中61.4%的青年创客表示可以从社团组织中获得创意启发，51.6%的青年创客表示可以从社团组织中获得资源链接，47.1%的青年创客表示可以从社团组织中获得技术支持，46.6%的青年创客表示能够从社团组织中获得情感支持，具体结果见表4-2-4。

表4-2-4　青年创客从社团组织中获得支持类型的占比情况

支持类型	频　数	百分比(%)	个案百分比(%)
技术支持	105	18.9	47.1
情感支持	104	18.7	46.6
创意启发	137	24.6	61.4
购买销售渠道	50	9.0	22.4
资源链接	115	20.6	51.6
资金支持	37	6.6	16.6
其　他	9	1.6	4.0
总　计	557	100	249.80

不同性别的青年创客从社团组织中获得的支持类型存在差异：女性青年创客通过社团组织更多获得技术支持、情感支持、创意启发，男性青年创客则通过社团组织更多获得的是购买销售渠道、资源链接和资金支持（具体见表4-2-5）。

表4-2-5 社团组织的支持与性别的交叉分布

			性别		总计
			男	女	
社团组织的支持	技术支持	计数（个）	49	56	105
		占比（%）	46.7	53.3	
	情感支持	计数（个）	49	55	104
		占比（%）	47.1	52.9	
	创意启发	计数（个）	65	72	137
		占比（%）	47.4	52.6	
	购买销售渠道	计数（个）	28	22	50
		占比（%）	56.0	44.0	
	资源链接	计数（个）	62	53	115
		占比（%）	53.9	46.1	
	资金支持	计数（个）	23	14	37
		占比（%）	62.2	37.8	
总计		计数（个）	115	104	219

对青年创客从社团组织获得支持的数量进行统计，结果发现，在创新创业过程中有62.06%的青年创客可以从社团组织中获得2—3种支持（具体见表4-2-6）。

结合青年创客参加的社团组织数量进行统计，结果发现，随着青年创客参加社团组织数量增加，从社团组织中获得支持的数量也呈增长的趋势(见图4-2-2)。相关分析也显示,从社团组织中获得的支持数量与参加社团的数量呈显著正相关($r=0.26$,$p<0.01$)。

表4-2-6 青年创客从社团组织中获得支持数量情况

获得支持数量	频 数	百分比(%)
1	46	20.72
2	75	33.79
3	65	29.28
4	22	9.91
5	10	4.50
6	3	1.35
7	1	0.45
合 计	222	100

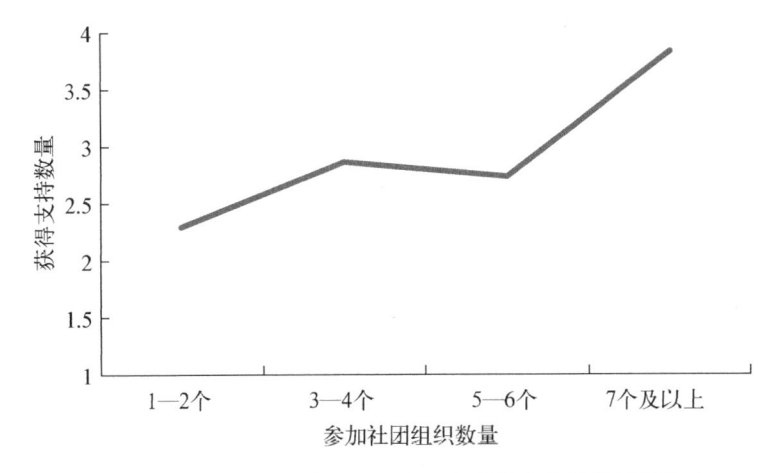

图4-2-2 青年创客参加社团数量与其获得支持数量的关系

相关分析发现,随着参加社团数的增加,青年创客对创新创业过程中政府支持政策的知晓程度也会提高($r=0.16$,$p=0.014$)。从社团组织中获得的支持数量与青年创客对支持政策知晓程度呈显著正相关

($r=0.22$, $p=0.001$);与青年创客享受支持政策数呈显著正相关($r=0.25$, $p<0.001$)(见表4-2-7)。

表4-2-7 青年创客社团组织支持数与其他变量的相关关系

	从社团组织中获得支持数	支持政策知晓程度	享受支持政策数	参加社团组织数
从社团组织中获得支持数	1			
支持政策知晓程度	0.22**	1		
享受支持政策数	0.25**	0.46**	1	
参加社团组织数	0.26**	0.16*	0.07	1

注：*表示$p<0.05$；**表示$p<0.01$。

对青年创客从社团组织中获得支持的总体满意度进行统计,结果显示,青年创客普遍对从社团组织中获得的支持比较满意(1—5级李克特评分,非常满意=1,非常不满意=5,满意度均值为2.07)。进一步分析结果显示,从社团组织中获得创意启发、资源链接或技术支持的青年创客对所参加的社团组织满意度更高(具体见表4-2-8)。女性青年创客相较于男性青年创客对社团组织支持的满意度更高[$t(214)=2.09$, $p=0.038$]。

表4-2-8 青年创客获得支持与否在其社团满意度上的差异分析

支持类型	获得情况	满意度均值	标准差	t值	p值
创意启发	有	1.97	0.69	2.17	0.032
	无	2.24	0.98		
资源链接	有	1.96	0.73	2.06	0.041
	无	2.19	0.91		
技术支持	有	1.8	0.61	4.87	<0.001
	无	2.32	0.92		

续　表

支持类型	获得情况	满意度均值	标准差	t 值	p 值
情感支持	有	1.97	0.79	1.76	0.08
	无	2.17	0.86		

相关分析显示,从社团组织中获得支持的数量越多的青年创客对社团组织支持满意度越高($r=-0.33$,$p<0.001$;满意度值越大,表示越不满意)。青年创客的自我认知和创业理念与其对社团组织提供支持的满意度显著相关,满意度越高,自我认知和创业理念认同度越高。但是与其参加的社团组织的数量、社团组织提供的支持数量没有显著相关关系(见表4-2-9)。

表4-2-9　青年创客社团满意度与其他变量的相关关系

	参加社团组织数	所获社团组织支持数量	社团组织支持满意度	自我认知	创业理念
参加社团组织数	1				
所获社团组织支持数量	0.26**	1			
社团组织支持满意度	0.05	−0.33**	1		
自我认知	−0.04	.004	0.20**	1	
创业理念	0.08	−0.12	0.26**	0.31**	1

注：** 表示在0.01水平(双侧)上显著相关。

三、青年创客社群网络支持情况

青年创客在创新创业过程中遇到困难时,可以求助的对象有家人、亲友、创业伙伴、社团组织、政府组织等(具体见图4-2-3),获得的帮助主要来自家人、亲友和创业伙伴均占(60%以上,以及社团组织和政府组织均占25.8%)。

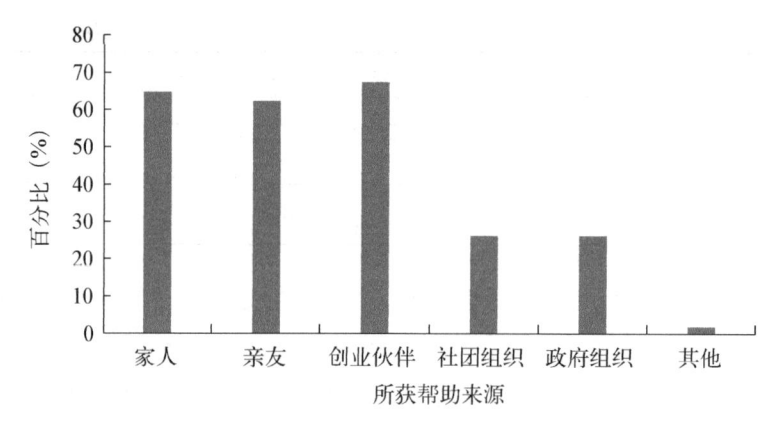

图 4-2-3 青年创客遇到困难时所获帮助来源上的占比

对数据进行性别和家里是否有人创业的交叉分析，发现家里有人创业的女性青年创客在创新创业过程中遇到困难所获帮助的主要来源依次是家人、创业伙伴、亲友；家里没有人创业的女性青年创客在创新创业过程中遇到困难时所获帮助的主要来源依次是亲友和创业伙伴（两者并列）、家人（具体见图4-2-4）。男性青年创客在创新创业过程中遇到困难时所获帮助的主要来源无论家里是否有人创业都是创业伙伴、家人、亲友。另外，结果显示，无论性别，家里无人创业的青年创客从社团组织获得帮助的比例要大于家里有人创业的青年创客。

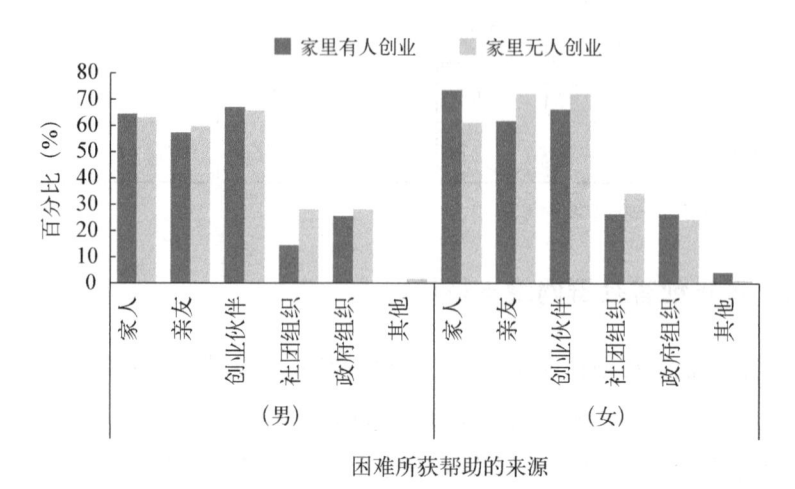

图 4-2-4 青年创客家里是否有人创业与在困难时所获帮助来源上的占比

处于不同创业时间段的青年创客在创新创业过程中遇到困难获得帮助的来源也存在一些差异(见图4-2-5)。刚开始创业的青年创客(创业时间小于等于2年的)更倾向于向创业伙伴寻求帮助,对家人的依赖性明显没有2年以上创业时间的青年创客高。创业时间在4—6年的青年创客对创业伙伴的依赖性相较于其他创业阶段更低,获得政府组织的帮助比例更高。

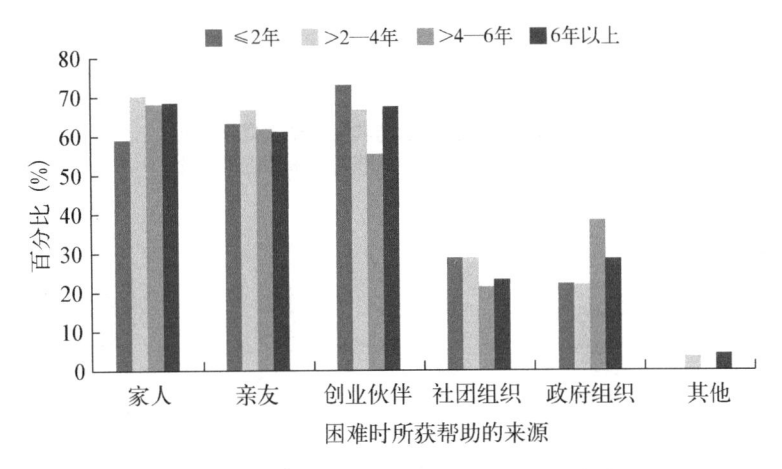

图4-2-5 不同创业时长的青年创客在困难时所获帮助来源上的占比

独生子女青年创客是在创新创业过程中遇到困难获得家人、亲友、创业伙伴、政府组织帮助的比例高于非独生子女青年创客。在前三个主要帮助来源中,独生子女的青年创客获得家人帮助的比例更高,而非独生子女的青年创客获得创业伙伴帮助的比例更高(见图4-2-6)。独立样本T检验显示,独生子女青年创客可以获得帮助的来源数显著高于非独生子女(2.60 vs. 2.35),$t(366)=2.09$,$p=0.038$。

参加社会公益服务次数不同的青年创客在创新创业过程中获得帮助的来源数存在差异[$F(3,363)=3.73$,$p=0.012$]。事后比较显示,没有参加过社会公益服务青年创客获得帮助的来源数显著低于参加过公益服务6—12次($p=0.006$)和13次以上($p=0.033$)的青年创客(见图4-2-7)。

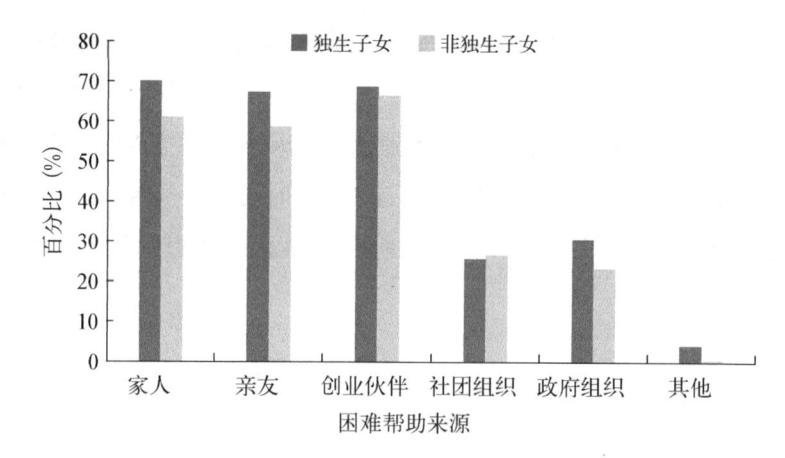

图 4-2-6 独生子女与非独生子女青年创客
在困难时所获帮助来源上的占比

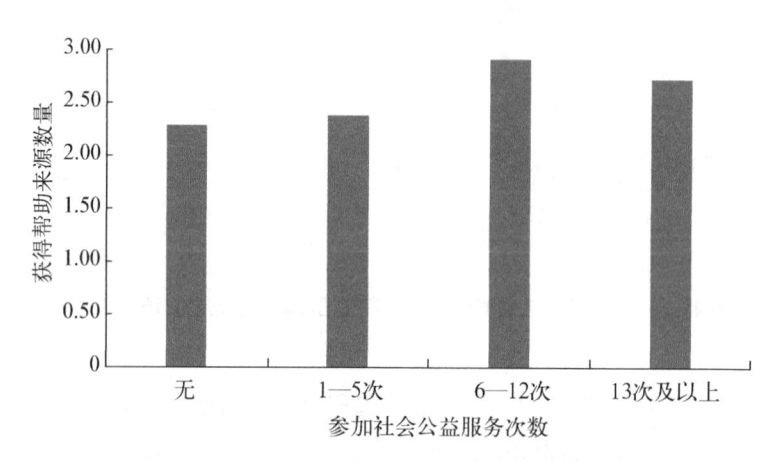

图 4-2-7 公益服务参加情况不同的青年创客
在困难时所获帮助的来源数

交叉分析结果显示,没有参加过社会公益服务的青年创客在创新创业过程中遇到困难时所获帮助主要来自亲友、家人和创业伙伴;随着参加公益次数的增加,获得社团组织和政府组织帮助的比例明显提高,对亲友帮助的依赖性下降(见图 4-2-8)。

不同受教育程度的青年创客在创新创业过程中获得帮助的来源数存在差异$[F(3, 363)=2.71, p=0.045]$。事后比较显示,高中及以下受教育水平的青年创客获得帮助的来源数显著低于本科($p=0.015$)和研究生($p=0.011$)的青年创客。

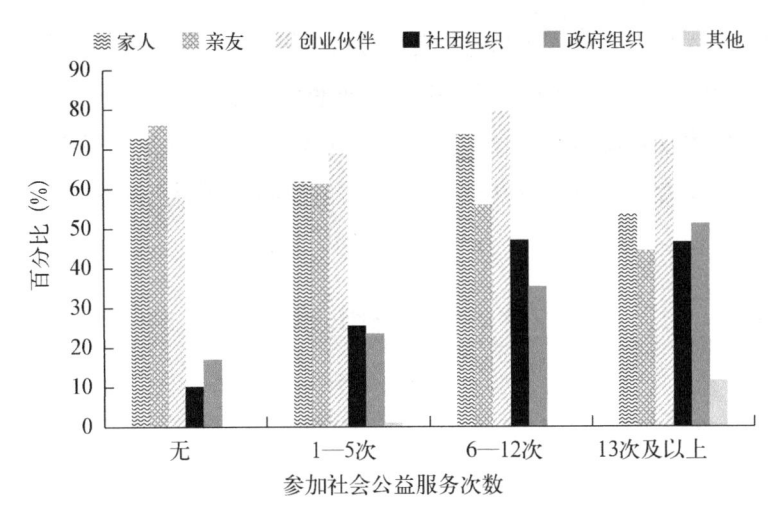

图 4-2-8 公益服务参加情况不同的青年创客在困难时所获帮助的来源

交叉分析结果显示,高中及以下受教育程度的青年创客在创新创业过程中遇到困难所获帮助主要来自家人、亲友和创业伙伴,随着受教育程度提高,获得社团组织和政府组织帮助的比例明显提高,对亲友帮助的依赖性下降(见图4-2-9)。

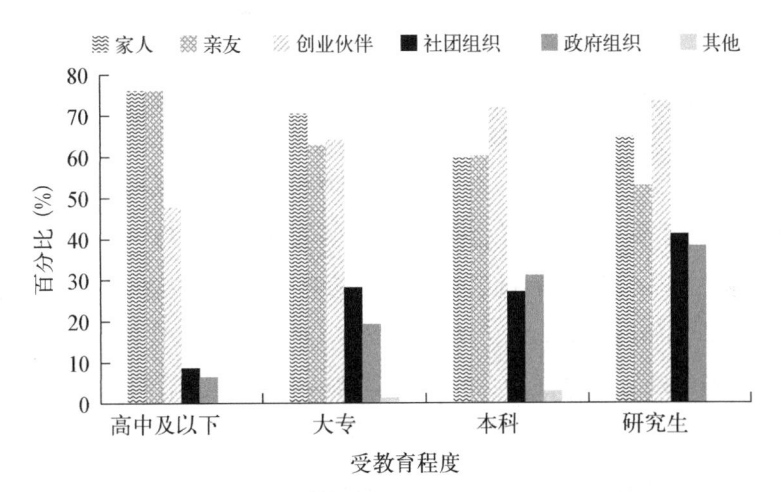

图 4-2-9 不同受教育程度的青年创客在困难时所获帮助的来源

参加社团组织的青年创客在创新创业过程中遇到困难时所获帮助的来源数显著高于没有参加社团组织的青年创客[(2.10 vs. 2.67),

$t(356.40)=5.11$, $p<0.001$]。交叉分析结果显示,没有参加社团组织的青年创客在创新创业过程中所获帮助主要来自家人、亲友,其次是创业伙伴;参加社团组织的青年创客获得创业伙伴帮助的比例最高,其次是家人、亲友,并且获得社团组织和政府组织的帮助的比例有明显增加(见图4-2-10)。

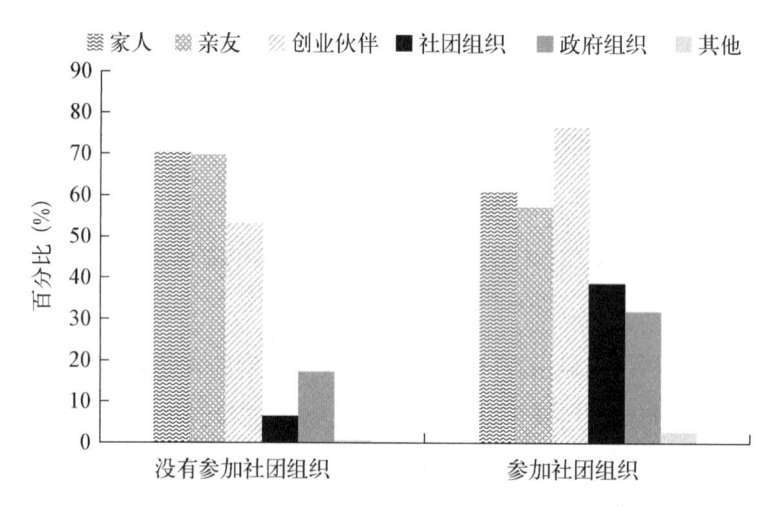

图4-2-10 参加社团组织情况不同的青年创客在困难时所获帮助的来源上的占比

四、讨论

社群网络指的是由个体所在的不同社群建构的关系网络。已有研究指出,社群网络在企业创新能力构建和发展过程中扮演四种重要的角色:(1)提高效率,通过创造高效的信息分布路径,减少冗余信息;(2)激励合作行为,降低互动协调成本,促进创新的集体学习过程;(3)降低劳动分工与合作中的不确定和风险;(4)影响网络成员知识的可获得数量和多样性(王于佳,2011)。当然,许多实证研究也表明,社群网络与企业创新能力之间的关系不是简单的线性关系,还受到其他因素影响。本研究在前人研究基础上,重点从社团组织切入,来探究青年创客群体的社群网络在其创新创业活动的支持作用,从社团组织支持特点来挖掘青年创客群体社群网络支持对其创新创业的驱动作用。

（一）青年创客社团组织支持的特点

从组织功能角度,社会学家费孝通先生将社会组织分为经济组织、政治组织、文化教育科学研究组织、群众组织和宗教团体。本书中,社会团体组织被界定为以文化、学术或公益性为主的非政府组织(即协会、学会、联盟、俱乐部、兴趣组、学习组、创客类团体等)。青年创客参加的社团组织,是由共同利益诉求、价值取向和兴趣爱好而自发参与或成立的。以科技社团为例,科技社团是从事科技活动、促进科技发展、营造科技创新文化氛围的社会团体,主要由科技工作者、科技管理者及科技参与者组成,在学术交流、人才培养、科学普及、科技咨询、国际交流与合作等诸多方面发挥着重要作用,也是推动现代科技不断发展的重要力量,科技社团的广泛参与并充分发挥作用是国家创新体系良好运转的必要条件,更是国家创新体系建设的重要内容。科技类社团的实践应用价值则将对知识的利用从新知识生产转移到指导现实生产实践上来,扮演着将理论研究成果引入现实生产实践中的角色(孟凡蓉等,2019)。

调查显示,超过60%的青年创客有参加社团组织的经历。统计分析结果显示,参加社团组织与受教育程度、政治面貌和创业类型有关联。随着受教育程度的增加,青年创客参加社团组织的比例也会增加。社团组织在高等教育阶段是非常普遍的学生团体活动形式,在高校创新创业教育中越发起到重要作用。以俱乐部为例,俱乐部制度在体育、竞技领域已经是一种比较成熟的商业运作机制。俱乐部有效推动了创新创业文化和精神在青年学子中的萌芽和发展,如创业者俱乐部,成立于1988年,主要帮助其成员在科学、工程和技术领域取得创新成果并创业,此外还提供了多种创新创业资源和服务(许涛等,2017)。国内高校成立的创客俱乐部在近些年的"双创"运动中也如雨后春笋般大量出现,如创客机器人俱乐部、创客咖啡俱乐部、互联网创客俱乐部等。线上线下形式多样,有的是由创客们自发成立的,有的是由创新创业服务中心、众创空间等发起。

随着创业企业对社会资本需求的日益多元化,行业资源跨界整合需求的不断加深,产业集群对共生性发展能力的高度关注,很多民间组织及兴趣类团体被吸纳进相关协会的组织化体系中,很多协会兼具政治属性和社会属性,党建工作仍然可以发挥重要作用。前文数据也显示青年创客中,党员参加社团组织的比例高于群众。因此,要加强社团组织党建工作,将创新创业人才团结凝聚在党的周围,同时有利于党员创客在社团组织中紧密联系群众并发挥先锋模范作用,更好地引领创新创业人才听党话、跟党走。公益型创业以服务社会为使命,推进和谐社会构建,目前主要以一些社会组织或者非营利组织为开发相关公益项目的载体。同时,一些公益创客空间主要功能就是推动公益创新、创意和创业,孵化社会服务组织。所以,相较于商业型创业,公益型创业天然和社团组织有密切的联系,公益型创业的青年创客中参与社团组织的比例更高。

无论是哪种类型的青年创客,参加社团组织都是为他们带来不同的认知、行动和外界资源方面的收获。参加社团组织的青年创客参与社会公益服务活动的次数对社会层面的创业理念认同程度(主要表现在认为创业具有重要的社会意义)显著高于没有参加社团组织的青年创客。通过与社团组织中更多的志趣相投者的接触,能够提升青年创客的自我效能感和人际关系方面的自我认识。另外,参加社会组织的青年创客对政策知晓程度更高,对政策支持的利用程度也更好。青年创客加入科技社团可以充分利用社团的智力支持和科技资源,优化自己的创意产品,提高创业产品或服务的竞争力。前文数据显示通过参加社团组织,大部分青年创客可以从中获得创意启发、资源链接、技术支持。从社团组织提供支持的总体满意度上看,这三类支持对总体满意度的影响也是最显著的。不过,从社团中获得支持的类型存在性别差异。可能在于男女青年创客主观需求的不同,女性青年创客认为通过社团组织可以获得更多的技术支持、情感支持、创意启发,男性青年创客则认为通过社团组织更多获得的是购买销售渠道、资源链接和资金支持,并且女性青年创客对社团提供的支持满意度更高。除了性别因素外,分析结果显示参加社团的数量与获得社团组织的支持数量相关。参加社团组织越多,信息获取渠道就越多,对政府相关政策知晓度就越高,享受政府政策支持的数量也越多。

另外,调查显示个人层面的创业理念,例如增加个人财富、实现个人价值等,以及相对个人层面的对创新的理念(创新行动意识、创业创新意识和创新认知意识)并不受是否参加社团组织的影响。但是,这与参加社团组织质量有关。结果显示,青年创客对社团组织提供的支持的满意度越高,自我认知和创业理念认同度就越高,而与其参加的社团组织的数量、社团组织提供的支持数量没有显著相关关系。

(二)青年创客社群网络支持特点

虽然以上指出社团组织在青年创客创新创业中发挥着重要的作用。但是研究显示,社团组织仅是青年创客社群网络中的一部分,并且在青年创客创新创业遇到困难时发挥有限的作用,家人、亲友和创业伙伴才是当下青年创客不可或缺的社会资本。家里有人创业不仅可以为青年创客提供创业经验,还可以提供创业资本和资源支持。但是不同性别的青年创客在创新创业遇到困难时获得帮助的来源存在差异。具体表现在:家里有人创业的女性青年创客可以获得帮助的主要来源依次是家人、创业伙伴、亲友;家里没有人创业的女性青年创客可以获得帮助的主要来源依次是亲友和创业伙伴(两者并列)、家人。但是男性青年创客在创新创业过程中遇到困难可以获得帮助的主要来源无论家里是否有人创业都依次是创业伙伴、家人、亲友。另外,结果显示不论性别,家里无人创业的青年创客从社团组织获得帮助的比重要大于家里有人创业的青年创客。总体看来,女性青年创客相较于男性青年创客对家人的依赖性更强。另外,独生子女对家人的依赖性也会比较高,表现在独生子女的青年创客获得家人帮助的比例更高,而非独生子女的青年创客获得创业伙伴帮助的比例更高。

社群网络支持的表现还受其他因素的影响。处于不同创业时间段的青年创客在创新创业过程中遇到困难获得帮助的来源也存在一些差异。刚开始创业的青年创客(创业时间小于等于2年的)更多从创业伙伴处获得帮助,对家人的依赖性明显没有创业时间2年及以上的青年创客高。创业时间在4—6年的青年创客对创业伙伴的依赖性相较于其他创业阶段更低,从政府组织获得帮助的比例更高。高中及以下受教育水平的青年创客、不参加社会公益服务活动的青年创客以及不参加社团的青年创客在困难时所获帮助的来源数显著更低。

(三)基于青年创客社群网络支持的启示

综上,可以发现,青年创客的社群网络有家人、亲友、创业伙伴、社团组织、政府组织等,在创新创业过程中遇到困难时,可以获得的支持来源是多维度的,但是以家人、亲友和创业伙伴为主。家人和亲友无疑是青年创客创新创业活动中的"舒适圈"和"避风港",但可能也在一定程度上导致青年创客对社群网络的利用率不够。因此,要充分发挥家庭关系在青年创客创新创业中的积极作用,避免其负面影响。加强社团组织的纽带作用,将社团组织作用落到实处,积极培育行业协会、俱乐部等社团组织,通过集群各主体之间的协调互动,优化集群资源配置,推动企业的协作创新,促进集群创业活动。通过变被动服务为主动服务,凝心聚力,提高社团组织在青年创客社群网络中的支持作用。总之,要打破资源束缚,依托社群积极聚拢多方利益相关者,通过建立合理的互动和联结机制促进资源互换和共享,打造健康活跃的社群生态,实现社群运营与价值增值的双向促进(项国鹏等,2023)。

第三节 青年创客面对的市场吸引力

"十三五"规划纲要提出,要"以供给侧结构性改革为主线,扩大有效供给,满足有效需求,加快形成引领经济发展新常态的体制机制和发展方式"[1]。国家深化供给侧结构性改革,实施创新驱动发展战略,要充分发挥资本市场在创新资源配置中的作用,推进新技术、新产业、新

---

[1] 新华社."十三五"规划的指导思想、主要目标和发展理念[EB/OL].(2016-03-05)[2025-03-13].https://www.xinhuanet.com/politics/2016lh/2016-03/05/c_1118243153.htm.

业态蓬勃发展,提高全要素生产率,有必要激活市场创新主体的作用。青年人创新创业机会的识别与开发受到许多外部因素的影响。其中,市场环境是青年创客创新创业的重要驱动力,面对动态变化的市场环境,青年创客需要不断地识别机会、调整创新创业行动。

创业机会识别是创业领域的一个核心研究话题(张敬伟等,2024)。但是学者们对其概念界定并不统一。熊彼特(Schumpeter,1942)认为,创业机会是通过将各种资源创造性地结合起来,以满足市场需求、创造价值的一种可能性。肖恩(Shane)等(2000)认为,创业机会是新产品、新服务、新材料,甚至是一种新的组织方式,能够被引入生产并以高于成本方式实现销售。创业机会只有被发现或创造时才能带来价值(Hansen et al., 2011)。受创业机会属性、资源、环境、创业者胜任力等因素的影响,创业机会识别与创业绩效之间呈现变化的关系。肖恩(Shane)等(2000)指出,创业机会属性决定着创业行为的最终价值创造潜力,识别出具有创新性的机会能够提高创业绩效。另外,人们的消费需求相较于20世纪市场所反映的情况更加多元化。正如在《创客新工业革命》一书中所说,实体产品市场、文化市场已经转向微市场的长尾效应,互联网的发展抓住了消费者各类市场的"尾巴","大众化的生产工具正在激活供应长尾"(克里斯·安德森,2012)。所谓长尾效应,其内涵在于关注更加精准的点,做出差异化。例如,招商银行利用长尾效应,打破原有的简单化的客户群体划分法,按持卡人进行了更为细化的分层管理,分别发行了学生卡(Young卡)、普卡、金卡和白金卡等。这一举措的差异化之处就在于将客户个人化,而不是群体化,他们相信,发现每个客户过去被忽视的需求,聚集起来无疑就是一个巨大的长尾市场。在这一新的战略举措刺激下,招商银行的信用卡发卡量攀升。商业创业如此,公益创业也存在创业性的机会。以社会企业为例,它不仅打破了福利僵局,也打破了非营利组织依赖第三方依赖的困境,为非营利组织和公益事业的可持续发展开创了新途径。一些先行者的实践已经显示出社会企业在促进我国经济、社会和谐发展中的重要作用,社会企业在中国将会有广阔的发展空间和巨大的发展潜力。

资源的整合将有效帮助创业者将所识别的机会转化为绩效。随着"双创"的推进,资本市场的可及性大大提高。一方面,政府加大了财税政策支持力度,通过聚焦减税降费,研究适当降低社保费率,确保总体上不增加企业负担,激发市场活力。[①] 对个人在二级市场买卖新三板股票比照上市公司股票,对差价收入免征个人所得税;将国家级科技企业孵化器和大学科技园享受的免征房产税、增值税等优惠政策范围扩大至省级,符合条件的众创空间也可享受。这些举措有效吸引了大批青年投身创新创业活动当中。另一方面,金融服务创新创业的生态圈正在逐步建构。国家出台了一系列政策推动银行业服务于创新创业、中小微企业,央行也为此采取定向降准的措施。努力改变"融资贵、融资难"的局面。在过去20年间,我国的风险投资发展快速,不仅支持了高新技术产业的快速发展,对缓解中小企业资金短缺也发挥了非常重要的作用。在共享经济发展下,众筹为青年创业融资拓展了新渠道。现代意义上的众筹是以网络为载体,以创意展示为手段,面向公众募资,以支持发起活动的个人或组织的特定目标和任务的群体行为。这种新兴的互联网商业模式更贴近大众,且与政府众创计划紧密呼应。其优点在于提案者通过各类网络平台,可以快速聚集感兴趣的投资人的资金、智慧和资源,在短时间内筹集到一定数额的资金用以启动或完成某个具体的项目、任务或创业想法。众筹创业方式灵活、有效,大大降低了初创期资金募集的门槛,通过引导闲置资本与创新技术、创新思维相对接,使有想法、有技术、有追求的青年实现自己的梦想,为白手起家的青年创业者带来了重大资源机遇(蒋英燕,2015)。

创业机会开发与市场环境紧密联系。在不同的环境状态下,市场作为知识过滤的一种重要的手段,与其他要素的耦合有利于知识转化为创新型创业(肖彬等,2024)。良好的市场环境、创新环境以及金融服务是驱动城市提高创新创业质量的必要条件(夏绪梅等,2023)。环境

---

① 如:国务院.国务院关于推动创新创业高质量发展打造"双创"升级版的意见:国发〔2018〕32号[A/OL].(2018-09-18)[2025-03-10]. https://www.gov.cn/zhengce/content/2018-09/26/content_5325472.htm.

不确定性、包容性对创业活动与创业绩效具有调节作用(郭海等,2014)。环境包容性是指企业所需关键资源在经营环境中的稀缺或充裕程度,以及企业获取相关资源的难易程度。环境包容程度会影响企业开发商业机会及创造价值的活动。企业为了生存必须从外部环境中获取必要的资源,从而产生了对外部环境的依赖。在低包容环境中,创业者很难获取机会开发所需的关键性资源,创新的难度和成本也随之增加。环境不确定性源于环境的动态变化和不可预测性。考虑到创新的高风险与收益不确定性,创业者识别出商业机会之后,对于可延迟的创新,往往会采取更稳健的方式,通过收集市场信息、竞争信息等减少不确定性,降低投资风险,而不是贸然进行创新。我国创业创新市场早期缺乏公平竞争的市场环境,市场准入方面也有较多的制约,许多行业存在显性或隐性的市场壁垒,使得一些创新型中小企业难以进入。另外,人才流动机制不畅,双向流动还有一些障碍。针对这些问题,国家从公平竞争市场环境的营造、人才自由流动机制的完善到创新文化氛围的构建等方面均作出了相应的政策安排,有效地改善了创业市场环境。

创业者特质与创业机会的联系。从创业者角度,研究者探讨了创业经验与创业的关系。例如,魏斯特海德(Westhead)等(2009)指出先前创业经验是推动机会识别和开发的重要因素,查特吉(Chatterji,2009)认为创业者的经验对创业企业生成和发展有积极影响。但萨缪尔森(Samuelsson)等(2009)分析瑞典的调查数据指出,创业经验的作用要视创业企业类型而定:在创新型创业企业中创业经验有促进作用,而在模仿型创业企业中创业经验则有负面影响。我国学者龙丹等(2013)对305名新生创业者动态跟踪的数据分析显示,成功的创业经验成功会赋予创业者隐性知识和社会网络等优势。但是与创业机会创新性的交互作用负向影响新企业的生成,即当创业机会创新性越强时,创业者的成功创业经验对新企业发展的促进作用越弱。因为机会创新性越强,市场的不确定性和风险性越高,同时市场对其认知和熟悉度越低,创业者需要花费更多时间、资源和精力探索如何有效开发机会,如何实现创业机会的潜在价值,如何被公众认可。还有就在于经验容易形成思维定势和路径依赖,制约创业者对新知识和新信息的吸收。另外,研究者提出创新创业存在性别差异,男性与女性在冒险倾向、风险控制、不确定性容忍度等个人特质上的差异是造成男性更容易开办新企业的原因(Rebeca,2001)。但是也有研究指出,男性和女性创业者利用各自独特的人力资本并表现出不同的创业机会识别过程,但两者识别的机会在创新性上差别不大(DeTienne et al.,2007)。

美国科技市场研究公司 CB Insights 通过分析 101 家科技创业公司的失败案例,总结出了创业公司失败的 20 大主要原因,其中没有分析需求就贸然开发产品居首位,表现在 42% 的创业失败公司的创始人执着于执行自己的创意,却没有弄清楚创意是否符合市场需求。[①] 创业市场是创业机会培育的沃土,创业机会的识别和开发反作用于创业市场,两者相辅相成。本章通过调查青年创客对市场中创业机会的把握和对创新创业信心,探究青年创客如何被市场吸引并投入到创新创业活动中,并结合相关影响因素的细致分析,刻画青年创客在市场引力下的表现和行动。

一、青年创客的市场调查情况

在创业初期,14.4% 的青年创客表示没有进行过相关的市场调查,有 66.8% 的人做过网上搜集相关资料的功课。自己做过市场调查的有 53.5%,聘请调查公司搜集数据资料的占 14.6%。但这些市场调查手段不是单一的,对市场调查方式进行统计(有效数据 303 人),有 47.9% 的青年创客采用过一种方式、47.2% 的青年创客采用过两种方式、5% 青年创客采用过三种方式对自己的产品或服务的市场进行过了解。

性别与市场调查情况的交叉分析显示男性和女性青年创客常用的市场调查方式都集中在网上搜集相关资料和自己做市场调查上。但是

---

① 大数据文摘.CB Insights:分析 101 个创业失败案例,我们总结了 20 大失败原因 [EB/OL].(2017-04-17)[2025-03-13].https://www.36kr.com/p/1721483886593.

创客,男性青年创客中自己做过市场调查的比例更大一些,女性青年中创客网上搜集过相关资料的比例更大一些(见表4-3-1)。

表4-3-1 青年创客市场调查情况的性别比例

市场调查情况	男(%)	女(%)
没有做过	14.0	14.8
网上搜集过相关资料	62.5	72.3
聘请过调查公司搜集数据资料	15.5	13.5
自己做过市场调查	56.0	50.3
其他	2.5	0.6

从年龄维度看,没有做过市场调查的青年创客比例随年龄增长呈上升趋势,网上搜集过相关资料的青年创客比例随年龄增长呈下降趋势(见图4-3-1)。

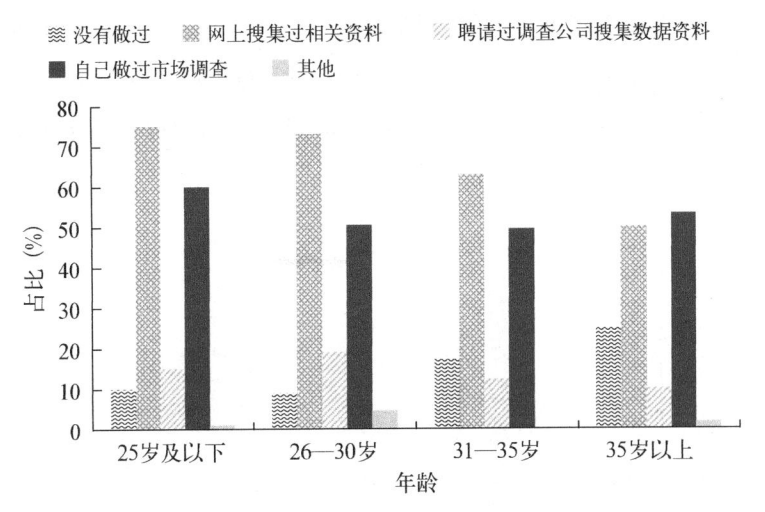

图4-3-1 不同年龄段青年创客市场调查情况

从在创业团队中的角色定位角度来看,定位为执行者的青年创客网上搜集资料的比重更大,定位为创意策划者和决策者的青年创客相较于定位执行者的青年创客自己做过市场调查以及聘请过公司搜集数据资料的比例均更高比(具体见图 4-3-2)。

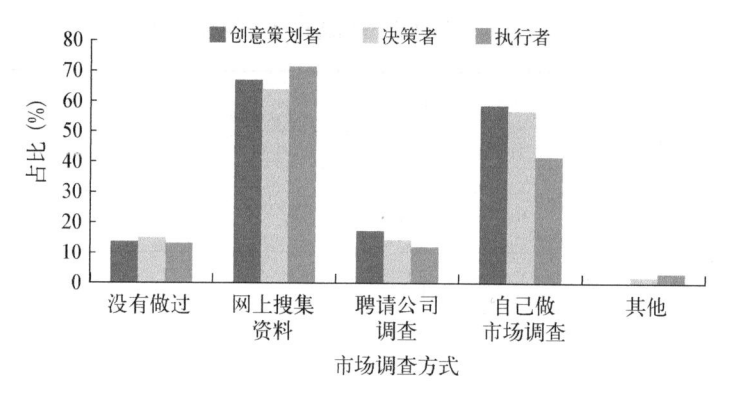

图 4-3-2 不同角色青年创客不同市场调查情况占比

创业团队核心人员数量的多少与市场调查的交叉分析发现,所在创业团队人数在 5 人及以下的青年创客自己网上搜集资料的比例最高,而自己做过市场调查的比重相对最低;所在创业团队大于 5 人的青年创客中做过市场调查的比重更高,特别是所在团队核心成员数达到 11 人及以上的青年创客;所在创业团队中核心人员 6—10 人的青年创客没有做过市场调查的比重最低,聘请公司进行市场调查的比重最高。总体来看,核心成员 6—10 人的创业团队对市场的把握会采用更多的方法进行市场调查(见图 4-3-3)。

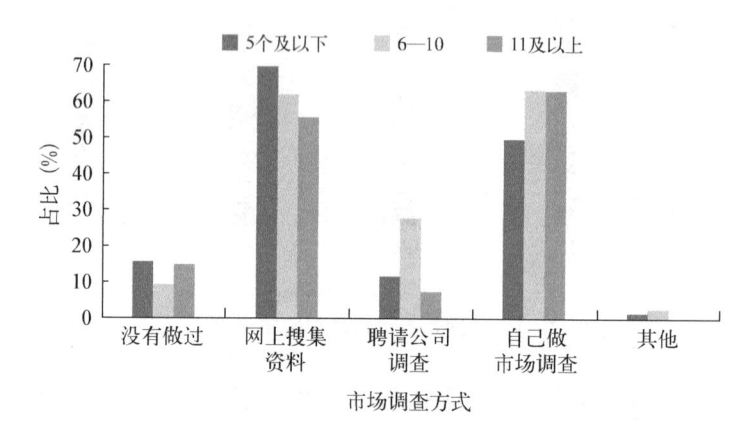

图 4-3-3 核心团队成员数与市场调查

根据青年创客填写的创业次数将他们分为创业次数为 1 次的（包括正在创业的）、创业次数 2 次的、创业次数 3 次及以上的 3 个组（没有填写创业次数的有 7 人）。创业次数和市场调查情况的交叉分析结果显示，新创业者（创业次数 1 次）更依赖网上搜集相关资料，其次是自己做市场调查。经历过 2 次创业的青年创客选择网上搜集资料的比重有所下降，自己做市场调查的比重有所上升，但还是以这两种方式为主（见表 4-3-2）。创业次数 3 次及以上的青年创客，没有做过市场调查的人数有明显上升，与此同时，做过市场调查的青年创客中通过聘请调查公司搜集数据资料的比重有明显提高。

表 4-3-2　青年创客创业次数与市场调查

创业次数		市场调查情况			
		没有做过	网上搜集过相关资料	聘请过调查公司搜集数据资料	自己做过市场调查
1 次	频数	32	158	31	113
	占比	14.3%	70.5%	13.8%	50.4%
2 次	频数	9	53	10	51
	占比	11.1%	65.4%	12.3%	63.0%
3 次及以上	频数	9	21	8	23
	占比	22.5%	52.5%	20.0%	57.5%
合计	频数	50	232	49	187
	占比	14.5%	67.2%	14.2%	54.2%

二、青年创客对行业发展前景的评估

对于自己所选择的行业，青年创客普遍认为前景是好的（均值为 4.01，非常不好—非常好，1—5 级计分），认为前景好或非常好的占比达 75.9%，认为一般的占比 23.3%。进一步分析发现，青年创客对行业发展前景的信心受到创业时间的影响$[F(3,347)=2.82,p=0.039]$。事后比较显示,创业时间 2—4 年的青年创客对自身所在行业发展前景信心显著低于创业时间 4—6 年($p=0.011$)和 6 年以上($p=0.02$)的青年创客(见图 4-3-4)。

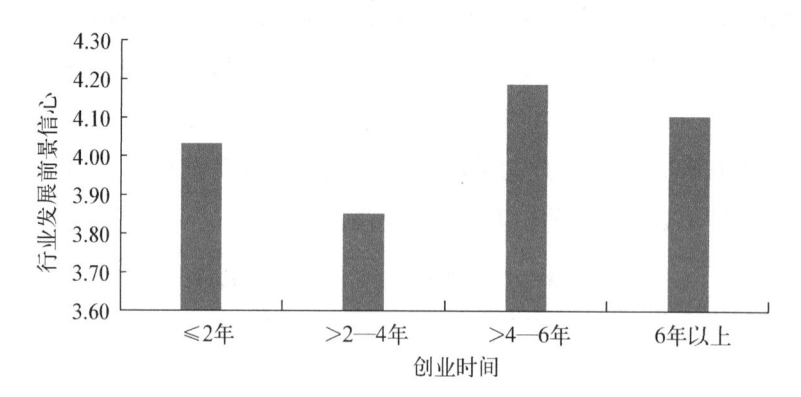

图 4-3-4 不同创业时长的青年创客对行业发展的信心

对行业发展前景的信心受到参加社团组织情况的影响$[F(4,355)=6.51,p<0.001]$。事后比较显示,没有参加社团组织的青年创客对自己所在行业的发展信心显著低于参加的青年创客(p 均小于 0.01)。参加社团组织超过 7 个及以上的青年创客对自己行业发展前景的信心显著高于参加社团组织数量 1—2 个($p=0.013$)和 3—4 个($p=0.025$)的青年创客。

青年创客对自己和团队开发的产品或服务是否符合市场/社会需求并不完全确定,有 51.69% 的人认为"有点或部分符合市场/社会需求",还有 28% 的青年创客表示"相信有市场,但是不确定"。

创业次数与所开发产品或服务符合市场/社会需求的程度评估的交叉分析显示,对于初创业者(创业次数为 1 次)而言,对市场/服务需求的判断不是很明确,各选项选择比例比较均衡,其中有 28.2% 的人对市场的信心比较足,但是对具体市场需求并不确定;而觉得自己开发的产品或服务非常符合市场/社会需求的比例最低。对于有过两次创业经历的青年创客,对市场的信心比较足,但是对具体市场需求并不确定的比例达到29.6%,认为自己开发的产品或服务部分符合市场/社会需求的比例提高到29.6%。对于创业次数3次及以上的青年创客,认为自己开发的产品或服务部分和非常符合市场/社会需求的比重有明显的提高,占比超过1/3(见表4-3-3)。进一步做不同创业次数青年创客对市场/社会需求判断的差异分析,结果显示,创业次数超过3次的青年创客对自己开发的产品或服务符合市场需求的信心显著高于创业次数3次以下的青年创客(2.85∶2.37,$p=0.009$;2.85∶2.35,$p=0.016$)。这进一步证明了创业经验有助于帮助青年创客明确自己开发产品或服务与市场/社会需求的匹配程度。

表4-3-3 不同创业次数的青年创客对自己开发的产品或服务符合市场/社会需求的程度的评估

创业次数		相信有市场,但是不确定	有点符合市场/社会需求	部分符合市场/社会需求	非常符合市场/社会需求
1次	频数	64	59	61	43
	占比	28.2%	26.0%	26.9%	18.9%
2次	频数	24	19	24	14
	占比	29.6%	23.5%	29.6%	17.3%
3次及以上	频数	9	3	14	15
	占比	22.0%	7.3%	34.1%	36.6%
合计	频数	97	81	99	72
	占比	27.8%	23.2%	28.4%	20.6%

独立样本T检验显示,家里有人创业的青年创客对市场/社会需求的信心显著高于家里没有人创业的青年创客[$t(350)=4.31$,$p<0.001$]。另外,随着年龄的增长,青年创客对自己开发的产品或服务符合市场/社会需求的评价程度越高[$F(3,351)=3.25$,$p=0.022$],30岁以上的青年创客对市场/社会需求的评估显著高于25岁以下的青年创客(p均小于0.01)(见图4-3-5)。

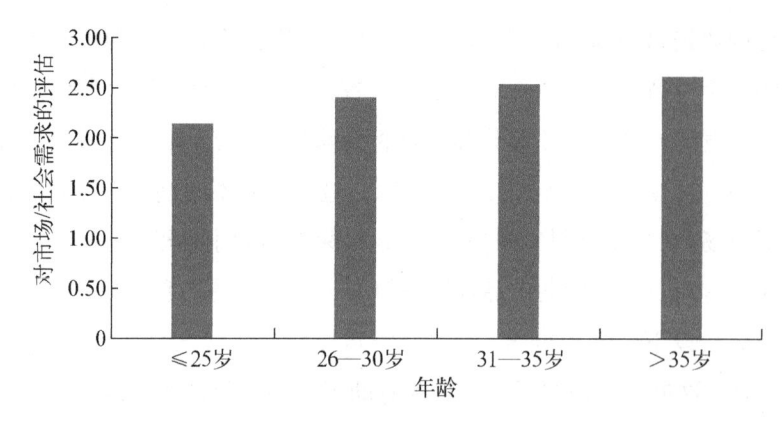

图 4-3-5　不同年龄段的青年创客对自己开发的产品或
服务符合市场/社会需求的程度评估

交叉分析发现,不论青年创客对自己开发的产品或服务的市场/社会需求评估如何,对所从事行业发展前景的判断仍偏积极,大部分人认为发展前景比较好。其中认为自己开发的产品或服务有市场,但对具体需求不确定的青年创客占到不小的比例,但是这群人当中有 23.7% 的人认为自己所从事行业发展前景非常好。而认为自己开发的产品或服务有点或部分符合市场/社会需求的青年创客中有超过 1/4 的人认为所从事行业发展前景判断一般(见表 4-3-4)。可见,市场/社会需求的评估与所从事行业发展前景的信心并不是线性的关系,对市场/社会需求不甚了解但有坚定的信心的青年创客反而对自己所从事行业发展前景的判断更加积极。

表 4-3-4　市场/社会需求评估与行业发展前景判断

市场/社会 需求评估		所从事行业发展前景判断					
		非常好	比较好	一般	比较不好	非常不好	总计
相信有市场,但是不确定	频数	23	49	24	0	1	97
	占比	23.7%	50.6%	24.7%	0	1.0%	100.0%
有点符合市场/社会需求	频数	14	45	24	1	0	84
	占比	16.7%	53.5%	28.6%	1.2%	0	100.0%

续表

市场/社会需求评估		所从事行业发展前景判断					
		非常好	比较好	一般	比较不好	非常不好	总计
部分符合市场/社会需求	频数	20	51	27	1	0	99
	占比	20.2%	51.5%	27.3%	1.0%	0	100.0%
非常符合市场/社会需求	频数	34	29	7	0	0	70
	占比	48.6%	41.4%	10.0%	0	0	100.0%
合 计	频数	91	174	82	2	1	350
	占比	26.0%	49.7%	23.4%	0.6%	0.3%	100.0%

76.6%的青年创客表示对自己开发的产品或服务的盈利模式比较熟悉,甚至非常熟悉所开发产品或服务的盈利模式,同时也有11.73%的青年创客对所开发产品或服务的盈利模式不清楚(见图4-3-6)。

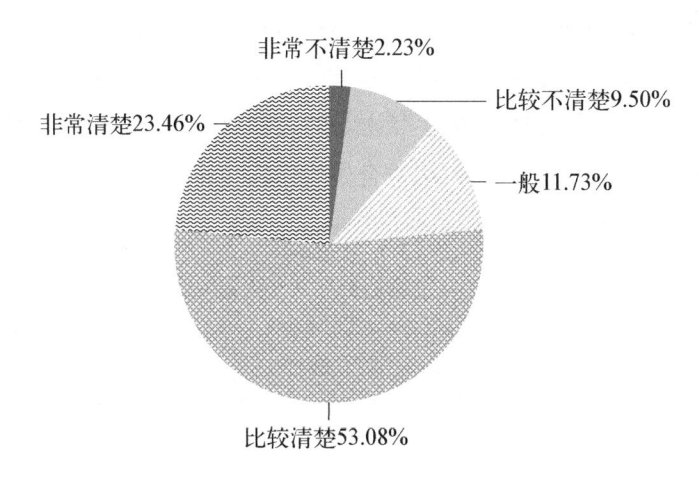

图4-3-6 青年创客对创业的盈利模式的知晓情况

进一步调查发现,其中青年创客创业次数越多对自己所开发的产品或服务的盈利模式的清楚度越高(见表4-3-5)。

表 4-3-5 创业次数与盈利模式知晓情况的交叉分布情况

创业次数		对所开发的产品或服务的盈利模式的清楚度					
		非常不清楚	比较不清楚	一般	比较清楚	非常清楚	总计
1次	频数	7	23	29	128	43	230
	占比	3.0%	10.0%	12.6%	55.7%	18.7%	100%
2次	频数	0	4	12	40	24	80
	占比	0	5.0%	15.0%	50.0%	30.0%	100%
3次及以上	频数	1	5	1	17	17	41
	占比	2.4%	12.2%	2.4%	41.5%	41.5%	100%
合计	频数	8	32	42	185	84	351
	占比	2.3%	9.1%	12.0%	52.7%	23.9%	100%

三、青年创客提升创业竞争力的努力情况

青年创客为提升所开发的产品或服务的竞争力做过相应的努力，65.84%的人尝试过2—4种方式，8.89%的人尝试过6—7种方式(具体见表4-3-6)，按照选择占比，依次是通过参观学习、加强宣传营销、增加资金投入、吸纳专业人才、引进合作伙伴、加强研发力度、寻求政策支持和其他(见表4-3-7)。

表 4-3-6 青年创客采取过的提升创业竞争力的方式数量

努力方式数量	频数	百分比(%)
1	54	15
2	74	20.5
3	104	28.9
4	59	16.4

续表

努力方式数量	频数	百分比(%)
5	37	10.3
6	13	3.6
7	19	5.3
合计	360	100

表4-3-7 青年创客采取过的提升创业竞争力的方式

		响应		选择人数百分比(%)
		选择频数	百分比(%)	
提高竞争力做的努力	参观学习	226	19.7	62.8
	增加资金投入	172	15.0	47.8
	加强研发力度	125	10.9	34.7
	引进合作伙伴	164	14.3	45.6
	寻求政策支持	94	8.2	26.1
	吸纳专业人才	165	14.4	45.8
	加强宣传营销	197	17.2	54.7
	其他	3	0.3	0.8
总计		1 146	100	—

在团队中角色定位不同的青年创客，为提升所开发的产品或服务的竞争力做过的努力也有差别。相较于作为创意策划者和决策者的青年创客，执行者通过参观学习途径提升竞争力的比重更大。作为创意策划者和决策者，为了提升所开发的产品或服务的竞争力会尝试各种办法，增加资金投入、加强研发力度、引进合作伙伴、寻求政府支持和吸纳专业人才的比重都是相对更高的。创意策划者相较于决策者，引进合作伙伴和吸纳专业人才的比重更高(见图4-3-7)。

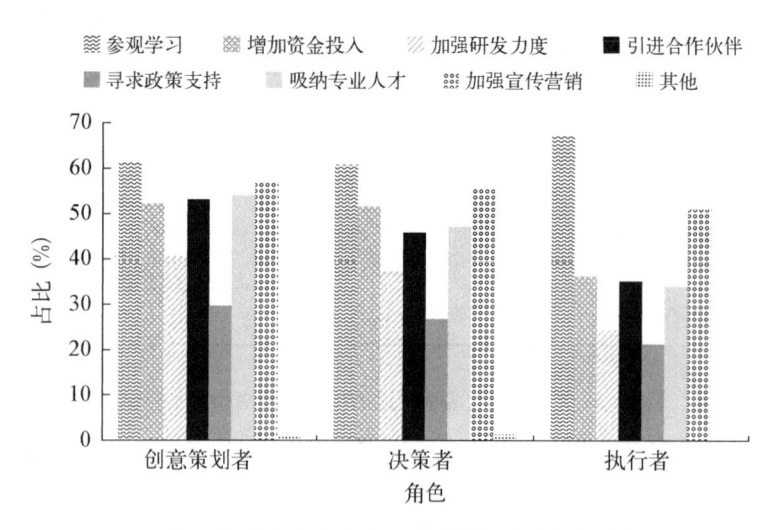

图4-3-7 不同角色青年创客采取过的提升竞争力的努力方式

交叉分析结果显示,商业类创业的青年创客在资金投入和宣传营销方面努力的比重大于公益类创业的青年创客。而公益类创业的青年创客在参观学习、引进合作伙伴、寻求政策支持和吸纳专业人才方面的努力比重明显更大。两类创业的青年创客在加强研发力度方面的努力比重相当(见图4-3-8)。

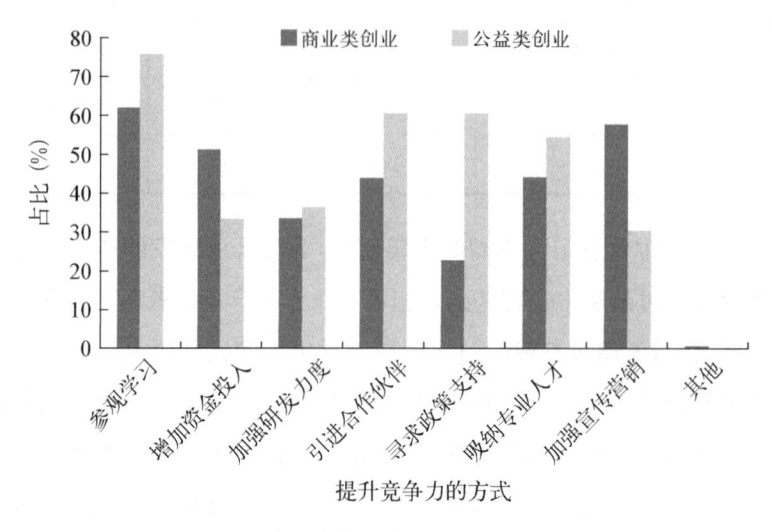

图4-3-8 不同创业类型青年创客采取过的提升竞争力的努力方式

无论创业时间长短,参观学习和加强宣传营销都是青年创客们最为常用的提升竞争力的手段。但随着创业时间的增长,青年创客越来越重视引进合作伙伴、增加资金投入和吸纳专业人才等,从多方面努力提高竞争力(见图4-3-9)。

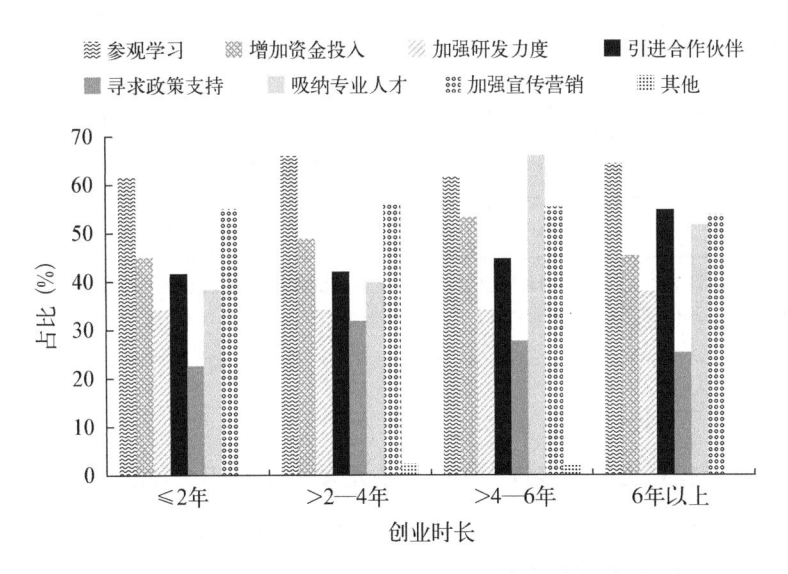

图4-3-9 不同创业时长青年创客采取过的提升竞争力的努力方式

相关分析结果显示,青年创客为了提高竞争力尝试做的努力越多,对自己所从事的行业发展前景的信心越高($r=-0.17$, $p=0.001$)。在创业初期,对市场进行调查的方式数量与为提高竞争力做的努力数量呈显著正相关($r=0.36$, $p<0.001$),表明青年创客在创新创业过程中的行为模式比较稳定。相关分析显示,青年创客采取的市场调查手段数量与其做事的习惯和浏览信息的习惯呈显著相关($r=-0.15$, $p=0.006$; $r=-0.29$, $p<0.001$;即习惯分数越低表示句子的描述越符合青年创客的日常习惯,因而呈负相关);为提升竞争力采取的努力手段数量与做事的习惯成显著相关($r=0.13$, $p=0.016$),进一步验证了青年创客做事的态度贯穿各种行为之中并形成较为稳定的行为模式。另外,青年创客对行业前景的信心与对自己开发的产品或服务的市场需求判断、盈利模式判断有显著关联(p均小于0.01)(见表4-3-8)。

表 4-3-8 青年创客市场调查手段与其他变量的相关关系

	市场调查手段数	努力方式数量	需求判断	盈利清楚度	前景信心
市场调查手段数	1				
努力方式数量	0.36**	1			
需求判断	−0.08	0.05	1		
盈利清楚度	0.03	0.09	0.287**	1	
前景信心	−0.06	−0.17**	−0.17**	−0.24**	1

注：前景信心是指青年创客对自己所在行业前景的评价，1—4 级评分，从非常好到非常不好，因此与其他变量呈负相关。

四、讨论

本节探讨青年创客进行创新创业活动的市场引力，主要围绕青年创客对于创业机会在市场中的识别、发现以及如何把握展开。

（一）青年创客市场需求调查特点

奥德兹(Audretsch)等(2002)基于经济学分析框架，探索创业供给和需求的影响因素及其差异。其中，创业需求反映了进行创业活动的机会，但是创业机会并不是一成不变的，而是随国家和地区发生很大变化，由市场对产品和服务的需求所产生。市场需求的把握、挖掘可以推进机会型创业的发生。本调查发现，在创业初期，大部分青年创客是做过市场调查的，以网上资料搜集为主，其次就是自己亲自做市场调查分析。

王飞等(2014)提出，对创业机会的识别能力，是创业者在最初接触创业机会的"机会窗口期"与机会之间的相互摩擦而体现出的一种综合能力，创业者既应该有对市场机会的捕捉和发现能力，也应该有对最初发现机会时的创意和创新进行分析、研究判断并加工的能力。创业者拥有这些能力，并对信息搜索、风险感知、组织策划和资源整合等诸多内容进行灵活运用，这是创业者自身能力引领创业活动主导方向的一种外在体现。及时获取信息资源对创业机会的识别及发展起到了稳定作用。李雪灵等(2009)的研究表明,在机会识别时,获取准确的信息和掌握资源能够提高创业者自身对事业发展的敏感度,使之比其他人更易发现某些商业机会的存在;获取准确的信息和掌握相应资源也能够提高创业者对事业发展过程中的风险感知度,使之对新机会的利用与否能做出更准确和更正确的判断及评价。确实,通过市场调查能够有效地识别创业机会,但是受不同因素的影响,青年创客市场调查的手段呈现出多样性。主要表现在五个方面:(1)性别因素。女性青年创客大部分采用网上信息搜集的方式进行市场调查,而男性相较于女性青年创客自己做市场调查的比重更大。(2)年龄因素。随着年龄的增长,青年创客通过网络信息搜集来了解市场需求的比重逐步降低,选择不做市场调查的比例虽然不高但是逐步上升。随着年龄上升,人生阅历不断丰富,创客对创业机会的识别、市场需求的判断会更多依赖经验判断。而年轻的青年创客对互联网应用更熟练,所以网络信息搜集方式偏年轻化,同时作为经验不足的补偿,他们需要依赖自己去进行市场调查来获得一手的信息。(3)创业团队角色定位因素。调查结果显示,创业团队中创意策划者和决策者相较于执行者对市场更加了解,采用过多元的渠道搜集市场信息,亲自参与市场调查的比例更高,而执行者通过网络搜集信息进行市场需求调查的比例更高。(4)团队核心成员数量因素。若依靠从网络搜集的信息来解读市场需求,核心成员越多的团队主观的异质性越大,对市场需求的判断越难以统一。因此亲自开展市场调查,可以很好地帮助创业团队掌握市场的痛点和风险。因此调查结果也显示,在核心成员超过5个的创业团队中的青年创客亲自进行市场调查的比重明显更高。(5)创业经验因素。机会型创业来自对创业机会的识别。而创业机会的发现来自两个方面,一个是自下而上的市场的反馈,一个是自上而下的经验的判断。两者并不矛盾,两相结合更佳。但是在实际践行中,个体会有倾向性。除了年龄因素外,重要的因素就是创业经历。初创期的青年创客大部分会采取市场调查的方式,而有过多次创业经验的青年创客一方面会更依赖自己的创业经验,选择不做市场调查的比例明显增多,另一方面更相信专业的调查机构做的市场分析,可能这类青年创客在创业失败经历中不断进行反思,认识到自己在市场需求判断方面的不足,需要借助专业的力量。

(二)青年创客对创新创业的信心

青年创客普遍具有比较高的创业信心,表现在对自己所从事的行业发展前景的信心和对自己所开发的产品或服务的市场信心上。对于自己所从事的行业发展前景,大部分的青年创客持有比较积极的看法。但是青年创客对行业发展前景的态度是动态变化的。初创阶段的青年创客在识别创业机会后,要采取一系列的活动从无到有地创建新企业,例如,撰写商业计划、对外融资、组建团队以及管理与外部利益相关者关系等。在这个阶段,青年创客具有饱满的创业激情和动力,对行业发展前景也是十分有信心的。随着新企业创建过程的推进,青年创客所在的创业企业面临一系列的挑战和困难,到了 2—4 年这个阶段,创业信心有了明显的下降。但是随着创业企业组织进一步结构化、正式化,形成主导产品或服务之后,发展态势向好,创业时间达到 4 年以上的青年创客对所在行业前景的信心回升并高过初创时期。另外,调查结果显示,没有参加社团组织的青年创客对自己所从事行业的发展前景的信心要显著低于参加社团组织的青年创客,并且参加社团组织的数量越多,信心越足。可能在于社团组织可以连接技术、资源、金融等方面的信息资源,有助于推动创业企业的发展,有助于青年创客不断调整创新创业的行为,提升其产品或服务,进而增进其对行业发展的信心。

调查显示,青年创客普遍对自己的产品或服务充满信心,但是对于其产品或服务的市场需求的把握与其信心并不相符。超过一半的人相信自己的产品或服务"有点/部分符合市场需求",超过 1/4 的青年创客仅盲目相信有市场,但不清楚具体市场在哪里。进一步分析发现,青年创客对自己产品或服务与市场需求匹配的把握与创业经验有密切的关系,表现在:(1)创新创业历练浅,需求判断不准。创业次数 3 次以下的青年创客中有相当比例的人表现出对市场有信心,但是不清楚具体需求是什么。(2)人生阅历不够,需求判断不准。随着年龄的增长,青年创客对自己开发的产品或服务与市场需求的匹配的信心不断提高,30 岁以上的青年创客对市场/社会需求的信心显著高于 25 岁以下的青年创客。(3) 间接经验帮助提高需求判断。家里有人创业的青年创客对自己所开发的产品或服务与市场需求匹配的信心更高。进一步调查显示,青年创客普遍对自己开发的产品或服务的盈利模式比较清楚,并且随着创业次数的增加,能准确把握盈利模式的青年创客的比重会增加。

(三) 青年创客创新创业的努力

为了提高自己所开发的产品或服务的竞争力,青年创客会采取多种方式进行努力,依次是参观学习、加强宣传营销、增加资金投入、吸纳专业人才、引进合作伙伴、加强研发力度、寻求政策支持等。他们采取努力方式受多种因素的影响,具体表现在:(1) 创业团队中的角色定位的影响。在创业团队中,执行者更倾向于参观学习,而创意策划者和决策者更倾向于采取引进合作伙伴和吸纳专业人才。(2) 创业类型的影响。有巨大市场潜力的创业项目可以获得更多投融资,可以看到有这方面优势的商业类创业的青年创客更倾向于资金投入和宣传营销;而公益类创业的青年创客更倾向于选择参观学习、引进合作伙伴、寻求政策支持和吸纳专业人才。(3) 创业时间的影响。随着创业时间的增长,青年创客通过引进合作伙伴提升竞争力的比重不断增加,创业 2 年及以下的青年创客更依赖参观学习和加强宣传营销,6 年以上的青年创客则倾向于从多方面入手全面提升竞争力。总的来看,参观学习是伴随青年创客创业生涯的一种普遍适用且好用的提升竞争力的方式,其次是加强宣传营销,引进好的创业伙伴是对于创新创业长久发展也是必不可少的。

(四) 启示

在我国经济结构转型升级的当下,只有创新驱动才能引领高质量发展。经济的发展带来市场的繁荣,也带来了大量的创新创业机会。市场需求与创业机会有很大的关系,与创业成功也有着密切的关系。创新创业活动既要有创新,也要回应市场。青年创客创新创业不能仅凭热情,需要付出更多努力,找准自己创业产品或服务的定位。市场需求调查是创新创业非常重要的环节。但是调查结果显示,大部分的青年创客是基于网络搜集到的,并非一手的信息来做判断,对第三方专业调研公司的利用程度也比较低。这其中当然存在成本、人力资本等问题,但仍可能是可以改进的地方。众创空间、创新创业孵化中心等服务方应该重视入驻创业企业的市场需求分析和调查相关服务,例如开展相关的培训提高青年创客市场需求意识,链接第三方专业机构提供市场调查服务等。高校创新创业教育在培养大学生创新创业知识和技能的时候,也要重视市场需求分析的内容和技术,提升创业产品或服务与市场的匹配的意识,培育大学生的创业想象能力(王玲等,2024)。

但是,创新创业市场环境也很重要。小微企业创新创业有其发展规律,全国政协常委周汉民指出,创业投资主要集中在企业发展早期,投资成功率低于25%,投资周期长,从投入到退出一般需要6—10年。因而,市场上大资金更倾向投资企业发展的后期。青年创客即便找准市场痛点开展创新创业活动,也需要有发展过程,需要市场资本的支持,需要政府打通各个渠道。创业机会与政府政策和办事流程直接相关。良好的营商环境能够激发企业潜能,增强创新型企业的内生动力,而政府和市场的良性互动是培育良好营商环境的重要手段。法律和制度框架让市场运行越有效率,约束个体追求商业机会的障碍越少,创业可能性越大。深化放管服改革,增进小微企业参与政府采购项目的机会,促进企业联系和集聚等。创新创业市场环境的优化可以帮助青年创客充分发挥才干,为经济、科技的发展贡献力量。

参 考 文 献

白静.完善全链条政策环境助力创业投资高质量发展:国办印发《促进创业投资高质量发展的若干政策措施》[J].中国科技产业,2024(7):38-39.
冯定国,吴江.乡村振兴战略视角下青年创业人才政策形塑:以浙江省农创客政策为中心的考察[J].当代经济管理,2025,47(1):66-74.

辜胜阻,肖鼎光,洪群联.完善中国创业政策体系的对策研究[J].中国人口科学,2008(1):10-18.

顾辉.政府角色定位、政策机制与返乡大学生成功创业[J].湖南社会科学,2021(1):87-95.

郭海,沈睿.如何将创业机会转化为企业绩效:商业模式创新的中介作用及市场环境的调节作用[J].经济理论与经济管理,2014(3),72-85.

韩娟,乐传永.农民工创业教育与培训政策:执行过程、样态特征与优化方略[J].教育发展研究,2024,44(7):47-53.

蒋英燕.众筹模式与青年创业的契合度初探[J].浙江金融,2015(7),8-12.

瞿晓理."大众创业,万众创新"时代背景下我国创新创业人才政策分析[J].科技管理研究,2016,36(17),41-47.

克里斯·安德森.创客:新工业革命[M].萧潇,译.北京:中信出版社,2012.

李建军.社群网络:硅谷创新的青春泉[J].科学与社会,2000(1):53-57.

李先桃.亚里士多德:社群主义理论的源头:论亚里士多德哲学对社群主义的影响[J].湖南师范大学社会科学学报,2008(2):30-33.

李雪灵,景涛,任月峰.创业者信息资源的形成及对机会识别的作用[J].情报科学,2009(7),131-135.

李振华,任叶瑶.双创情境下创客空间社会资本形成与影响机理[J].科学学研究,2018,36(8):1487-1494.

林元沁.强支持增信心,让人才创新创业"如虎添翼"[N].新华日报,2024-11-04(1).

刘刚,张再生,吴绍玉.中国情境下的大学生创业政策:反思与对策[J].中国行政管理,2016(6),120-123.

刘容志,翁清雄,黄天蔚.产业集群对创业人才孵化的协调机理研究[J].科研管理,2014,35(11):44-50.

刘万利,胡培,许昆鹏.创业机会真能促进创业意愿产生吗:基于创业自我效能与感知风险的混合效应研究[J].南开管理评论,2011,14(5),83-90.

刘新华.大学生社群网络关系如何影响就业创业能力[J].人力资源,2024(16):135-136.

刘忠艳.中国青年创客创业政策评价与趋势研判[J].科技进步与对策,2016,33(12),103-108.

龙丹,张玉利,李姚矿.经验与机会创新性交互作用下的新企业生成研究[J].管理科学,2013(5),3-12.

马红梅,田鹏,金碧君.居民金融素养对家庭创业与收入的影响研究[J/OL].价格理论与实践,2024(11):208-213.

梅红,成晋婕,雷雨欣.双创政策与文创产业创新活跃度:来自双创示范基地的证据[J/OL].当代经济科学,2024,46(6):90-102.

孟凡蓉,李思涵,陈子韬.夯实科技社团理论研究,助力科技创新跨越发展[J].科技导报,2019,37(12):14-19.

戚湧,王静.江苏省大众创新创业政策评估[J].科技管理研究,2017,37(01):75-81.

曲婉,冯海红.创新创业政策对早期创业行为的作用机制研究[J].科研管理,2018,39(10),15-24.

孙中博.创业者网络关系对新创企业绩效的影响机制研究[D].长春:吉林大学,2014.

汪国华.从内卷化到外延化:新生代农民工务工创业社会支持网络研究[J].中国青年研究,2019(8):56-61.

王飞,姚冠新.大学生创业机会识别能力提升研究[J].国家教育行政学院学报,2014(8),59-62.

王礼君.社会支持背景下的高校创业教育研究与实践[J].中国高校科技,2018(5),94-96.

王玲,王亚茹,裴旭美.创业想象:研究探析与未来展望[J/OL].外国经济与管理,2024,47(3):33-52.

王于佳.创业团队成员信任对社会网络与企业创新能力关系的影响研究:基于吉林省中小企业实证研究[D].长春:吉林大学,2011.

夏绪梅,李翔.营商环境与城市创新创业质量的协同机制及其关系检验[J].统计与决策,2023,39(7):184-188.

项国鹏,魏妮茜,韩蓉.互联网创业企业如何实现商业模式演化?:基于社群视角的双案例研究[J].外国经济与管理,2023,45(2):134-152.

肖彬,马鸿佳.复杂环境如何驱动创新型创业?:基于中国31个省份数据的组态研究[J].外国经济与管理,2024,46(5):20-35.

许涛,严骊.国际高等教育领域创新创业教育的生态系统模型和要素研究:以美国麻省理工学院为例[J].远程教育杂志,2017(4),15-29.

杨艳,胡蓓.创业人才嵌入产业集群的形成机理与层次结构研究[J].科技进步与对策,2013,30(5):69-73.

张敬伟,涂玉琦,王伟,等.创业者对反馈的意义建构如何影响创业机会开发?:基于互联网创业企业的多案例研究[J/OL].南开管理评论,1-20[2024-11-06].https://kns.cnki.net/kcms/detail/12.1228.F.20240708.1212.002.html.

赵江明,刘金红.企业家与产业集群的发展:创业、创新与社会资本[J].乡镇经济,2004(6),29-32.

ANDERS L,LOIS S. Entrepreneurship Policy:Theory and Practice[M]. New York:Springer,2005.

AUDRETSCH D B, THURIK R, VERHEUL I, et al. Entrepreneurship: determinants and policy in a European-US comparison[M]. Springer Science & Business Media, 2002.

BOLINO M C, TURNLEY W H, Bloodgood J M. Citizenship behavior and the creation of social capital in organizations[J]. Academy of Management Review, 2002, 27(4), 505-522.

CHATTERJI A K. Spawned with a silver spoon? Entrepreneurial performance and innovation in the medical device industry[J]. Strategic Management Journal, 2009, 30(2), 185-206.

DASKALOPOULOU I, KARAKITSIOU A, THOMAKIS Z. Social Entrepreneurship and Social Capital: A Review of Impact Research[J]. Sustainability, 2023, 15(6), 4787.

DETIENNE D R, CHANDLER G N. The role of gender in opportunity identification[J]. Entrepreneurship theory and practice, 2007, 31(3), 365-386.

DEWICK P, MIOZZO M. Networks and innovation: sustainable technologies in scottish social housing[J]. R & D Management, 2004, 34(3), 323-333.

DUBINI P, ALDRICH H. Personal and extended networks are central to the entrepreneurial process[J]. Journal of Business Venturing, 1991, 6(5), 305-313.

HANSEN D J, SHRADER R, MONLLOR J. Defragmenting definitions of entrepreneurial opportunity[J]. Journal of Small Business Management, 2011, 49(2), 283-304.

ISENBERG D. The entrepreneurship ecosystem strategy as a new paradigm for economic policy: Principles for cultivating entrepreneurship[J]. Presentation at the Institute of International and European Affairs, 2011, 1-13.

KIRZNER I M. Perception, opportunity, and profit: Studies in the theory of entrepreneurship[M]. Chicago: University of Chicago press, 1979.

REBECA R. Determinants of entrepreneurial intentions: mexican immigrants in Chicago[J]. Journal of Socio-Economics, 2001, 30(5), 393-411.

SAMUELSSON M, Davidsson P. Does venture opportunity variation matter? Investigating systematic process differences between innovative and imitative new ventures[J]. Small Business Economics, 2009, 33(2), 229-255.

SCHUMPETER J A. Capitalism, socialism, and democracy[J]. American Economic Review, 1942, 3(4), 594-602.

SHANE S, VENKATARAMAN S. The promise of entrepreneurship as a field of research[J]. Academy of Management Review, 2000, 25(1), 217-226.

TSAI W. Social capital, strategic relatedness and the formation of intraorganizational linkages[J]. Strategic Management Journal, 2000, 21(9), 925-939.

WATKINS-MATHYS L, FOSTER M J. Entrepreneurship: the missing ingredient in China's stips? [J]. Entrepreneurship & Regional Development, 2006, 18(3), 249-274.

WESTHEAD P, UCBASARAN D, WRIGHT M. Information search and opportunity identification: The importance of prior business ownership experience[J]. International Small Business Journal, 2009, 27(6), 659-680.

ZHANG J, VAN GORP D, KIEVIT H. Digital technology and national entrepreneurship: An ecosystem perspective[J]. The Journal of Technology Transfer, 2023, 48(3), 1077-1105.

第五章

青年创客的身份认同

身份认同一词源于拉丁文 idem（相同、同一之意），后来发展为英语中的 identity 一词，有多重含义：一是使等同于、认为与……一致，二是同一性、认同，三是身份、正身。学者们普遍认为认同有"同一"和"独特"两个含义，揭示了"相似"和"相异"两层关系。个人与他人或其他群体的相异、相似的比较构成了个人在社会网络中的位置，从而确定了身份，认同也就融合了身份认同的意思。由此，构成 identity 的第四层含义为身份认同。

在 20 世纪 60 年代，同性恋者、少数族群和女权主义者等群体的争权运动在欧洲国家不断出现，这使得不少学者意识到，各种文化群体对他们各自的身份认可的重要意义。至此，身份认同的概念被理解为个体对所属群体身份的认可。这引发了社会学、心理学、哲学等领域学者对身份认同问题深入的思考和研究。不同的学科对身份认同的理解不同。有学者对此进行了概括：哲学研究者认为身份认同是一种对价值和意义的承诺与确认。现在，哲学研究者们超越了哲学思辨的方式，来思考身份认同与文化的关联。社会学领域中的身份认同意味着，主体对其身份或角色的合法性的确认，对身份或角色的共识及这种共识对社会关系的影响。心理学则称身份认同的本质是心灵意义上的归属，更关注的是人心理上的健康和心理层面的身份认同归属（张淑华等，2012）。对于身份认同的界定，学者定义存在差异，道克斯（Deaux，1993）指出身份认同是一个人对自己归属于哪个群体的认知，这是自我概念中极其重要的一个方面。黄铃(2007)认为身份认同是个人对所属群体的角色及其特征的认可程度和接纳态度。何洪涛(2010)认为,身份认同是人们对自我身份的确认。张淑华等(2012)从心理学角度将身份认同界定为,个体对自我身份的确认和对所归属群体的认知,以及所伴随的情感体验和对行为模式进行整合的心理历程。身份认同具有社会属性,体现在个体身份意义来自社会的赋予,同时身份认同需要在社会中建构完成。

笔者通过文献检索发现了许多与身份认同相关联的概念,例如自我认同、社会认同、角色认同、文化认同等,对这些概念的辨析有助于对身份认同的理解。

心理学家埃里克森提出人格的社会发展阶段理论,自我认同是其中重要的概念。该理论把心理发展分为八个阶段,每个阶段有其心理任务和矛盾,只有前一阶段的矛盾解决了,人格才能健康发展。其中12—20周岁这一阶段面临的矛盾就是自我认同——角色混乱的矛盾,其核心问题就是自我意识的确定和自我角色的形成。在埃里克森的理论中,自我认同可以理解为在过去、现在和将来时空中认识到的意识和行动主体是自己,是对自己内在的一种不变性和连续性的主观感知;如果从人格建构角度,自我认同是人格连续性的潜意识分离的自我整合。这一解释与塔吉菲尔(Tajfel)等(1986)提出的个体认同与自我认同有相似之处,他们认为个体认同个体是个体对自己独特性的意识,可以帮助个体在时空中确立自己是同一个人而不是其他人。自我认同也可以理解为社会与个人的统一,即以社会存在而确立的自我,如其在民族、政治、宗教等意识形态中所表明的集体统一性与个体统一性的一致性的保持。随着认同研究的发展,自我认同外延不断扩大,涉及个体对社会关系中的自我的认识,甚至延伸到自己所在群体的认同。所以自我认同可以理解为与自我有关的方方面面的认同,相较于身份认同的内涵和外延更大。

塔吉菲尔(Tajfel, 1978)将社会认同定义为,个体认识到自己所在群体的成员所具备的资格,以及这种资格在价值上和情感上的重要性。进一步将个体对"我是谁"的问题扩展到"我们是谁"的问题上。与身份认同的含义既有重叠又有差异,更加侧重群体层面的身份认同。身份认同在某种程度上等同于角色认同。角色认同提供了一个自我在角色中的定义,它包括和角色有关的目标、价值观、信念、规范、时空和角色间相互作用模式的认知。但角色认同更突出的是对角色被赋予的行为准则的遵守和义务的承担,而身份认同强调身份的归属却不一定要有相应义务的承担。职业身份认同、性别身份认同和种族身份认同等可隶属于角色认同,同样也是身份认同的一部分(张淑华等,2012)。

最早的时候创客们会自嘲是"nerd"(怪人),因为周围的人认为他们是一些奇怪的人,但是由于有很强的技术,又被人称为"hacker"(黑客)。因此最早的创客空间被称为"hackerspace"。身份直接影响创业者在不确定的情境中的行为方式和决策方式,甚至创业活动本身就是创业者身份的表达(陈建安等,2019)。社会认同理论认为,青年创业者会通过社会比较和自我类化来确定自己的创客身份,并在创新创业过程中不断建构这一身份。陈建安等(2019)通过对身份探索和投入的差异总结学生创业者身份形成过程中存在四种结果状态:"第一,创业身份获得。学生思考过'自己是谁''自己想做什么'和'自己适合做什么',并在尝试过不同选择之后实现对创业者身份的自我认同。第二,创业身份延缓。学生并不是没有探索过不同选择,而是尝试过,却仍然没有获得对创业者身份的自我认同。因此,他们长时间处在焦虑和迷茫之中,仍然在继续努力地尝试,直到最终认同创业者身份。第三,创业身份扩散。学生并不思考自己的定位,对未来依然没有头绪,长期处于摇摆不定的状态。第四,创业身份早闭。学生在身份探索和思考'自己是谁'之前,就被迫接受他人或社会对他们的创业者身份要求和设定,并逐渐形成对该身份的过早自我认同。"结合研究者对学生创业身份形成的总结和身份建构领域的结论和观点,反观和思考青年创客身份形成的结果状态,可能存在共同之处,但是鲜有研究对此进行细致探讨和梳理。身份认同关乎自我和谐、归属感、社会融入和专业发展,通过深入考察青年创客身份认同如何形成以及如何表现,有助于充分理解促进和阻碍青年创客进行创新创业活动的因素。因此本章将重点探讨青年创客在创新创业过程中的职业身份认同、阶层身份认同和群体身份认同,以深入认识和了解青年创客。

第一节 青年创客的职业身份认同

一、引言

职业是重要的身份类别。有学者提出,认同的过程中,就是个体围绕各种差异轴(如性别、年龄、种族、国家等)展开对自我身份的确认、识别的过程(王成兵,2004;周炜等,2022)。刘玉萍等(2024)对已获得较好职业成长的中高职毕业生群体进行基于扎根理论的质性研究发现,技能型人才建构自身的职业身份是促进其技能不断精进和提升的核心要素之一。因此,职业认同可以理解为个体在职业维度上对自我身份的确认和识别。例如,福盖特(Fugate)等(2004)认为,职业身份认同是个体选择用"未来想从事的职业"或"现在正在从事的职业"回答"我是谁"这个问题。一般在长期从事某职业活动的过程中,人们对职业活动的性质、内容、社会价值和个人意义等熟悉和认可的情况下形成,是人们努力做好本职工作、达成组织目标的心理基础,也是自我意识在职业领域逐渐发展的过程(丁刚,2014)。也有学者从群体角度强调职业身份认同是职业群体的共有特征对自我身份确认的意义,例如,麦克高文(McGowen)等(1990)认为职业认同是"一个职业群体中,成员共有的态度、价值、知识、信念和技能"。克里姆(Chreim)等(2007)认为,职业身份认同是个人作为职业中的成员的自我定义,它和职业角色的制定有关。职业身份认同可以从两个方面理解:一是职业的社会认同,它指大众对某一职业在社会中的地位和功能贡献的理解;二是从业人员个体职业身份认同,它指从业者对该职业的心理认可度和从事该职业给自身带来的心理和物质的满足度(周炜等,2022)。从情感角度来看,职业认同赋予个体以归属感,伴随着个体对职业的情绪体验,例如"我为自己是一名教师而自豪",或"我对自己是一名教师不自信"。积极的意义赋予和情绪状态有助于维系个体践履自己所承担的职业角色(叶菊艳,2014)。

职业发展和职业能力的提升如果没有内在赋予意义,其成效是有限的。而职业身份认同正是个体赋予自己所从事职业以意义的重要资源,即个体如何看待自己的职业,会影响其对自己在职业环境中所见所闻所做赋予意义,并进而影响其行动、自我认同与和谐。但是职业身份认同不是一成不变的,而是个体在与他人、社会、环境等的互动中,不断在个性与社会性、变化与不变中协调、建构出来的。因而,职业身份认同是可以被形塑或者被引导的。

职业身份认同的影响因素主要涉及个体因素和环境因素两个方面。个体因素涉及人口统计特征、个性、能力等方面;环境因素则包括家庭环境、组织环境、社会环境等更为具体的内容。个体因素,例如,性别、教育程度、从业时间等人口统计学变量对职业身份认同有影响。再如,女性农村教师相较于男性农村教师有着更高的职业身份认同度(张莉莉等,2014);低学历教师比较高学历教师更满足于当前的工作环境和收入,也更认同教师职业可以实现自己的价值(李壮成,2009);工龄超过20年的护士职业身份认同分数显著高于其他工龄段的护士(赵红等,2011)。但是由于研究对象的差异性以及研究工具的多样化,人口统计学变量对职业身份认同的影响研究结论并不一致。例如,研究发现,工作年限在2年内的高校体育教师在目标自我和谐和情感认同方面显著高于工作年限在3—10年及以上的教师(汤国杰,2012)。环境因素,例如,组织声誉好,其成员会觉得自己拥有社会称许和认可,会为这个组织而深感自豪,从而强化其从业者的自尊和对该职业的认同。再如,职位的影响,人力资源部经理的职业认同水平显著高于普通人力资源职员(丁刚,2014)。

大量研究表明,职业身份认同对个体的职业倦怠、工作压力、组织职业冲突、工作满意度、离职意愿、职业承诺、组织认同、组织公民行为、工作投入、工作绩效等具有重要的影响(李芳等 2021;张铮等 2021)。对于青年创客而言,工作对于他们具有怎样的意义,他们又是如何建构自己的职业身份认同的？我们将从事创新创业活动的人称之为创客，而他们的职业身份认同是什么呢？创客们从事的工作与传统职业既从工作内容上有重叠又有区别。以零件制造为例，传统零件制造商就是根据订单批量生产，而创客通过3D打印技术结合其他科技手段对生产进行优化，还接受定制化服务。创客们的职业身份包括社会层面和自我层面。从社会层面上看，创客的职业身份通过他们的创新创业行为表现出来，即作为某一行业劳动者的职业身份认同，因此不同的创客在职业身份上具有共通之处。从个体层面来看，创客在自我概念的形成过程中，往往存在不同的内在动机和参考标准，个体赋予创新创业有独特的部分，是个体自我概念在职业中的延伸和建构，那么即使是同一类型的创客，在职业身份上也可能出现不同之处。因而，青年创客的职业身份认同可能表现出多样性。为了深入探究青年创客创新创业的行动动力，本节将从职业角度来认识青年创客的身份认同问题。

笔者设计了职业身份认同问卷，共7道问题，要求受访者对句子描述的内容与其实际情况的符合程度进行判断，从非常符合到非常不符合，分为5个等级。方便统计分析采用李克特1—5级计分，反向计分，分值越大表示越认同。结合分析结果和文献资料探讨青年创客职业身份认同的特点和差异。

二、调查结果

结果显示，青年创客的职业身份认同总平均分值为4.26，介于"比较符合"与"非常符合"之间，认同程度较高。各题项的均值情况如表5-1-1所示，分值介于4.12—4.39之间。

表5-1-1 青年创客职业身份认同水平

职业身份认同题项	均 值	标准差
现在的工作对我而言是重要的	4.39	0.74
目前我认为自己从事的工作是好的选择	4.25	0.74

续表

职业身份认同题项	均值	标准差
我当下的工作有助于认识自我	4.29	0.74
我当下的工作是令人自豪的	4.12	0.80
对于自己当下从事的工作我感到自信	4.24	0.73
现在的工作使我对未来有信心	4.22	0.78
在创新创业中我实现了自己的价值	4.31	0.72

根据统计分析中变量的特点，从职业投入、时间和群体等层面分析这些相关变量对青年创客的职业身份认同的影响。

(一) 青年创客的职业身份认同与职业投入相关变量

根据青年创客是否全职进行创新创业进行独立样本 T 检验，结果显示，全职青年创客的职业认同显著高于非全职青年创客[(4.30：4.15)，$t(361)=2.16$，$p=0.032$]。在具体题项的表现上，全职青年创客相较于非全职青年创客对于"现在的工作对我而言是重要的""目前我认为自己从事的工作是好的选择""我当下的工作有助于认识自我"(在表 5-1-2 中依次为题项 1、题项 2、题项 3)这三个方面认同度更高(具体见表 5-1-2)。

表 5-1-2 全职与非全职青年创客的职业身份认同差异检验

职业身份认同	创业	均值	t 值	p 值
题项 1	全职	4.45	2.46	0.014
	非全职	4.23		
题项 2	全职	4.31	2.19	0.029
	非全职	4.12		
题项 3	全职	4.34	2.08	0.038
	非全职	4.16		

在创业团队中角色不同的青年创客的对职业身份认同情况也存在显著差异[$F(2,264)=7.64$，$p=0.001$]，简单效应分析显示，创业团队中的执行者的职业身份认同度显著低于策划者（$p=0.003$）和决策者（$p<0.001$）。

根据创业次数将青年创客分为创业次数1次的（包括正在创业的）、创业次数2次的、创业次数3次及以上的三个组（没有填写创业次数的对象有7人未纳入统计），对这三个组职业身份认同度进行差异分析，结果发现组别的主效应[$F(2,358)=3.49$，$p=0.032$]。简单效应分析显示，随着创业次数的增加，职业身份认同度提高（见图5-1-1），特别是创业次数3次以上的青年创客职业身份认同度显著高于创业1次的（$p=0.018$）。具体表现在首次创业者相较于创业次数达到2次的青年创客对于"现在的工作对我而言是重要的"认同度显著更低（$p=0.002$），相较于创业次数达到3次及以上的青年创客对于"目前我认为自己从事的工作是好的选择"认同度显著更低（$p=0.017$）。

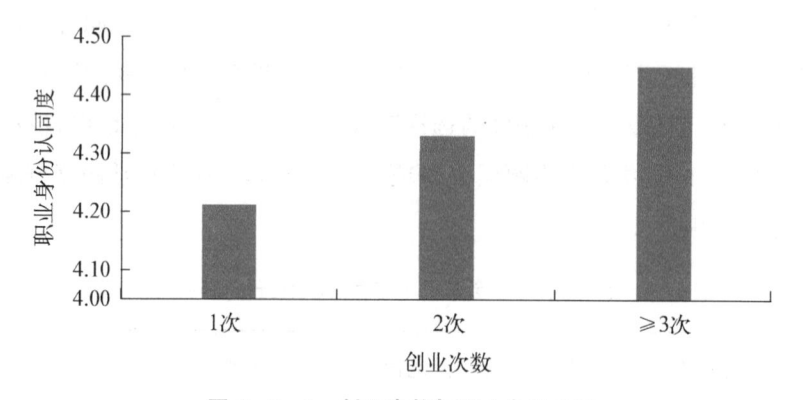

图5-1-1 创业次数与职业身份认同

创新创业的动机影响青年创客对所从事工作的认识、态度和情感，进而影响青年创客的职业身份认同。数据显示，将相较于没有选择"挑战自我、实现自我"作为创业原因的青年创客，选择这一原因的青年创客职业身份认同显著更高，具体体现在职业身份认同项目"我当下的工作有助于认识自我"（$p=0.002$）、"我当下的工作是令人自豪的"（$p=0.044$）、"在创新创业中我实现了自己的价值"（$p=0.002$）等内容上。

相较于创业原因没有选择"国家政策吸引"的青年创客,选择这一原因的青年创客职业身份认同显著更高,具体体现在职业身份认同项目"我当下的工作有助于认识自我"($p=0.007$)、"我当下的工作是令人自豪的"($p<0.001$)、"对于自己当下从事的工作我感到自信"($p=0.01$)和"在创新创业中我实现了自己的价值"($p=0.012$)等选项上。相较于创业原因没有选择"有志同道合的创业伙伴"的青年创客,选择这一原因的青年创客职业身份认同显著更高,具体体现在职业身份认同项目"现在的工作对我而言是重要的"($p=0.007$)和"我当下的工作是令人自豪的"($p=0.007$)等选项上。相较于创业原因没有选择"服务社会"的青年创客,选择这一原因的青年创客职业身份认同显著更高,除"现在的工作对我而言是重要的"这项以外,在其他项上认同度均显著更高。选择"就业压力大"的青年创客在"现在的工作使我对未来有信心"上认同度更高($p=0.046$)。

(二) 青年创客的职业身份认同与时间相关变量

相关分析显示,职业身份认同与时间变量呈正向相关关系(见表 5-1-3),具体表现为与年龄呈显著正相关($r=0.15$,$p=0.005$),与创业时间呈显著正相关($r=0.15$,$p=0.004$)。

表 5-1-3 青年创客职业身份认同与其他变量的相关关系

	年龄	创业时间	职业身份认同	族群身份认同	阶层认同
年龄	1				
创业时间	0.56**	1			
职业身份认同	0.15**	0.15**	1		
族群身份认同	0.04	0.04	0.59**	1	
阶层认同	-0.05	0.02	0.54**	0.64**	1

注:**表示在 0.01 水平(双侧)上显著相关。

据此,笔者进一步根据创业平均时间(平均创业时间为 54.28 个月)将采样对象分为短创业时间组(<54 个月)和长创业时间组(≥54

个月),进行独立样本 T 检验,结果显示创业时间显著影响职业身份认同$[t(353)=2.60,p=0.01]$,长创业时间组的职业身份认同度显著更高。

之后,将创业时间分为四个阶段,分别是:≤2 年、>2—4 年、4—6 年、6 年以上。进行方差分析,结果显示创业时间段主效应显著$[F(3, 352)=3.48,p=0.16]$。简单效应分析发现,创业时间 6 年以上的青年创客职业身份认同度显著高于≤2 年和>2—4 年的青年创客($p=0.004$,$p=0.008$),边缘显著高于 4—6 年的青年创客($p=0.053$)。具体表现在,创业时间达到 6 年以上的青年创客对"现在的工作对我而言是重要的"的认同度显著高于创业时间小于等于 2 年的青年创客($p=0.004$)和创业时间 2—4 年的青年创客($p=0.008$),对"目前我认为自己从事的工作是好的选择"认同度显著高于创业时间 6 年及以下的青年创客(p 值依次为 0.001、0.003、0.03),对"现在的工作使我对未来有信心"的认同度显著高于创业时间 4 年及以下的青年创客(p 值依次为 0.001、0.003)(见图 5-1-2)。

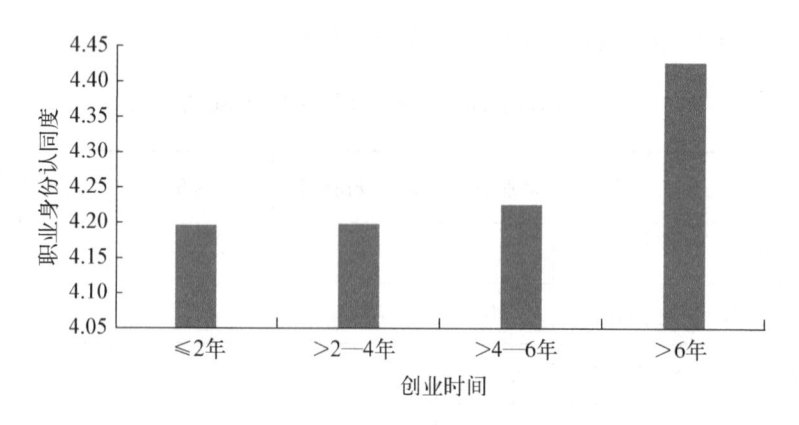

图 5-1-2 不同创业时长的青年创客的职业身份认同度

不同年龄段的青年创客职业身份认同度也有显著差异$[F(3, 361)=3.10,p=0.027]$。事后检验显示,25 岁及以下的青年创客相较于 30—35 岁(4.14∶4.34,$p=0.012$)、35 岁以上的青年创客职业认同度显著更低(4.14∶4.38,$p=0.013$)。具体表现为:25 岁及以下的青年创客相较于 30 岁以上的青年创客对于"现在的工作对我而言是重要的"(p 值均小于 0.02)。和"目前我认为自己从事的工作是好的选择"的认同度显著更低(p 值依次为 0.023,0.002)。

(三) 青年创客的职业身份认同与群体相关变量

参加社团组织的青年创客职业身份认同显著高于没有参加社团组织的青年创客[$t(363)=17.76, p<0.001$]。具体表现在"目前我认为自己从事的工作是好的选择""我当下的工作有助于认识自我""我当下的工作是令人自豪的""对于自己当下从事的工作我感到自信""现在的工作使我对未来有信心""在创新创业中我实现了自己的价值"等选项上有更高的认同度。

进一步分析发现,在创新创业过程中遇到困难时来自社团组织的帮助可以提高青年创客对职业身份的认同。独立样本 T 检验结果显示,得到社团组织帮助的青年创客职业身份认同度显著高于没有社团组织帮助的青年创客[$4.20:4.44; t(366)=3.54, p<0.001$]。独立样本 T 检验结果发现,在创新创业过程中可以从社团组织中获得技术支持的青年创客职业身份认同显著高于未选择该项的[$4.27:4.47; t(22D=2.82, p=0.005$]。而从社团组织中获得的其他支持不影响青年创客的职业身份认同。

研究结果还发现,在创新创业过程中遇到困难时,创业伙伴和政府组织的帮助可以有效提高青年创客的职业身份认同。然而,亲友的帮助可能会降低青年创客的职业身份认同,具体见表 5-1-4。

表 5-1-4 不同帮助来源下职业身份认同的差异分析结果

帮助来源		平均值	标准差	t 值	p 值
家人帮助	无	4.34	0.54	1.96	0.051
	有	4.21	0.61		
寻求亲友帮助	无	4.38	0.58	3.09	<0.001
	有	4.19	0.58		

续　表

帮　助　来　源		平均值	标准差	t 值	p 值
创业伙伴	无	4.07	0.61	−4.47	<0.001
	有	4.36	0.55		
社团组织	无	4.20	0.60	−3.54	<0.001
	有	4.44	0.53		
政府组织	无	4.22	0.60	−2.29	0.023
	有	4.38	0.55		

创业团队核心成员数显著影响青年创客的职业身份认同,在"现在的工作使我未来有信心"一项上,来自由6—10名核心成员组成的团队的青年创客的认同度显著高于来自由11名及以上核心成员组成的团队的青年创客($p=0.015$)。在"在创新创业中我实现了自己的价值"一项上,来自由6—10名核心成员组成的团队的青年创客的认同度显著高于来自5名及以上核心成员团队的青年创客($p=0.015$)。

三、讨论

本节就青年创客的职业身份认同进行探讨。从工作或读书到创新创业,青年个体经历了身份角色跨越式的转变,甚至有学者认为是"断层"式的转变(田莉等,2018),个体从原有身份中转型出来,并随着新创企业的建立、运作和发展而建构新的身份认同。在创新创业过程中,青年创客不断增进对自己从事工作的认识,形成职业归属感,并在工作中建构自我概念,将职业角色融入自我认知中,达成对职业身份的认同。

(一) 青年创客的职业身份认同与职业投入的关系

职业投入包括与职业有关的时间投入、精力投入、金钱投入、资源投入,等等,对职业越投入,对职业身份的认同度越高。本研究发现,全职青年创客相较于非全职青年创客,职业身份认同度更高。创新创业活动的形式是多样的,青年创客往往同时可以具有多个创业角色,因此角色身份的多样性和多重性使得青年创客在动机上和行为上也表现出多样性。具体来说,当青年创客的角色身份发生变化时,他们的创业目标、动机和行为也会随之而变化,从而和新的角色保持一致。因此,我们看到青年创客对职业身份的认同上受到他们在创业团队中角色定位的影响。创业团队中的创意策划者和决策者在创新创业中有着核心的作用,对创新产品或服务投入的精力和资源必然超过执行者。类似地,随着创业次数的增加,青年创客对创新创业活动的认知和了解不断加深,失败的经历转化为再次行动的经验,创业的内容可能发生了变化,但是创业这种形式以及初创企业发展面对的问题是相似的。多次创业需要的不仅是时间、金钱的更多投入,还需要创客自身更多的心理投入。一方面,外界对于创业的支持受到创业成功与否的影响,多次创业必然面对一定外界的压力,青年创客需要很好地调适才能再次进入创业的状态。那么他们也就可能遇到"我适不适合创业"的问题,经过这样的不断的自我审视,找到自己的职业认同而坚持下来。所以职业身份认同给予了多次创业的创客们以勇气和信心,而这些勇气和信心也反过来不断提高着他们的职业身份认同。

同样,创新创业的动机也对青年创客的职业身份认同有影响。例如,为了"挑战自我、实现自我"的青年创客有着更高的内在自我追求,因而职业身份认同程度更高。青年创客投入创新创业活动的原因各异,对创业有不同价值赋予,所建构的职业身份也是存在差异性的,对职业体验、职业投入和职业行动等方面也带来了不同的影响。

(二)青年创客的职业身份认同与时间变量的关系

研究表明,创业者的角色身份和动机行为受到创业阶段的影响,在创业阶段性成功前,往往受到自我动机指导而行动,而在获得成功后更多受到社会导向的动机而行动(Li et al.,2015)。那么创客的职业身份认同在创新创业活动的不同阶段也不一样。另外,青年创客的角色身份会随着时间变化而变化,例如,随着企业的发展,创客会从创始人的角色逐渐过渡到管理者的角色上,创客个体在创新创业活动中角色不断在变化和丰富,对创新创业活动的认识也越来越全面和深刻,对所在行业的创新创业活动的目标和行为也会随之变化。因此时间维度的变量对青年创客的职业身份认同有着深远的影响。本研究也证实了这一点。结果发现,青年创客的创业时间与职业身份认同度呈正相关,创业时间越长,职业身份认同度越高。这可能是因为在持续创业过程中青年创客职业角色转变带来的职业投入,以及工作资源的不断积累,他们带来应对工作压力、持续创业的能量。

(三) 青年创客的职业身份认同与群体变量的关系

良好的职业氛围和职业支持系统是工作者重要的工作资源,特别是面对企业初创过程中的各种问题时,有力的团队专业支持和心理支撑非常重要。本研究发现,参加社团组织的青年创客职业身份认同显著高于没有参加社团组织的青年创客,可见社团组织可以为青年创客带来职业的归属感。同样,创业团队也能为青年创客带来职业归属感。但是本研究发现,核心团队成员在 6—10 名时,青年创客的职业身份认同度显著高于来自人数更多或更少的团队的青年创客。这一结果似乎说明,或许团队的凝聚力和氛围而非人数才是关键因素。

另外,笔者发现获得专业的技术支持,相较于资金、情感等其他支持更能够增进创客们的职业身份认同。在创新创业过程中遇到困难时,青年创客可以获得社团组织、创业伙伴、政府组织的帮助,可以提高他们的职业身份认同,而来自亲友的帮助反而会削弱青年创客的职业身份认同。综合来看,社会资本和社会支持虽然能够有效地推进青年创客的职业发展,但是形成职业身份认同需要个体能够将职业的价值感、受尊重感与自己的价值感和自尊感相融合。个体对于某个特定角色的理解以及认同是通过和他人的交互逐渐形成的,个体在与他人的交互中逐渐了解到他人是怎样通过行为和期望来定义某个特定角色的,从而使得个体能够通过这种交互方式来验证自己的角色身份(Ser per et al., 2011)。在创业过程中,社团组织、创业伙伴、政府组织的支持不容易获得,青年创客需要付出一定努力去论证自己是值得被帮助的,这个过程会强化青年创客对创业的认识,让他们感觉创业是被社会认可的,是有价值的。而由私人情感关系获得帮助,具有易得性,不具有这种作用。

四、结论

在创业的不同发展阶段,青年创客都会面临身份认同的问题。当新企业没有形成稳定清晰的组织结构的时候,他们对职业身份认识就相对模糊。当新企业有了职能划分和清晰的组织边界,青年创客和团队成员便有了新的集体身份。例如,很多新媒体创业的企业中,专注于内容策划创新的创业者就会成为"首席内容官"(例如,papitube 的 papi 酱),或者那些具有个人魅力的成功创业者就会成为"首席执行官"(例如,Facebook 的扎克伯格)。职业身份认同可以降低不确定感,青年创客可以更好地投入到创新创业活动中。本研究从职业视角对青年创客的身份认同进行探讨。结果发现,青年创客普遍具有较高的职业身份认同,但受职业动机、时间以及群体相关变量的影响,他们的职业身份认同表现出差异性。

第二节　青年创客的阶层身份认同

在西方社会里,一个人的职业就是身份的象征。故有学者从职业声望的变化和职业所标示出的阶层归属角度,对身份认同问题加以研究。Kraus 等(2012)提出,阶层身份认同包含"社会阶层"和"自我认同"两个方面内容,可以看成是个人对经济能力和社会资本等方面进行整体性评估后对自己社会地位的定位及认同。

改革开放以来,我国在经济高速发展的同时,社会各阶层出现分化和重组,阶层构成比例逐步发生着变化。党的十八届三中全会提出要"扩大中等收入者比重""逐步形成橄榄型分配格局"。[①] 关于阶层的划

[①] 新华社.规范分配秩序　力促收入公平[EB/OL].(2015-11-05)[2025-03-13]. https://www.gov.cn/zhengce/2015-11/05/content_2961350.htm.

分,学界提出了不同的参照标准,例如肖文涛(2001)提出由收入水平结合财富拥有量来确定分类;有从职业、收入水平、消费水平、生活方式和主观认同等几个维度来确定个体的阶层位置(李春玲,2003)。无论哪种分类方法,都是以客观外界标准为准,将个体放入某一个参考范围内。但是即便通过这些方法将个体纳入其中某一阶层,并不意味着主观上这个体认可对自己所处阶层的划分。这就关乎阶层身份的认同问题。已有对中产阶层的主观阶层认同研究显示,不同世代的人群有着不同的成长背景和生活经历,因而可能在主观阶层认同上存在代际差异。如"40后""50后""60后"与"70后""80后""90后"的主观阶层认同方式有着显著的差别。在市场经济时代,"阶层""阶级"等概念更多被赋予的是经济意义而非政治意义。崔岩和黄永亮(2017)使用中国社会科学院社会状况综合调查数据发现,当前我国的中等收入人群中有半数以上的人认为自己处于社会中下层或者社会下层,即存在社会阶层认同下移的倾向,且不同世代的群体在社会阶层认同方式上存在代际差异。而这可能与受访者较强的相对剥夺感、焦虑感、制度性歧视感有关。客观阶级归属与主观阶级认同不一致正是由于人们在生活方式、价值取向、行为选择上的"个体主义化"趋向;社会阶层流动的加快造成社会身份认同的"断裂";社会转型带来的社会焦点的改变使得观念和意识形态"碎片化"三个原因导致的(李培林,2005)。

  阶层身份认同是决定国民总体社会心态和政治倾向的关键要素,与个人社会行为之间具有强相关性,亦会影响主观幸福感、生活方式及文化认同等。研究指出,社会阶层形成的根源在于社会资本的差异,而这一差异也是个体创业的基础。社会资本丰富的人更能够容易地发现、利用创业机会。社会资本是个体自我认同的基础,具有更多社会资本的人更加自信。另外,自我认同能够增强个体对市场资源环境的影响,认同度高的个体更加主动地寻找资源,因而他们对创业抱有更良好的预期。韩旭东等(2019)基于5期CGSS(2010—2015)数据,考察了个体阶层认同对其创业的影响,结果发现,个体阶层认同对机会型创业和生存型创业均具有显著正向影响,阶层认同所包含的物质基础和自我信任促进了创业。那么青年创客们是如何看待自己的阶层的?他们的外显阶层特征是什么,他们对自己所在阶层认同程度如何?他们的阶层身份认同受到哪些因素的影响,又会作用于哪些创新创业心态和行为?本节将对此进行深入的探讨。

本节在分析相关文献和参考国内外问卷的基础上,编制"青年创客的阶层身份认同问卷"。问卷共7个题目,要求调查对象对句子描述的内容与其实际情况的符合程度进行判断,从非常符合到非常不符合,共5个等级,计1—5分。剔除无效问卷或数据后,采用SPSS进行因素分析以确定问卷结构,在此基础上进一步展开统计分析。

一、青年创客阶层身份认同问卷分析

用因素分析检验量表结构效度,旨在通过因素分析提取因子,看这些因子结构是否与构想的结构相一致,如果完全一致,则表明量表测量到了想测量的东西,因此其结构效度高。首先,进行因子适合性检验,对"青年创客阶层身份认同问卷"的数据进行了Bartlett球形检验,检验值为1 088.98($p<0.001$),说明各项目间有共享因素的可能性。同时,样本适当性度量值KMO=0.815,表明数据样本适宜作因素分析。其次,采用主成分正交旋转法进行探索性因素分析。结果显示,共有2个因素特征值大于1(见表5-2-1),共解释总变异的69.61%。将第一个因素命名为阶层自豪感,指对"自己所在阶层有积极的评价",一共有4个项目,分别是"作为我所在阶层的一员我很自豪""我所处的阶层有利于我的发展""我所处的阶层是社会的重要组成部分""我认可我所在的阶层";将第二个因素命名为阶层归属感,指"感到自己属于所在阶层的一员,有与所在阶层荣辱与共的情感体验",涉及的题目有"遇到损害我所在阶层利益,我会感到很气愤""听到别人说我所在阶层的坏话,我会感到生气""遇见与我同一阶层的人,我会感到亲切",一共有3个项目。

表 5-2-1　青年创客阶层身份认同分维度的探索性因素分析

题　项	阶层身份认同	
	阶层自豪感	阶层归属感
作为我所在阶层的一员我很自豪	0.853	0.238
我所处的阶层有利于我的发展	0.830	0.190
我所处的阶层是社会的重要组成部分	0.763	0.070
我认可我所在的阶层	0.647	0.423
遇到损害我所在阶层利益的,我会感到很气愤	0.129	0.883
听到别人说我所在阶层的坏话,我会感到生气	0.144	0.871
遇见与我同一阶层的人,我会感到亲切	0.377	0.680

进一步考察问卷的内部一致性程度,青年创客阶层身份认同问卷克隆巴赫系数(Cronbach's α 系数)为 0.84。分别考察问卷不同因素的内部一致性信度,结果显示,阶层自豪感维度的 Cronbach's α 系数为 0.826,阶层归属感维度的 Cronbach's α 系数为 0.802,表明本问卷内部一致性信度较高。

二、青年创客阶层身份自评分析

让青年创客对自己所处社会层级进行自评,1—10 个层级(1 表示最底层,10 表示最顶层),结果显示,自评平均值为 5.11,表明青年创客普遍认为青年创客在社会中属于中等阶层。但也有一部分人对自己所处的阶层评价较低(15.91% 的人认为自己的阶层处于 3 级及以下);也有一部分人对自己所处的阶层评价较高(有 17.61% 的人认为自己的阶层处于 7 级及以上)(具体见表 5-2-2)。

将阶层等级自评 5 级以下的和 5 级以上的分别划为低阶层组($n=92$)和高阶层组($n=146$)。青年创客在创业团队中的角色定位是否与他们阶层自评相关?卡方独立性检验显示,两变量确实有显著相关($\chi^2=7.42, p=0.025$)。

表 5-2-2 青年创客社会阶层主观评定情况

等级	频数	百分比(%)	累计百分比(%)
1	13	3.69	3.69
2	16	4.55	8.24
3	27	7.67	15.91
4	36	10.23	26.14
5	114	32.38	58.52
6	84	23.86	82.38
7	44	12.50	94.88
8	16	4.55	99.43
9	2	0.57	100
合计	352	100	

进一步将创业次数作为阶层变量，对不同创业次数下青年创客主观阶层与创业团队角色定位的人数进行交叉分析(见表 5-2-3)。结果显示，初创业(创业次数≤1 次)的青年创客中，创业团队中角色定位与阶层自评存在显著相关($\chi^2=8.56$, $p=0.014$)，表现在执行者定位的青年创客更倾向于将自己评价为低阶层，而创意策划者和决策者定位的青年创客更倾向于将自己评价为高阶层。而创业次数为 2 次甚至≥3 次的青年创客，在创业团队的角色定位与其主观阶层分组没有显著关系(p 均大于 0.5)。

表 5-2-3 不同创业次数的青年创客的主观阶层与其在创业团队中的角色定位的交叉

创业次数	主观阶层	创业团队角色定位		
		创意策划者(%)	决策者(%)	执行者(%)
≤1 次	低阶层	35.3	28.3	57.9
	高阶层	64.7	71.7	42.1

续 表

创业次数	主观阶层	创业团队角色定位		
		创意策划者(%)	决策者(%)	执行者(%)
2次	低阶层	30	35.7	42.9
	高阶层	70	64.3	57.1
≥3次	低阶层	36.4	60	42.9
	高阶层	63.6	40	57.1

青年创客的受教育水平与他们对自己所处阶层的评估显著相关，$[F(3, 348)=3.12, p=0.026]$。多重比较显示，大专学历水平的青年创客自我阶层评估最低，显著低于本科($p=0.009$)和硕士及以上水平的青年创客($p=0.011$)。

创业时长与青年创客对自己所处阶层的评估显著相关$[F(3, 339)=6.28, p<0.001]$，主要表现在创业时长小于等于2年的青年创客对自己所处的阶层的评估显著低于其他创业时间更长的青年创客(p均小于0.005)(见图5-2-1)。

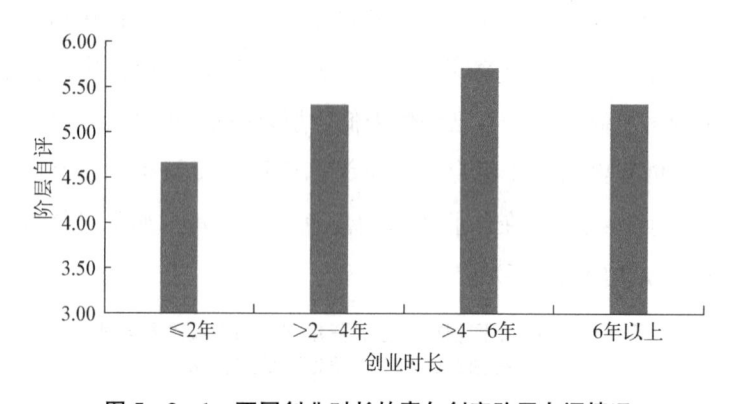

图5-2-1 不同创业时长的青年创客阶层自评情况

相关分析显示，青年创客对自己所处阶层评估与其个人层面的创业理念呈显著负相关(注：创业理念分值越小表示越认同)，与创新创业过程中所知晓的政策支持数量、享受到的政策支持数量呈显著正相关(见表5-2-4)。

表 5-2-4　社会阶层自评与其他变量的相关关系

		创业理念		政策支持知晓度	享受政策数	困难寻求帮助部门
		社会层面	个人层面			
自评阶层等级	相关系数	−0.09	−0.14*	0.12*	0.12*	0.04
	显著性	0.111	0.007	0.020	0.021	0.480

阶层评价分组在以上变量上的差异分析结果显示,自评高阶层的青年创客对个人层面创业理念的认同度显著高于自评低阶层的青年创客[(1.62∶1.44),$t(236)=2.42$,$p=0.016$]。自评高阶层的青年创客对政府政策支持的知晓程度显著高于自评低阶层的青年创客[(2.71∶2.23),$t(223.71)=2.52$,$p=0.012$]。自评高阶层的青年创客在创新创业过程中享受过的政策支持的数量显著高于自评低阶层的青年创客[(2.05∶1.70),$t(236)=2.31$,$p=0.022$]。

三、青年创客阶层身份认同分析

对青年创客阶层身份认同分数进行统计。问卷为反向计分,即分数越大表示认同度越高。统计显示,青年创客阶层认同平均值为3.90,配对样本T检验显示,青年创客阶层归属感显著低于阶层自豪感[(4.01∶3.75),$t(367)=6.43$,$p<0.001$]。

比较阶层自评的低阶层组和高阶层组的差异,结果发现,前者阶层身份认同度显著低于后者[$t(236)=3.16$,$p=0.002$]。进一步对阶层认同子维度的分析发现,两组在阶层自豪维度上的差异显著[$t(236)=3.87$,$p<0.001$],低阶层组阶层自豪程度低于高阶层组(见图5-2-2)。

对青年创客阶层身份认同维度和团队核心成员人数进行混合方差分析发现,阶层身份认同维度主效应显著,团队核心成员人数主效应不显著,但是两者交互作用显著[$F(4,360)=3.34$,$p=0.011$]。简单效应分析显示,创业团队核心成员数为1—2人的青年创客阶层自豪感与阶层归属感没有显著差异,随着核心成员数增加,阶层自豪感变化

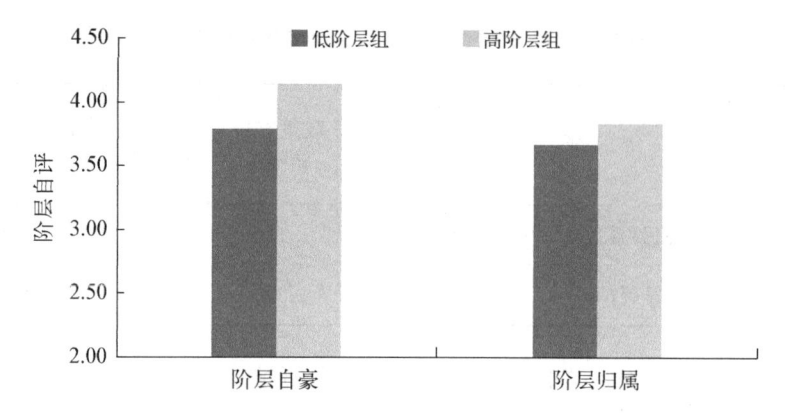

图 5‑2‑2　自评高低阶层与阶层组青年创客的身份认同

不大,而阶层归属感逐渐降低,团队成员 11 人以上的青年创客的阶层归属感显著低于团队成员人数 1—2 人、3—5 人和 6—8 人的(见图 5‑2‑3)。

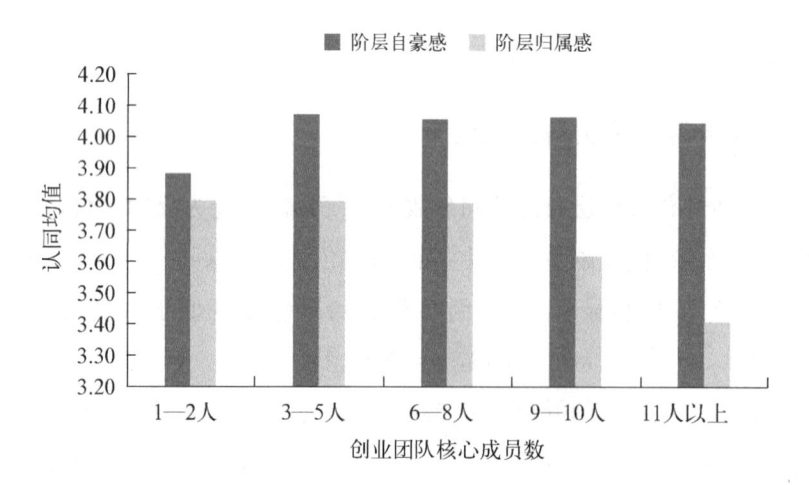

图 5‑2‑3　创业团队核心成员数不同的青年创客的阶层身份认同

对青年创客阶层身份认同维度和受教育水平进行混合方差分析发现,阶层身份认同维度主效应显著,受教育水平的主效应不显著,但是两者交互作用显著,[$F(3, 363)=3.45, p=0.017$]。简单效应分析显示,大专和本科受教育程度的青年创客的阶层自豪感显著高于阶层归属感(p 值均小于 0.001),高中及以下和硕士受教育程度的青年创客在阶层身份认同维度上没有显著差异。进一步对大专、本科受教育程度的青年创客分别进行主观阶层分组和阶层身份认同维度的混合方差分析发现,对于大专教育水平的青年创客而言,无论自我阶层评价高低,阶层自豪感显著高于阶层归属感(均值 4.11∶3.54)。本科教育水平的青年创客阶层身份认同维度主效应不显著,阶层评级分组主效应显著,且两者的交互作用显著[$F(1, 128)=4.07$, $p=0.046$]。简单效应分析显示,自我阶层评价低的青年创客,阶层自豪感与阶层归属感没有显著差异(均值 3.64∶3.66; $p=0.86$);自我阶层评价高的青年创客,阶层自豪感显著高于阶层归属感(均值 4.15∶3.89; $p=0.002$);自我阶层评价高的青年创客,阶层自豪感显著高于自我阶层评价低的青年创客(均值 4.15∶3.64; $p<0.001$)。

公益类青年创客阶层归属感显著高于商业类青年创客,$t(53.26)=2.023$, $p=0.048$,但是阶层自豪感上创业类型的差异不显著($p=0.92$)。家里有人创业的青年创客相较于家里没有人创业的青年创客阶层自豪感更高,[$t(359)=2.08$, $p=0.038$],但是阶层归属感上差异不显著($p=0.82$)。

参加社团组织将有效地提升青年创客的阶层身份认同[$t(365)=3.37$, $p=0.001$]。进一步相关结果显示,随着参加社团数量的增加,青年创客的阶层认同度越高($r=0.18$, $p=0.001$),主要表现在阶层自豪感随着参加社团数的增加而提高($r=0.21$, $p<0.001$),阶层归属感与参加社团数的相关系数不显著($p=0.062$)(见表 5-2-5)。

表 5-2-5　参加与不参加社团的青年创客的阶层
身份认同的差异分析结果

	是否参加社团	认同均值	标准差	t 值	p 值
阶层自豪	有	4.11	0.63	3.43	0.001
	无	3.86	0.72		
阶层归属	有	3.84	0.83	2.39	0.017
	无	3.63	0.83		

青年创客的阶层身份认同与其从社团组织获得的支持数和支持类型没有关系，而与其从社团组织中获得的支持的满意程度显著负相关（$r=-0.28$，$p<0.001$），满意度为反向计分，即对从社团组织中获得的支持的满意度越高，阶层身份认同度也越高。

对青年创客阶层身份认同与创业市场认知变量进行相关分析，结果显示，青年创客对自己所在行业发展前景的评价与其阶层自豪感呈显著正相关，对自己所开发的产品或服务的盈利模式的清楚度、所开发的产品或服务符合市场/社会需求的程度的判断与其阶层归属感呈显著负相关（具体见表5-2-6）。

表5-2-6 青年创客阶层身份认同维度与市场认知变量的相关关系

		行业发展前景	盈利模式清楚度	产品需求程度
阶层自豪	相关系数	0.25**	0.03	0.05
	显著性	0	0.53	0.39
阶层归属	相关系数	0.01	−0.13*	−0.17**
	显著性	0.79	0.02	0

四、讨论

阶层身份认同是群体行动意愿的重要心理机制（雷开春等，2015），与个人的幸福感、获得感密切相关。研究者还发现，阶层认同正向影响创业选择（韩旭东等，2019）。那么创客如何看待自己的社会地位？具有怎样的阶层身份认同，其认同特点在创新创业活动中发挥着怎样的作用？对于这些问题本节通过文献资料检索和调查分析进行了探究。

（一）青年创客主观阶层感知特点及影响因素

从青年创客对自己所处阶层的评估看，基本上符合橄榄型的分布，主观上觉得自己处于中间阶层的人占多数。这一分布形态受到了多种因素的影响。分析结果显示，在创业团队中角色定位为执行者的青年创客对自己所在阶层的主观评价较低的人数显著更多,而角色定位为创意执行者、决策者的青年创客认为自己阶层较高的人数更多。在创业团队中的角色分工差异体现的正是创业个体在组织中的核心作用、重要性和话语权,在团队中就形成了一定的地位层级区分。相关研究指出,新的社会阶层人士对自己所处的阶层是不清晰的,因为他们对自己阶层定位的参照是模糊的。历史唯物主义的阶级分析理论强调通过社会分工、生产资料占有、财产所有制对社会阶层进行划分;以马克斯·韦伯为代表的西方社会学家,提出对社会成员进行分层可依据财富、权力、声望,注重市场能力和市场中的机会等(张晓刚,2011)。陆学艺(2002)提出划分社会阶层以职业分类为基础,以组织资源、经济资源和文化资源的占有状况为标准。阶层划分的参照标准是多种多样的,每一个社会成员都可以根据自己的标准对社会进行分层,然后将自己划归为哪个阶层,而这些分类都有其一定的合理性。诚如有学者所言,"我们至少可以发现:人们是根据自己的日常生活经验和环境,来产生出划分人群的框架的。这一分层框架容纳多种尺度,既有收入、权力、身份、户口等分类角度,又有官与民、贫与富、本地人与外地人等关系视角。在分层过程中,人们首先想到的是他们接触过、看到过的和听说过的并把自己的身份地位作为一个衡量平台"(王春光等,2002)。无论哪种阶层划分体系,对于阶层中的人其实并不容易掌握。只有自己所在阶层有足够的认识和了解,才能够有相对客观的阶层评价。所以,研究发现,对于初创期的青年创客来说,许多情况还处于探索期,很多事情需要亲力亲为,工作压力和生活压力比较大,所以倾向于对自己所处阶层等级评价较低。同时,初次创业的青年在创业团队中更可能担任执行者的角色,也容易有较低的阶层等级评价。随着创业次数的增加,青年创客对于创新创业活动有了深入的认识,主观阶层评价可参照更多社会标准,也不太容易受到自身在创业团队中角色定位的影响。

  调查结果显示,主观社会阶层评价较高的青年创客相较于评价较低的青年创客,对个人层面的创业理念认同度更高。个人层面创业理念指的是个体创业是为了满足个人财富的积累、自我价值的实现以及个人人生经历的丰富等个人层面的追求。这说明,创新创业给青年创客带来个人层面追求的满足,可以增进青年创客对创客所在阶层的评价。同样,统计分析结果指出,高社会阶层自我评价的青年创客在创新创业过程中对相关支持政策知晓度更高,享受支持政策的数量更多。一般来说,较高的社会阶层与更多的社会资源密切相关。韩旭东等(2019)指出,"阶层认同包含主观的自我认同和客观的社会资源两个方面,阶层认同得分高的个体往往拥有更多的社会资本,且其掌握的获取所需资源的渠道也更多,这些均能增强自我认同,而自我认同促进了个体对资源的有效利用和创业机会的把握。"但是,青年创客从业领域和自身经济状况存在异质性,并不是每个人都天然带有许多社会资本。从反向路径推测来看,对国家政府创新创业政策更加了解的青年创客,享受了国家相关支持政策的青年创客,获取资源渠道得以拓展,资源可及性大大提高,进而对自己所在阶层主观认定更高。

(二) 青年创客阶层认同特点及影响因素

通过因素分析结果显示,青年创客的阶层认同包括2个因子,分别是阶层自豪感和阶层归属感。这两个因子的联合解释总变异量的69.61%,说明萃取的这两个因子相当理想。阶层自豪感因子包括4个项目,表示青年创客对自己所在阶层的积极情感,是阶层认同的结果,包括对阶层的自豪和尊重;阶层归属感因子包括3个项目,表示感到自己属于所在阶层的一员、有与所在阶层荣辱与共的情感体验、能够维护所在阶层。这一结果与已有研究较为一致,例如,胡荣等(2005)提出阶层是人们主观建构的、想象的共同体,个人阶层归属和地位的主观认定是社会阶层研究得以操作化的重要基础。从情绪归因的角度,韦纳(Weiner,1985)提出自豪感是个体将积极的结果归因指向自我而产生的情感。从该角度出发,阶层自豪感可以理解为个体将积极的结果归因指向阶层而产生的情感,或是在目标达成或者任务成功完成时,由自我评价或他人评价基础上产生的对阶层的积极评价(张向葵等,2009)。

李春玲(2003)通过对各阶层成员的身份认同的分析,认为各阶层成员身份认同的一致性程度各有不同,认同率有高有低,社会阶层顶层的或者底层的身份认同率较高,中间位置的阶层的成员身份认同较低。成员较为稳定的阶层,其成员的身份认同率较高;相反,阶层流动性、变动性大的或者新生阶层,成员的身份认同率较低(李春玲,2005)。刘少杰等(2022)通过对新社会阶层的研究发现,在线下空间,由于阶层内外的激烈竞争,新社会阶层面临向下偏移的阶层认同、弱势的市场地位以及较为不稳定的工作状态;而到了线上空间,新社会阶层的客观影响力以及自我身份认同发生了明显的逆转,成为网络空间中最具行动力和积极性的社会群体,在许多网络社群、网络事件中扮演着组织、动员和领导的关键角色。本研究结果也得到了较为一致的结果。青年创客是一群具有创新意识、思想开放、敢于挑战并具有冒险精神的群体,流动性比较大,属于新社会阶层,总体上阶层认同度不是很高。另外,结果显示,青年创客的阶层自豪感显著高于阶层归属感,高自我阶层评价的青年创客阶层自豪感显著高于低自我阶层评价的青年创客,阶层归属感不存在高低主观阶层评价组之间的差异。也就是说,阶层身份认同与社会地位感知有密切的关系,但是社会地位感知仅影响青年创客的阶层自豪感。根据社会认同理论的假设,个体对"创客"意义的理解来源于社会对这一概念的解读(Stryker et al.,2000)。身份的形成则建立在个体对社会看法的内化及个体认知图式的形成;个体基于其对"创客"意义的理解进行与这一身份相符的行为(Murnieks et al.,2014)。即存在一种"他者话语"的阶层身份认同,因为阶层身份认同的形成是一种社会建构,不仅受到社会结构的制度性制约,还取决于"他者"对个体的看法(王星等,2018)。例如,一些小众行业的创业人员,一方面社会成员普遍对其缺乏足够的认识和了解;另一方面,由于认识的不足导致全社会对其接受度相对较低,也会影响到其阶层身份认同。青年创客从事创新创业活动既受到自我内部动机的驱动,也受到外部市场、政策等的吸引。为推进"大众创业,万众创新",国家鼓励更多社会主体创新创业,强化普惠性支持,落实各种税收优惠政策,改革完善金融支持机制,营造良好的创新创业环境,国家持续深化"放管服"改革,不断创新服务举措,确保"双创"优惠政策落地更便利、更通畅。这些举措不仅提高了社会主体的创新创业积极性,也营造了良好的社会氛围和创新创业的社会声誉。在"他者话语"下,创新创业有着更高的社会评价,受到他人的认可,所伴随的阶层价值和意义也得以提升。因此,本研究发现,对创新创业前景评价更高的青年创客具有更高的阶层自豪感,家里有人创业的青年创客也对自己所在阶层有更高的自豪感。

  受教育程度也是一种社会记忆,影响着个体的阶层认同(王星等,2018)。本调查中,受教育水平为高中和研究生的青年创客的阶层自豪感和阶层归属感没有显著差异,但是大专和本科的青年创客在这两个阶层身份认同维度上有差异化的表现。受教育程度为大专的青年创客的阶层主观评价相较于其他受教育程度的青年创客是最低的,同时他们阶层自豪感均显著高于阶层归属感。而大多数受教育程度为本科的青年创客的阶层自豪感与阶层主观评价密切相关。受教育程度是社会比较的参照标准之一,会对青年创客的阶层身份认同产生影响,主要表现在青年创客对自己阶层的主观认定上,并与经济、声望、资源获得等其他因素共同作用,在不同受教育程度的青年创客身上产生差异化的表现。

  以上相关变量的差异分析较为一致地表明,青年创客的阶层自豪感更容易受到其他因素的影响,而阶层归属感相对比较低且稳定。阶层反馈给个体的不仅仅是荣誉还有情感联结,是温暖的、安全的情感支持,这正是阶层归属感与阶层自豪感的区别。阶层身份认同建立在个体将阶层与自我身份认同联系起来,阶层归属感是重要的部分,也是建立在阶层认知基础上的,没有足够清晰的阶层认知,阶层归属很难建立。青年创客是一个年轻而又差异程度较高的群体,他们在对自身所属阶层进行评价时,缺乏可供参考的稳定、客观的外在标准,因此对自身所属阶层的评价并不稳定,对于阶层的归属感自然是弱的。但是数据显示公益类创业的青年创客相较于商业类创业的青年创客有更高的阶层归属感。对社会提供的支持的满意度与青年创客的阶层归属感呈显著正相关。这提示阶层的归属感与创业团队的氛围、凝聚力有很大的关系。公益类创业团队核心成员数比较少,1—5人的占到80%,成员间沟通交流频繁且深入,一起面对创新创业中的挑战和困难,内部凝聚力高。另外,他们有崇高的社会使命感、责任感,共同目标意识强,组织认同度高,对所在阶层的归属感自然也比较高。而商业类创业主要是为了达到商业获利的目的,这也是评价创业成功与否的主要标准。因此,商业类创客阶层归属感相对较低。这可能也可以解释为什么阶层归属感与产品市场需求、盈利模式清晰度呈反比。

五、小结

青年创客普遍评价自己处于中间阶层,评分呈现橄榄状分布。青年创客的阶层身份认同由阶层自豪感和阶层归属感两个维度组成,总体阶层认同较为积极,但是认同度不够高。青年创客阶层自豪感受到主观阶层感知的正向影响,但阶层归属感普遍不高,且不受主观阶层感知影响。提高阶层身份认同需要大力推进青年创客的阶层归属感,增进青年创客创业团队建设,做好青年创客阶层的统战工作,建立青年创客的阶层意识。

第三节 青年创客的群体身份认同

群体是介于组织与个人的人群结合体,只要有两人以上就构成群体。群际关系理论指出,个体在社会生活中总是在不断地寻找特定的群体归属,由此进行自我归类,并与其他群体进行区分。当个体将自己划归为某一群体时,该群体即被称为内群体,自己所属以外的群体就被划归为外群体。个体会对自己所属群体形成一种特殊的情感联系,拥有"我们同属一群"的感受,在心理上相互依赖,行为上彼此影响(林崇德等,2004),倾向于与自己所在群体在各方面保持一致。群体身份认同指个体认识到自己属于特定的社会群体(张莹瑞等,2006;Tajfel,1978)。共同体内群体认同能够产生促进心理融合、降低群际偏见和增加亲社会行为等积极效应(祝婷等,2024)。

社会认同理论指出,社会认同通过三个阶段完成。

第一阶段是类化,即将自己划归哪类群体,通过一些社会类别来进行人的归类,比如亚洲人、公务员、佛教徒等。通过类别来认识人,就很容易认识他的身份。类化随环境而变化,因而群体行为也具有变化性。其中主要受三大因素影响:(1)可及性,指群体类别在特定情境中被提取的难易程度,可及性与个体的目标、图示和经验有关,群体类别可及性越高,越容易被个体所提取,进而被采用;(2)对比适用度,即某群体类别是否最能反映两个对比群体的差异,适用度越高,群体类别越有可能被采用;(3)规范切合度,即某群体类别是否能够恰当预测两个对比群体的行为差异,切合度越高,群体类别越有可能被采用(吴利存,2009)。

第二个阶段是认同,即了解自己所拥有的该群体的普遍特征,与所属的群体保持一致。认同自己所属的群体,就是要认识自己所属的内群体,分清自己不属于的外群体,从而确定要遵循的行为准则。

第三个阶段,即比较阶段,就是将自己所属群体与其他群体进行地位、声誉和优劣等方面的比较。通过社会比较获得自尊的提升。表现在群体成员把自己所属群体和其他群体进行比较,若个体所属群体位于优势地位时,就会产生强烈的群体认同,并建立积极的自尊和自我概念。当自己所属群体受到威胁时,个体会采取一些策略来提高自尊并获得积极的社会认同。社会比较凸显类化的效果,夸大群体间的差异,往往个体对所属群体评级更加积极,对外群体相对消极,这种信息不对称导致内外群体偏向性的认知和态度,使得群体偏见和群体冲突随之发生。在此理论基础上,特纳(Turner)等(2014)进一步提出了自我分类理论。区别于关注群体中个体的社会认同理论,自我归类理论更关注个体中的群体。该理论提出三个层级的自我归类:最高层级是对人类认同基础上的自我归类,即人类种群的类别化;中间层级是内外群体归类,以内外群体的相似性和差异性为基础的类化;最底层是个体水平上的自我归类,即个体知觉到的自己作为独特个体存在,与群体中的他人进行区分。要完成自我归类的过程,需要完成去人格化的过程,也就是说需要弱化个体的独特性,强化群体身份特征。去人格化导致各种具象的群体现象的形成,使得个体根据内群体的原型来评价自我(赵晓露,2012)。

随着认同研究的深入,认同的外延不断扩张。对群体层面认同的研究,丰富对群际关系、文化等的认识。埃里克森认为认同形成依赖于社会对个体的确认,在社会关系中形成对自我的认识,即是群体认同,是确定自我同一性的基本内容。通过社会分类,在某一社会群体中的个体才能更容易定义和认识自己。社会的价值和行为规则等通过群体形式传递给个体,使得个体的行为有章可循,也为个体确定自己在社会中的位置提供参照系统。从资源获取角度来看,青年创客内嵌于创业社群网络中,有助于与社会网络成员建立长期的经营合作关系和战略同盟,在创业团队建设和创业决策过程中可以获得更为专业的帮助,因而创业者的社会网络水平会直接决定其创业能否成功。但是研究者发现,用社会嵌入来解释创业绩效的差异时存在了问题,即它无法解释为什么社会网络的扩张无法保证资源获取的稳定性。巴特勒(Butler)等(1991)曾指出,要充分理解社会网络对创业绩效的影响,必须考虑创业者与社会网络成员的交互关系。刘刚等(2016)研究论证了,创业者与社会网络成员基于教育水平、创业经验或地域文化等方面的同质性会产生社会认同,进而形成群体内条件优势,能有效提升创业绩效。也就是说,认同在社会网络的构建、发展以及作用的发挥中有重要的意义。创业者在其所处的社会网络中,与其他成员相似性越高,其越具有被纳入内群体的条件,也越有可能得到其他成员的认可和支持。另外,研究者也提出,以职业为基础的新的分层机制逐渐取代过去的以政治身份、户口身份和行政身份为依据的社会分层机制,导致当群体成员的身份变化更多表现为因职业变动引起的地位起伏时,他们的群体归属出现暂时性与动态性,需要在社会结构中持续不断地开展能动的认同建构(章森榕等,2022)。

本节探讨的青年创客群体是个体社会关系网络的一部分,具有较好的内群体条件,同是创新创业者身份,具有在国家政策引领下较为一致的创新创业经历,甚至工作在相同或相似的空间内(如各种科创中心、孵化园区等)。比较容易将自己划归到创客群体中,并与非创客群体区分开来。进而感觉自己与该群体紧密联结,并将创客群体的主观规范、价值观等作为自我知觉的重要维度(Sani,2012),并基于自己的群体身份不断参与那些会强化自己群体身份的行为当中去。另外,群体价值观、目标的内化赋予青年创客创新创业的意义和目的,为个体提供了动机与动力,鼓励青年创客与其他群体成员一起努力实现个体无法达到、无法完成的目标(Cruwys et al.,2014)。一般来说,群体认同会导致个体较积极的内群体评价。但是,社会对群体的态度和评价也作用于个体对自己所在群体的情绪和行为表现。例如,对于一些弱势群体成员来说,群体认同并不一定能够导致较高的群体评价,原因在于社会的负面评价会被群体成员内化,继而形成对本群体的负面刻板印象,持有这种负面群体评价的个体,就很难对群体形成积极的认同。随着我国经济发展转型,创新被提到了重要的战略高度,国家对创新创业的大力倡导和政策推动,社会对创客群体的评价相对是积极的,普遍持有的印象是:创客群体相较于非创客群体,更加富有创新精神,并且对风险的承担能力更强,更愿意为了追求利润或成就以及各种形式的自我满足(如自我价值实现、理想、幸福感等)而付出各种努力、冒险等(Fauchart et al.,2011)。从这个角度来说,创客身份不再仅仅对其自身起到作用,也反映着社会对创客群体的角色印象,因此创客身份使得创业者不仅仅追求个人层面目标的达成,还倾向于通过创新创业的表现回应社会的期望。因为个人行为会影响社会对个人所在群体的认知和态度。基于以上,本研究假设,青年创客普遍对自己所在创客群体持积极的认同态度,这种认同不仅受到个人层面的因素影响,还受社会评价的影响。

一、青年创客群体身份认同差异分析

笔者编制的群体身份认同问卷一共设计了 7 个题项,涉及创客群体自豪感、创新创业带动性、创客群体的归属感、创客群体的责任感、创客群体声誉维护、创客群体活动参与度和为创客群体发声,按 1—5 级计分,分数越高表示认同度越高。

对所有题项计算总平均分,结果显示,群体身份认同平均值为 3.98,具体每一题项的均值统计情况见表 5-3-1。

表 5-3-1 青年创客群体身份认同表现

题　　项	均　值	标准差
作为一名创客(创业者),我感到自豪	4.26	0.77
我希望带动更多的人创新创业	4.10	0.88
我对创客这个群体有强烈的归属感	3.98	0.88
我对创客这个群体有强烈的责任感	3.98	0.88
我宁可自己受委屈也不让创客群体声誉受损	3.77	0.95
我积极参与创客群体组织的活动	3.79	0.94
我愿意为创客群体发声	3.95	0.88

全职青年创客相较于非全职青年创客群体身份认同度更高,表现在更加为自己作为一名创客感到自豪[(4.32∶4.11), $t(363)=2.34$, $p=0.02$]。受创业时间的影响,青年创客的群体自豪感处于一种波动状态(见图 5-3-1),创业 6 年以上的青年创客的群体自豪感最高。

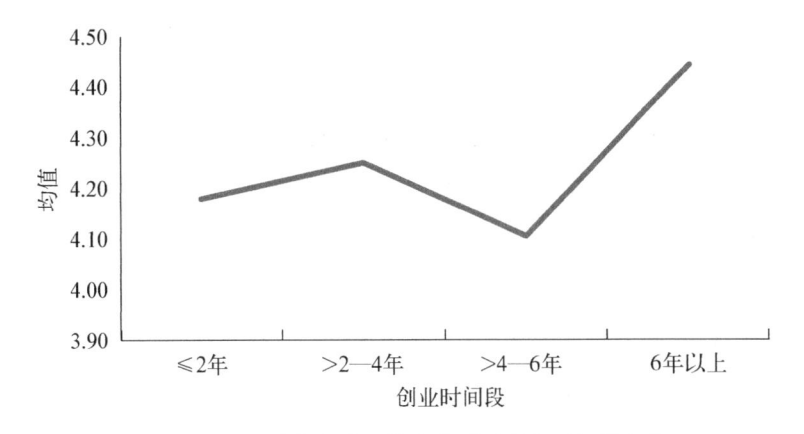

图 5-3-1 青年创客群体自豪感随创业时间的变化

创业次数 3 次及以上的青年创客对创客群体有更强烈的归属感 $[F(2,356)=4.40, p=0.013]$；对创客群体有更强烈的责任感 $[F(2,357)=3.60, p=0.028]$（具体见图 5-3-2）。

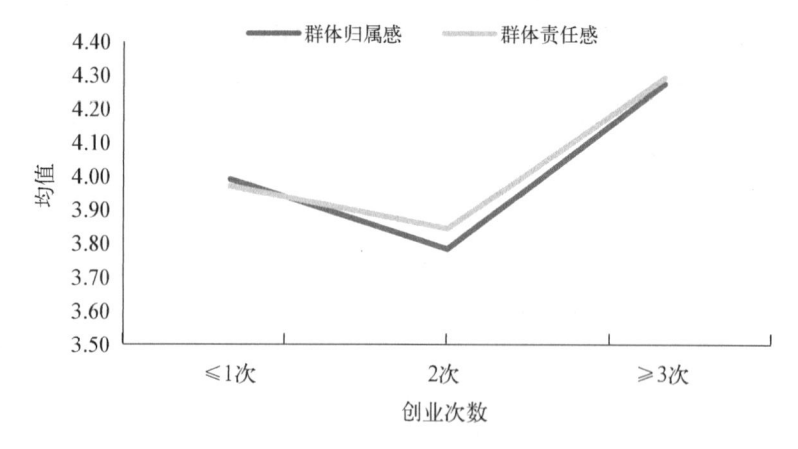

图 5-3-2　青年创客创业次数与群体身份认同表现

独立样本 T 检验结果显示，非独生子女青年创客有更强烈的创客群体责任感 $[t(364)=2.72, p=0.007]$；更高的创客群体归属感 $[t(365)=2.84, p=0.005]$；更高的群体活动参与度 $[t(365)=2.29, p=0.022]$。已婚青年创客相较于未婚青年创客有更强烈的创客群体责任感 $[(4.08:3.89), t(353)=2.10, p=0.036]$。

积极参加社会公益服务活动与创客群体身份认同有密切的关系。事后比较显示，参加过社会公益服务活动的青年创客相较于没有参加过的青年创客表现出对创客群体更强烈的责任感。对群体活动参与度的分析发现，参加社会公益服务活动次数的差异显著 $[F(3,362)=3.40, p=0.018]$。近 3 年参加过 6—12 次社会公益服务活动的青年创客群体活动参与度更高（均值为 4.18），显著高于没有参加过（均值为 3.59；$p=0.002$）和参加次数在 1—5 次的青年创客（均值为 3.82；$p=0.04$）。近 3 年参加过 13 次及以上社会公益服务活动的青年创客群体活动参与度反而有所下降（均值为 3.77）。同样的，近 3 年参加过 6—12 次社会公益服务活动的青年创客更加愿意为创客群体发声［均值为

4.41），$F(3,362)=4.99$，$p=0.002$］，显著高于没有参加过的青年创客［均值为 3.74；$p<0.001$］、参加次数在 1—5 次的青年创客（均值为 3.98；$p=0.07$）和参加过 13 次及以上的青年创客（均值为 3.91；$p=0.011$）。以上结果表明，青年创客保持一定频率的社会公益服务活动的参与（如平均一年 2—4 次）将有助于创客群体身份的认同。

青年创客的群体身份认同还受政治面貌的影响。青年党员创客相较于一般青年创客更加积极参与创客群体组织的活动，更希望带动更多的人创新创业，更愿意为创客群体发声，具体结果见表 5-3-2。

表 5-3-2　不同政治面貌的青年创客群体身份认同的差异分析结果

群体身份认同	政治面貌	均值	t 值	p 值
我希望带动更多人创新创业	群众	4.03	2.257	0.025
	共产党员	4.27		
我积极参与创客群体组织的活动	群众	3.71	2.309	0.022
	共产党员	3.97		
我愿意为创客群体发声	群众	3.89	2.057	0.040
	共产党员	4.11		

将阶层等级自评 5 级以下的和 5 级以上的分为两组，结果发现，自我评价等级较低的青年创客（$n=92$）群体身份认同度显著低于自我评价等级较高的青年创客［（$n=146$），$t(236)=2.66$，$p=0.008$］。具体表现在群体自豪感上、愿意带动更多人创新创业上、群体责任感上和为创客群体发声等题项上有显著差异。

在创新创业过程中遇到困难可以获得的帮助来源对青年创客的群体身份认同有显著的影响（见表 5-3-3），具体表现在：有家人帮助的青年创客群体身份认同度显著低于没有家人帮助的青年创客，表现在"我宁可自己受委屈也不让创客群体声誉受损"（3.66∶3.98）和"我积极参与创客群体组织的活动"（3.67∶4.00）；有亲友帮助的青年创客的群体身份认同度显著低于没有亲友帮助的青年创客，表现在"我对创客这个群体有强烈的归属感"(3.87∶4.15)、"我对创客这个群体有强烈的责任感"(3.87∶4.16)、"我宁可自己受委屈也不让创客群体声誉受损"(3.61∶4.04)、"我积极参与创客群体组织的活动"(3.62∶4.06)和"我愿意为创客群体发声"(3.84∶4.13)；有创业伙伴帮助的青年创客的群体身份认同度显著高于没有创业伙伴帮助的青年创客；有社团组织帮助的青年创客群体身份认同度显著高于没有社团组织帮助的青年创客；是否获得政府组织帮助对青年创客的群体身份认同没有影响，$[t(366)=1.49, p=0.138]$。

表5-3-3 不同类型的帮助下青年创客身份认同指标的差异分析结果

身份认同	家人帮助	均值	t值	p值	身份认同	创业伙伴	均值	t值	p值
群体身份认同	无	4.08	2.26	0.02	群体身份认同	无	3.81	−3.35	<0.001
	有	3.91				有	4.06		
职业身份认同	无	4.34	1.96	0.051	职业身份认同	无	4.07	−4.47	<0.001
	有	4.21				有	4.36		
阶层身份认同	无	3.93	0.67	0.5	阶层身份认同	无	3.73	−3.59	<0.001
	有	3.88				有	3.98		
身份认同	亲友帮助	均值	t值	p值	身份认同	社团组织	均值	t值	p值
群体身份认同	无	4.14	3.71	<0.001	群体身份认同	无	3.91	−3.66	<0.001
	有	3.87				有	4.18		
职业身份认同	无	4.38	3.09	<0.001	职业身份认同	无	4.20	−3.54	<0.001
	有	4.19				有	4.44		
阶层身份认同	无	3.99	2.1	0.040	阶层身份认同	无	3.87	−1.45	0.15
	有	3.84				有	3.98		

参加社团组织的青年创客对创客群体的认同度显著高于没有参加社团组织的青年创客[$t(365)=4.54$,$p<0.001$]。进一步分析显示,参加社团的数量差异对青年创客群体身份认同没有显著影响。

二、青年创客群体身份认同的回归分析

青年创客群体身份认同与其自我认知、创业理念、职业身份认同和阶层身份认同等变量呈显著正相关(具体见表5-3-4)。

表5-3-4 群体身份认同与其他变量的相关关系

	自我效能	关系自我	社会服务创业理念	财富创造创业理念	个人价值创业理念	阶层自豪感	阶层归属感	职业身份认同
群体身份认同	0.37**	0.43**	0.40**	0.25**	0.29**	0.59**	0.52**	0.59**

注:**表示$p<0.01$。

进一步考察以上这些变量对青年创客群体身份认同的影响,使用逐步多元线性回归分析方法,结果显示,多重共线性指标VIF均小于10,表明各自变量不存在共线性的问题,可以进行回归分析。进入回归模型的预测变量、Beta值及解释变量见表5-3-5。计入群体身份认同的回归模型的预测变量有5个,分别是职业身份认同、阶层归属感、关系自我、阶层自豪感、社会服务的创业理念,能解释群体身份认同累积变异量的54%。

表5-3-5 群体身份认同的回归分析结果

因变量	预测变量	B	β	VIF	t	决定系数R^2	增加的解释量R^2	F
群体身份认同	职业身份认同	0.39	0.33	1.71	6.95	0.36	0.36	84.05
	阶层归属感	0.23	0.27	1.40	6.34	0.48	0.13	
	关系自我	0.20	0.16	1.23	3.91	0.52	0.03	
	阶层自豪感	0.16	0.16	2.00	3.06	0.53	0.01	
	社会服务创业理念	0.11	0.12	1.25	2.97	0.54	0.01	

三、讨论

本节重点探讨青年创客群体的身份认同特点和影响因素。通过文献资料参考和理论梳理,从青年创客在创客群体自豪感、创新创业带动性、创客群体的归属感、创客群体的责任感、创客群体声誉维护、创客群体活动参与度和为创客群体发声等角度进行调查。调查结果显示,青年创客的群体身份认同度普遍偏积极,但表现出多个变量维度的差异性。

个体在社会互动过程中不断建立群体身份认同。通过与他人、其他群体的接触,才能够认知到并建构自己的社会身份。在这个过程中,创新创业者在进行社会比较和自我归类过程中,会将自己分类到创客群体范畴,这一过程中创客将自己和非创客之间的差别进行夸大,而创客和创客群体其他成员之间的差异则被缩小,形成内外群体的认知分界,进而在社会互动过程中,了解到社会对自己所在创客群体的态度和评价,这些态度和评价积累得足够多的时候,个体一般能够形成社会对群体相对比较普遍的评价。但是由于内群体偏向的存在,群体成员对群体信息的注意、存储、加工和提取受到影响,更倾向于对群体来说积极的信息,以维持比较正面的群体观点,并不断固化,与自我概念相联系并融合,形成积极的群体身份认同。这保证个体有群体自豪感,并且将自己的行为与群体紧密联系起来,积极维护群体的形象。所以本研究中,那些有更多与他人、社会接触机会的青年创客有更好的群体身份认同:全职青年创客相较于非全职青年创客有更高的群体自豪感。参加社会公益服务达到一定频次的青年创客(如平均一年 2—4 次)相较于没有参加或参加次数较少的青年创客,创客群体身份认同较高。参加社会团体组织的青年创客相较于没有参加社会团体组织的青年创客能够接触到更多志趣相投、有相似创业经历、创业目标的群体成员,因此群体身份认同水平更高。研究还发现,非独生子女家庭出来的青年创客、已婚的青年创客相对来说有更高的群体身份认同,主要表现在有更高的群体责任感。可能的原因在于,独生子女相对来说对家庭的依赖性强、责任感较弱,而已婚人群相对来说家庭责任感更高。另外,研究发现,党员青年创客的群体身份认同感显著高于一般青年创客,主要表现在更积极参与创客群体组织的活动,更希望带动更多的人创新创业,更愿意为创客群体发声,这可能与党员党风党性教育的培养、熏陶有密切联系。

与此同时,人的心理纠错机制又会对此进行调节。也就是说,环境的负面信息并不是被完全排除在信息加工之外没有进入个体身份建构中,而是建立后处于一个相对休眠的状态,并不断积累。当个体情绪不好的时候、处于弱势地位的时候或者面对挫折失败的时候,群体的负面信息就会激活,导致对群体负面的认知,并与自我概念相联系并关联,形成负面的群体身份认同。例如,社会对全职妈妈的刻板印象有只会做家务、照顾孩子、与社会脱节、没有社会价值,作为一个全职妈妈在自己情绪低落的时候,就会容易产生负性认知,感到自己一无是处,并强化自己对全职妈妈群体的负面刻板印象。在本研究中,对自己所处社会阶层评价低的青年创客群体身份认同度显著低于对自己所处社会阶层评价高的青年创客。在创新创业过程中,遇到困难没有得到创业伙伴或社团组织帮助的青年创客群体身份认同度显著更低。原因可能就在于当创客群体身份没有在青年创客创新创业过程中为他们带来帮助和支持时,容易削弱青年创客积极的群体身份认同。然而,本研究也显示创新创业过程中遇到困难时没有受到家人和亲友帮助的青年创客群体身份认同比有来自家人和亲友帮助的青年创客更高。既然有社会支持,为什么反而群体身份认同更低呢?这可能是因为创业伙伴或者社团组织属于内群体,而家人和亲友被纳入个体的自我概念中,并不属于创客群体,因此来自家人和亲友的社会支持仅会增强个体对家庭群体的身份认同而非创客群体的身份认同。

所以,对于青年创客来说,无论是积极还是消极的群体身份认同,都偏向可能会独立地作用于个体而使个体的态度行为表现出差异性,甚至矛盾性,进而影响个体自身的同一性,造成个体心理、群体不良表现,如造成抑郁、工作倦怠等。但是,如果个体能够很好地整合积极和消极两方面的群体认知,既接纳群体的积极方面又接纳群体的消极方面,就会形成较为和谐的群体身份认同。那么这种认同整合什么时候会发生？其实,个体不断探寻、建构和确认群体身份的过程,也是认同整合的过程,这一过程需要时间的积淀和历练。研究发现,随着年龄的增长,教师的组织认同水平几乎呈直线上升的趋势(申继亮等,2009),0—4 年工龄的教师的组织认同水平显著低于其他工龄组。对员工组织认同水平的研究也发现,工龄 5 年左右是一个明显的转折点(Barker et al.,1994)。笔者发现,创业 6 年以上的青年创客对创客群体身份认同明显高于创业时间较短的同行。刚开始创业的青年创客虽然满怀激情,但还没有足够的历练来形成对创客群体的清晰的认识和形成丰富的有意义的社会联系,所以群体身份认同比较低。但是随着创业时间的增长,创客群体身份认同形成并慢慢整合,创客群体在青年创客自我归类中的突出性开始呈现出来,并保持稳定。另外,创业失败作为挫折体验丰富的青年创客对创新创业的思考,反而使得他们与创客群体有更为紧密的联系,所以不难理解创业次数达到 3 次及以上的青年创客对创客群体身份认同更高,主要体现在更高的群体责任感和归属感。

综上所述,青年创客的群体身份认同需要在创新创业活动中不断建构和获得,需要时间的积淀。通过多元线性回归,以青年创客的群体身份认同为因变量,探求自我认知、创新理念、职业身份认同和阶层身份认同等变量对群体身份认同的预测。结果显示,有 5 个因子进入了回归方程,这五个因子分别是青年创客职业身份认同、阶层归属感、关系自我、阶层自豪感、社会服务的创业理念,联合解释量也达到了 54%,说明这些变量对青年创客群体身份认同有很大帮助。因此,提高青年创客的群体身份认同需要国家政策保障创新创业良好的职业发展环境,提高青年创客的职业认同感,提升其社会地位,增进创客阶层的价值感;为青年创客营造良好的群体沟通交流、相互支持的渠道和平台,例如众创空间的打造和创新创业服务。另外,营造良好的创业氛围,重视创新创业的社会意义和价值的引导和宣传,有助于提升青年创客社会服务创业价值理念。

参考文献

陈建安，邢毅闻，陈武.身份视角下学生创业者研究：述评与展望[J].外国经济与管理，2019，41(9)：122－138.

崔岩，黄永亮.中等收入群体客观社会地位与主观阶层认同分析：兼议如何构建主观阶层认同上的橄榄型社会[J].社会发展研究，2017，4(03)：191－206.

丁刚.企业人力资源管理者职业认同的影响因素及作用机制研究[D].天津：南开大学，2014.

韩旭东，杨慧莲，普蓂喆，等.谁在创业：个体阶层认同与创业选择：基于五期CGSS(2010—2015)数据实证分析[J].财经科学，2019(1)：100－111.

何洪涛.从身份认同看英国工业化进程中的贵族[J].兰州学刊，2010(4)：186－190.

胡荣，张义祯.阶层归属与地位认定问题研究[J].东南学术，2005(6)：85－92.

黄铃.我国中小学心理健康教育教师身份认同感现状分析[J].中学政治教学参考，2007(11)：1－2.

雷开春，张文宏.社会分层对集体行动意愿的影响效应分析：兼论社会冲突的心理机制[J].国家行政学院学报，2015(6)：72－77.

李春玲.当代中国社会的声望分层：职业声望与社会经济地位指数测量[J].社会学研究，2005(2)：74－102.

李春玲.当前中国人的社会分层意识[J].湖南社会科学，2003(5)：76－79.

李春玲.中国的社会流动与社会阶层：经济改革前后代内流动模式之比较[M]//周晓虹，谢曙光.中国研究(2007年春秋季合卷总第5～6期).北京：社会科学文献出版社，2008：122－154.

李芳，闫建璋.高校教师教育者身份认同探析[J].高教论坛，2021(10)：97－102.

李金花.嵌入理论视角下新的社会阶层代表人士的培养研究[J].河北省社会主义学院学报，2019(4)：74－80.

李培林.中产阶层成长和橄榄型社会[J].国际经济评论，2015(1)：29－47＋4.

李壮成.农村中小学教师职业认同现状调查分析[J].河北师范大学学报(教育科学版)，2009，11(8)：86－90.

林崇德，杨治良，黄希庭.心理学大辞典[M].上海：上海教育出版社，2003.

刘刚，王泽宇，程熙镕."朋友圈"优势、内群体条件与互联网创业：基于整合社会认同与嵌入理论的新视角[J].中国工业经济，2016(8)，110－126.

刘少杰，周骥腾.不确定条件下新社会阶层的社会地位、身份认同与网络心态[J].

江海学刊,2022(1):116-124.

刘玉萍,徐学福.技能型人才培养的关键:自我身份认同及其建构[J].教育与职业,
　　2024(20):53-60.

陆学艺.当代中国社会阶层研究报告[M].北京:社会科学文献出版社,2002.

申继亮,李永鑫,张娜.教师人格特征和组织认同与工作倦怠的关系[J].心理科学,
　　2009(4),8-11.

汤国杰.职业认同与职业生涯规划的关系机制:基于普通高校体育教师的实证分
　　析[M].浙江:浙江大学出版社,2012.

田莉,张玉利.创业者的工作家庭冲突:基于角色转型的视角[J].管理科学学报,
　　2018,21(5):90-110.

王成兵.对当代认同危机问题的几点理解[J].北京师范大学学报(社会科学版),
　　2004(4):97-99+107.

王春光,李炜.当代中国社会阶层的主观性建构和客观实在[J].江苏社会科学,
　　2002(4):95-100.

王星,魏心怡.社会转型进程中我国新社会阶层的形成及其身份认同建构[J].福建
　　论坛(人文社会科学版),2018(11),155-163.

吴利存.大学生交往群体的社会认同研究——以某大学为例[D].长沙:长沙理工
　　大学,2009.

肖文涛.中国中间阶层的现状与未来发展[J].社会学研究,2001(3),95-100.

叶菊艳.农村教师身份认同的影响因素及其政策启示[J].教师教育研究,2014,
　　26(6):86-92.

张海东,杨城晨.社会结构嬗变中的新社会阶层:生成发展与社会属性[J].江海学
　　刊,2022(3):105-112.

张莉莉,林玲.城市化进程中乡村教师的境遇:倦怠与坚守:对97位村小、教学点
　　骨干教师的调查[J].河北师范大学学报(教育科学版),2014,16(1):16-20.

张淑华,李海莹,刘芳.身份认同研究综述[J].心理研究,2012,5(1):21-27.

张向葵,冯晓杭,MATSUMOTO D.自豪感的概念、功能及其影响因素[J].心理科
　　学,2009(6),120-122.

张晓刚.和谐社会视野下新社会阶层的阶层属性刍议[J].求实,2011(3),53-56.

张莹瑞,佐斌.社会认同理论及其发展[J].心理科学进展,2006,14(3),475-480.

张铮,陈雪薇.文创人如何在工作中"如鱼得水":"个体—情境"互动机制下创造性
　　人格对绩效的影响研究[J].同济大学学报(社会科学版),2021,32(1):
　　24-35.

章淼榕,杨君.从群体心理到认同建构——多学科视角下的身份认同研究述评[J].
　　广东社会科学,2022(2):202-214.

赵红,张彩云,路迢迢,等.6所三级甲等医院护士职业认同状况调查[J].护理学报,

2011,18(7):27-30.

赵晓露."90后"大学生自我概念、群体身份认同及其关系的研究[D].上海：华东师范大学,2012.

周炜,蔺楠.中国情境下科研人员为何投身创业：基于14名创业者的探索性案例研究[J].经济管理,2022,44(9):130-150.

祝婷,李凌智,温芳芳,等.共同内群体认同的心理效应及其影响因素[J].心理科学,2024,47(2):440-449.

BAKKER AB, DEMEROUTI E. Job demands-resources theory: Taking stock and looking forward[J]. Journal of occupational health psychology, 2017, 22(3), 273.

BARKER J R, TOMPKINS P K. Identification in the self-managing organization characteristics of target and tenure[J]. Human Communication Research, 1994, 21(2), 223-240.

BUTLER J E, HANSEN G S. Network evolution, entrepreneurial success, and regional development[J]. Entrepreneurship & Regional Development, 1991, 3(1), 1-16.

CHREIM S, WILLIAMS B E, HININGS C R. Interlevel influences on the reconstruction of professional role identity[J]. Academy of Management Journal, 2007, 50(6), 1515-1539.

CRUWYS T, HASLAM S A, DINGLE G A, et al. Depression and social identity: An integrative review[J]. Personality and Social Psychology Review, 2014, 18(3), 215-238.

DEAUX K. Reconstructing social identity[J]. Personality and Social Psychology Bulletin, 1993, 19(1), 4-12.

DEMEROUTI E, BAKKER A B, Nachreiner F, et al. The job demands-resources model of burnout[J]. Journal of Applied Psychology, 2001, 86(3), 499-512.

FAUCHART E, Gruber M. Darwinians, communitarians, and missionaries: The role of founder identity in entrepreneurship[J]. Academy of Management Journal, 2011, 54(5), 935-957.

FUGATE M, KINICKI A J, Ashforth BE. Employability: A psycho-social construct, its dimensions, and applications[J]. Journal of Vocational behavior, 2004, 65(1), 14-38.

KRAUS M W, PIFF P K, MENDOZA-DENTON R, et al. Social class, solipsism, and contextualism: how the rich are different from the poor[J]. Psychological Review, 2012,119(3), 546-572.

LI X H, LIANG X. A Confucian social model of political appointments among

Chinese private-firm entrepreneurs[J]. Academy of Management Journal, 2015, 58(2), 592-617.

MCGOWEN K R, HART L E. Still different after all these years: Gender differences in professional identity formation[J]. Professional Psychology: Research and Practice, 1990,21(2), 118.

MURNIEKS C Y, MOSAKOWSKI E, CARDON M S. Pathways of passion: identity centrality, passion, and behavior among entrepreneurs[J]. Journal of Management, 2014,40(6), 1583-1606.

SANI F, MADHOK V, NORBURY M, Dugard P, et al. Greater number of group identifications is associated with lower odds of being depressed: evidence from a Scottish community sample [J]. Social Psychiatry and Psychiatric Epidemiology, 2015, 50(9), 1389-1397.

SERPE R T, STRYKER S. The symbolic interactionist perspective and identity theory[M]. In Handbook of identity theory and research (pp.225-248). New York: Springer, 2011.

STRYKER S, BURKE P J. The past, present, and future of an identity theory[J]. Social Psychology Quarterly, 2000,63(4), 284.

TAFEL H, TURNER J C. The social identity theory of intergroup behavior[M]// WORCHEL S, AUSTIN W. Psychology of Intergroup Relations. Chicago: Nelson Hall, 1986.

TAJFEL H. Differentiation between social groups: Studies in the social psychology of intergroup relations[M]. London: Academic Press, 1978.

TAJFEL H. Differentiation between social groups: Studies in the social psychology of intergroup relations[M]. London: Academic Press, 1978.

TURNER J C, ONORATO R S. Social identity, personality, and the self-concept: A self-categorization perspective[M]. In The psychology of the social self. Psychology Press, 2014.

WEINER B. An attributional theory of achievement motivation and emotion[J]. Psychological Review, 1985,92(4), 548.

第六章

青年创客从认知到行动的生态心理模型

第一节 创新创业的心理动因

从定义上看,创新与创业活动具有一定关联,但两者具有不同的特点和运行规律,即创业并不一定意味着创新(张舰等,2017)。但是,目前创业越来越体现为创新行为的后续,而创新者也大多从事创业实践。所以,适应于"大众创业、万众创新"的实践要求,可以将创新创业界定为:企业成长过程中所有新的资源组合的实现,包括引进新产品、新服务、新市场、新生产流程、新技术、新研究等,它将贯穿于企业成长的全过程(Phelan et al., 2006;熊彼特,2017)。那么,由谁来完成新的资源组合,其中是否存在稳定的前因变量,就成为创新创业研究的核心问题(Shane et al., 2000; Shane, 2012)。鉴于创新创业在人才发展和科技创新中的重要作用,谁会实施创新创业行为,他们是否具有相对统一的心理特质,就成为相关研究探讨的重要课题。

研究指出,创客要通过实施创新创业行为来寻求在市场竞争中的优势地位,其禀赋成为关键因素,具体包括内在的心理特质与外在的资源条件(靳卫东等,2018)。心理特质作为创客创新创业的核心要素,很早就吸引了研究者的目光。创新创业是个体内在驱动的产物,其根源在于个体的独特个性,这些个性特征根植于深层的心理因素之中(熊彼特,2017)。外在资源条件只有被创客感知并内化为心理环境时,才能对创新创业产生积极的推动或制约作用(德鲁克,2009)。在充满不确定性的市场环境中,创新创业实践要求企业家依据有限的信息和个人偏好,采用简化的思维方式迅速做出决策(Mitchell et al.,2007),这一特点进一步凸显了心理因素在创新创业过程中的重要性。此外,众多调查研究指出,创客群体展现出一些独特的人格特征,如强烈的成功欲望、高度的自信心和冒险精神等(Djanko et al.,2006;中国企业家调查系统等,2015)。因此,创新创业并非随机发生,而是源于深层的内在动机(李苑凌等,2010)。这些内在动机可以追溯到心理学层面,从心理学的视角探究青年创客创新创业的影响变量,不仅能够深化我们对创新创业行为的理解,还能为创新创业实践提供有力的理论指导和实践启示。

一、创新创业者的特质

创新创业者特质指的是,在不同时代、不同环境,或是同一时代、同一环境中,创新创业群体所展现出的、能够显著提升企业绩效的独特素质特征和能力水平。已有文献主要是分析了创新创业者的特殊思维和行为方式,即具体人格特征,包括创新性、冒险性、独立性、成就动机和控制力等(Rauch et al.,2007;Mitchell et al.,2007)。理清创新创业人才的人格结构特征是人才培养成功的关键所在(王洪才,2024)。

在探讨早期创新创业者特性的学术领域中,麦克利兰(McClelland,1961)的成就需求理论与罗特(Rotter,1966)的控制源理论被广泛引用。McClelland指出,创业者与非创业者的一个显著区别在于他们具有强烈的成就需求(王新超,2017)。而罗特提出的控制源的概念,将个体对生活中事件控制能力的自我认知划分为内控制源与外控制源两种类型。控制倾向是一种性格特质,能够反映个体相信自己掌握命运的程度以及承担创业风险的意愿。魏斯特海德(Westhead,1998)则进一步将创业者分为初级创业者、连续创业者和高级创业者,并对他们的特征进行了深入比较。他们通过对英国644家公司创立者(这些公司的商业历史从 1—50 年不等)的问卷调查,发现连续创业者和高级创业者在初次创业的年龄、个人背景、工作经历等方面存在显著差异。同时,不同类型的创业者在创业原因、创业动机与态度以及融资资源等方面也表现出明显的不同。本研究中也发现,青年创客的自我效能评价与创业时间存在交互关系。青年创客的自我效能评价随着创业时间的增加呈现不断提高的趋势,但是在创业 4—6 年的时候自我效能评价有所降低,创业时间达到 6 年以上时自我效能评价又进一步提升。另外,笔者还发现,青年创客创业次数越多,自我效能评价越高,提示社会阅历对青年创客的影响。政治面貌、家中是否有人创业等因素都会影响青年创客对于创新创业的价值信念和自我认知。

一项针对浙江省 3 937 家民营科技新创企业的广泛调查,对创业者的特质进行了深入的实证研究(郑健仕,2004)。研究者提出,创业者特质是创业者与生俱来的独特属性,这些特质是成为杰出新创企业家的必备条件,对于提升新创企业的绩效至关重要。此外,何志聪等(2005)的研究也进一步揭示了创业者特质的具体内涵。他们认为,创业者的特质主要涵盖三个方面:一是成就需要,即创业者对成功和成就的强烈渴望;二是内控制源,即创业者相信自己能够掌控命运,对事件结果持有积极、主动的态度;三是自我效能感,即创业者对自己能够克服创业过程中各种困难和挑战的信心和能力。这三个方面的特质共同构成了创业者成功的关键因素。在大五人格模型下,靳卫东等(2018)使用论证了心理因素作用于创新创业的机制,指出尽责性、外倾性、宜人性、开放性和情绪稳定性等人格特征是创新创业的重要心理动因,在企业成长的不同阶段发挥了有差别的决定性作用。王洪才(2024)通过田野调查总结指出,发现创新创业人才普遍具有创造性人格品质,具有七个非常突出的特质,即主体性非常强、批判意识强、决断性强、合作精神强、反思性强、逻辑思维强、实践性特别强。

二、创新创业者的认知

在创业研究领域,诸多学者从不同角度对创业认知问题进行了探讨。创业认知是个体在进行创业机会评价、企业创立决策等活动时所运用的知识结构，其本质是创业的外部环境诱发创业者独特的思维和认知过程（崔双双，2023）。何斌（2004）认为创业认知包含两个重要的内容，即创业自我效能感和风险知觉。创业自我效能感反映了创业者对自己能够成功开展创业活动的信心程度，而风险知觉则体现了创业者对创业过程中可能面临风险的感知和判断能力。这两个方面共同构成的创业认知，在创业策略的制定与组织绩效的达成之间起到了一种桥梁的作用。个体的创业认知并非孤立存在，而是受到社会环境和个人因素的双重影响，且这种影响是全方位的，既涵盖了认知结构方面，又涉及认知过程方面（刘忠明等，2003）。

　　创业认知又与企业的发展息息相关，它最终会对企业扩张或者创业意向及其行为产生影响。例如，一个积极的社会创业氛围可能会促使个体形成更为积极、开放的创业认知结构，而个体自身的教育背景、性格特点等个人因素也会塑造其创业认知过程，这些都将反映在企业是否扩张或者是否有创业的想法及行动上。创业活跃度的驱动机制模型，指出创业认知维度下的要素与营商环境维度下的要素进行耦合，通过组态思维，推动创业活跃度（崔双双，2023）。通过对企业家认知特征对机会识别的影响方式的研究发现，在盈利性识别方面，有四个因素起着重要的影响作用，分别是创业警觉性、以往知识、警觉性和以往知识的交互作用、警觉性和创新型认知风格的交互作用。在可行性鉴别方面，受到影响的因素主要有两个，即以往知识以及以往知识和创新型认知风格的交互作用（苗青，2007）。基于这些研究成果，苗青（2007）指出，创新性认知风格并非创业和创业领域所独有的属性，它仅仅是个体思维模式的一种倾向，与创业机会识别之间不存在互为因果的关系。这意味着，虽然创新性认知风格可能在一定程度上影响机会识别，但它不是创业机会识别的决定性因素，也不是创业机会识别必然导致的结果。对此，米切尔（Mitchell）等（2022）基于一系列认知结构的研究，指出创业认知是人们用于做出评价、判断或决定的认知结构，这个认知结构涵盖了机会评估、开始冒险和成长三个重要方面。在这个概念中，核心的要素是知识结构和如何作出决定。在庞大而复杂的创业环境背景下,当个体处于机会评估、开始冒险和成长阶段时,如何运用知识结构以及如何作出决定就显得尤为关键。例如,在机会评估阶段,创业者需要依靠自己的知识结构来判断一个机会是否具有潜在的价值;在开始冒险阶段,他们要根据自己的知识和决策能力来权衡风险与收益;在成长阶段,同样需要运用知识结构来制定合理的发展策略并做出正确的决策。

三、创新创业者的心理资本

心理资本是创业心理资本产生的基础。在创业活动情境下,初始心理资本根据创业活动的需要部分转化为创业心理资本(刘馨逸等,2023)。通俗来讲,经济资本是"人们拥有什么",人力资本是"人们知道什么",社会资本是"人们知道谁",而心理资本是知道"自己是谁"。后来研究者又将心理资本的定义修正为:个体在发展过程中表现出来的一种符合积极组织行为学标准的积极心理状态,其中包含信心、乐观、希望和韧性等因素(Tang,2020)。吕林槺等(2022)基于1 073份大学生样本,利用结构方程模型论证了心理资本能够显著正向预测大学生创业意向。

综上,创业心理资本则是个别主体具备创业者独特身份之后,所拥有的适合于创业活动的特殊心理状态。杰森(Jensen)等(2006)将心理资本与创业联系在一起,并且将构成心理资本的四个维度,即自我效能、乐观、韧性和希望沿用到了创业的情境之下。国内外对于创业心理资本的研究均据此展开,但是没有突破该范畴(刘馨逸等,2023)。在这一范畴内,国内学者高娜等(2013)认为,创业心理资本构成维度有6个,分别是创业自我效能感、乐观、希望、韧性、机会识别和社交能力;而后他们通过再度研究分析构建创业心理资本,修订的模型中含有7个要素,分别是创业者自我效能感、乐观希望、主动应对、积极成长、敏锐卓越、热情创新和社交智慧。包新春(2016)将创业心理资本归纳成为三个维度,即创业自我效能感、创业积极心态和创业积极人格。刘馨逸等(2023)以构建创业者创业心理资本机理为目标,借助质性研究方法,对6名创业者进行以逻辑建构为目标的深度访谈和以检验为目标的质性访谈,围绕着创业心理资本构成机理以及如何作用于创业事实进行深入研究,从样本中提炼出了初始心理资本构建、心理资本纠偏、心理资本加固、创业驱动、创业心理资本纠偏、创业心理资本加固和创业心理资本的外化7个主范畴,沿着"初始心理资本→创业心理资本→创业事实"的故事线,构建出了创业心理资本发展的动态模型。

对大学生创业心理资本的调查显示:(1)创业心理资本发展不均衡。表现在事务型心理资本和人际型心理资本均显著高于量表的理论中值3分;在心理资本四个因子得分上,真诚奉献得分最高,坚韧进取得分位居第二,自信乐观得分位居第三,善于交际得分最低。(2)创业心理资本存在性别优势差异。男生的事务型心理资本得分显著高于女生,而女生的人际型心理资本得分显著高于男生。(3)文、理、工科大学生创业心理资本的优势不同。表现在理科学生的事务型心理资本显著高于文科和工科学生,文科和理科学生的人际型心理资本显著高于工科学生,理科和文科学生的创业心理资本总分显著高于工科学生。(4)社会实践活动和学生干部经历有助于大学生创业心理资本的发展。表现在人际型心理资本和创业心理资本总分在参加社会实践活动和担任学生干部上差异均显著,其中,参加社会实践活动的大学生人际型心理资本和创业心理资本总分显著高于没有参加社会实践活动的大学生,有学生干部经历的大学生人际型心理资本和创业心理资本总分显著高于没有学生干部经历的大学生(陈红艳等,2021)。

李慧慧等(2022)通过对我国202名创业者(年龄范围为21—38岁)进行问卷调查发现,创业者的乐观、韧性、自我效能感和希望等心理资本维度均能够显著促进创业坚持。同时,研究还发现内在动机与创业榜样在心理资本对创业坚持影响中的调节作用,回答了"哪些创业者更容易坚持创业路线,哪些创业者更容易放弃"这一问题。祁明德等(2022)发现,创业失败成本影响创业失败学习的过程,并受到心理资本的约束和调节。具体表现在,不同水平的心理资本对失败成本和失败学习的关系起到不同的调节效应：低水平的心理资本起负向调节效应，高水平心理资本起正向调节效应，而中水平心理资本对两者没有调节作用。

基于创业心理资本的重要作用，研究者对创新创业者的心理资本影响因素进行了深入考察。基于自我决定理论、情绪认知理论和社会认知理论，靳娟等（2020）构建了大学生创业心理资本影响因素模型，并通过问卷调查法及回归分析等统计方法发现：（1）主动性人格对创业心理资本及各维度有显著正向影响，其中，主动性人格对"主动应对"的影响最强；（2）主动性人格对创业认知及各维度有显著正向影响，其中，主动性人格对"创业意愿"的影响最为显著；（3）创业认知各维度对创业心理资本各维度都有显著的正向影响，其中，创业认知对"自我效能"影响最强；（4）创业认知在主动性人格对创业心理资本的影响中起部分中介作用；（5）学校创业环境在创业认知对创业心理资本的影响中起调节作用。

四、创新创业者的胜任力

创新创业者的胜任力不仅会影响机会的识别效率，还会影响机会评估的科学性及机会的开发利用，从而影响创业绩效。胜任力作为微观层面的个体心理特质，影响个体的态度与行为，对青年创客的职业成长起关键性作用。

在20世纪70年代，西方学者为了深入探索影响工作成效的个人特质及行为特征，首次提出了胜任力的概念。他们将其界定为那些在工作中表现优异者所具备的知识、技能、能力、特质以及动机的综合体现。这一研究领域迅速拓展，形成了三大主要研究视角：个人特征视角、工作岗位视角以及企业管理视角（黄永春等，2016）。（1）从个人特征视角出发的研究者，专注于剖析绩效卓越者的个体特质。他们构建了一套全面的企业家胜任力测评指标体系，其中包括了主动性、坚持不懈的精神、强烈的自信心、出色的监控能力、对质量的严格要求以及建立良好人际关系的能力等关键要素。（2）工作岗位视角的研究则侧重于分析企业家在特定职位上取得显著成绩所需的胜任力。研究者运用行为事件访谈法、胜任特征评价法等科学手段，深入探究了工作情境、技术要求和任务特点对胜任力的影响。他们提出了包括设定目标、行动管理、人力资源管理、指导下属以及关心他人等构成企业家胜任力的核心因子，并深入探讨了提升这些胜任力的有效技能与方法。(3)企业管理视角的研究则结合了知识管理和创新管理的理论框架，指出企业家的胜任力主要体现在知识管理和人力资源管理两大方面。研究者们进一步分析了企业家胜任力如何作用于企业的竞争绩效，揭示了其对企业成功的重要推动作用。

林泽炎等(2007)通过文献回顾、访谈分析和聚类分析将转型时期企业家胜任力分为个性特征、行为特征和能力特征三类，并探索了三大类属的因子结构及相互关系。黄永春等(2016)在南京、苏州、无锡三大国家高新技术产业基地，选择新材料、生物医药、电子信息、高端装备制造业等新兴产业的238位创业企业家进行问卷调研，提出了新兴产业企业家的创业胜任力由社会胜任力、职能胜任力、认知胜任力和心理胜任力四要素构成，其中社会胜任力包含网络构建和交流沟通两个胜任因子，职能胜任力包含战略领导、组织管理和文化构建三个胜任因子，认知胜任力包括先验知识、概念能力、创新思维和学习能力四个胜任因子，心理胜任力包括风险倾向和创业情绪两个胜任因子。蒋英礼等(2022)基于洋葱模型构建大学生创新创业胜任力模型，从知识、能力和素养三层特质探析提升创业胜任力的路径。沈一意等(2024)选取长三角地区高校创新创业学院的创客群体为研究对象，基于扎根理论，构建大学生创业胜任力影响因素框架模型，指出大学生创业胜任力影响因素主要分为客观创业条件和主观创业能力两大因素，客观创业条件包括创业项目与平台资源，主观创业能力指创业心理韧性，其中创业项目与平台资源对大学生创业胜任力的提升起关键外部支持作用，而良好的心理韧性对大学生创业过程中的情绪和抗挫力等有正向调节作用。黄永春等(2024)选取南京、苏州、无锡等地年龄不大于45周岁的高校、科研院所及企业的科研人员396名作为调查对象，采用SPSS中的

PROCESS宏程序进行了调节模型分析,发现青年科技人才的元胜任力、认知胜任力、社会胜任力、职能胜任力对其职业成长有显著的正向影响,同时组织韧性和政府支持均能加强青年科技人才胜任力对其职业成长的促进作用。

五、小结

以上阐述了有关创新创业心理动因的研究成果与结论,涉及创新创业者的特质、认知、心理资本、胜任力等。这些心理动因是有机联系、相互作用、紧密不可分割的一个动态系统。王沛等(2013)曾提出创业心智模型这一理论构念来描述创业的动态心理系统,认为创业心智模型是一个多层次多维度的心理结构,主要包括两个层次:第一层次由创业认知系统、创业动力系统和创业行为意向三个部分构成。第二层次涉及七个维度,其中,创业认知系统由创业意识和创业环境认知两个维度构成;创业动力系统由创业动机、创业兴趣和创业效能三个维度构成;创业行为意向由创新性和敢为性两个维度构成。他们的这一心智模型有助于帮助理解青年创客从创新创业认知到行动的心理动因及其结构,然而,心理因素作为个体内部因素在推动青年创客创新创业的同时,也受到国家政策、场地、资金等支持,以及群体带动等外部因素的影响。因此,青年创客创新创业是内外部因素交互,即生态心理系统作用的产物。

第二节　青年创客从认知到行动的生态心理模型

生态系统理论是创新创业心理学发展的重要历史渊源,主要用于解释人类的发展过程,强调个体与环境的相互作用最终如何影响个体的发展。因此,生态系统理论可以从前因角度为探究青年创客创新创业的影响因素提供理论框架,即从微观系统、中间系统、外层系统、宏观系统的各因素出发,构建青年创客从认知到行动的生态心理模型,并加入对个人因素的考察,以理解创新创业出现的原因。具体模型见图 6-2-1 所示。

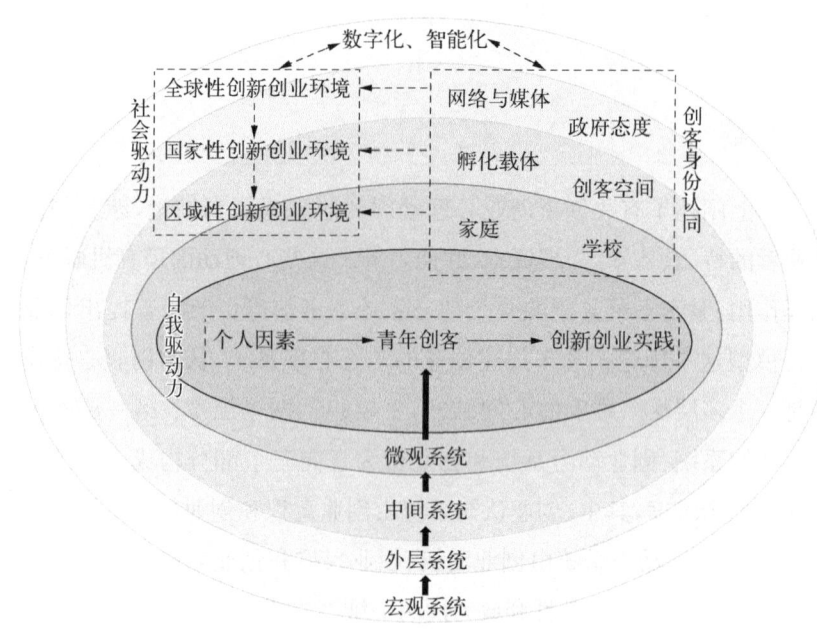

图 6-2-1　青年创客创新创业的生态心理模型

一、微观系统中影响青年创客创新创业的主要因素

微观网络是一个复杂而精细的系统,其中包含了诸多能够直接对个体心理和行为产生深远影响的环境因素。对于大多数人而言,家庭无疑是这一微观系统中最为核心且不可或缺的一环。家庭作为个体成长的摇篮,其氛围、文化以及父母的教育理念和培养方式,都在无形中塑造着个体的性格、价值观以及未来的职业道路。在家庭中,父母身份特征的影响力尤为显著。他们的教育背景、职业经历、价值观念以及对待创新创业的态度,都会深刻地影响对子女的教育方式和职业规划。父母对创新创业的积极态度,往往会激发子女的探索精神和创新意识,促使他们在未来的职业道路上敢于尝试、勇于创新。反之,如果父母对创新创业持保守或否定态度,那么子女在面临相关选择时可能会更加

谨慎甚至退缩。尤为值得一提的是，那些有过创业经历的父母对子女的影响更是潜移默化且深远。他们的创业故事、经验教训以及对待挑战的态度，都会成为子女成长道路上的宝贵财富。他们的子女在耳濡目染之下，更容易对创新创业产生浓厚的兴趣，甚至毅然决然地踏上这条充满挑战与机遇的道路。然而，家庭并非微观系统的全部。对于儿童、青少年以及成年早期的大学生来说，学校同样是一个至关重要的微观系统。学校中的创新创业教育者的态度、教学方法以及课程设置，都决定着学生如何看待创新创业实践以及是否愿意投身于其中。创新创业教育的出现，正是基于全球化、信息化时代背景下对"双创人才"的迫切需求。因此，学校必须持续深化创新创业教育改革，将立德树人作为根本任务，将创新创业教育贯穿于人才培养的全过程。这不仅有助于提升学生的创新创业认知和技能水平，更能够激发他们的创新思维和实践能力。同时，创新创业教育还增强了学生对创新创业知识和时代发展对人才要求现状的了解。它促使学生开始思考自我价值实现和职业规划的问题，鼓励他们勇于尝试各类创新创业实践。在这个过程中，学生不仅能够积累宝贵的经验教训，还能够不断提升自己的综合素质和竞争力。

二、中间系统是影响青年创客创新创业的主要因素

微观系统之间的相互联系将构成中间系统。中间系统中最为典型的是各类创客孵化载体。根据企业的生命周期和不同特点来设定的孵化载体，包括创客空间、众创空间、孵化器和加速器。

第一，创客空间，作为创意与创新的摇篮，专注于"项目和产品"的精心孕育过程。它是创意的孵化器，更是将梦想照进现实的桥梁。其服务对象涵盖了广泛的创客群体，既有充满激情、怀揣梦想的在校学生，也有经验丰富、勇于探索的创业者。创客空间为他们提供了一个交流思想、碰撞火花的平台，让创客们能够相聚一堂，共同面对挑战，探讨问题，开展实验，并在这个过程中将"创意和想法"逐步转化为看得见、摸得着的现实产品。上海"新车间"、北京"创客空间"以及深圳"柴火创客

空间"等,都是国内创客空间领域的佼佼者,它们不仅孕育出了众多优秀的创新项目和产品,更为创客们提供了一个展示自我、实现梦想的舞台。

第二,众创空间则是以"各类初创企业"为服务对象,致力于打造一个低成本、高效率、全要素的创业生态系统。它旨在为创业者提供一个更加开放、更加灵活、更加便捷的创业平台,帮助他们实现"企业孵化"和"项目市场化"的双重目标。尽管众创空间的规模通常较小,但它却拥有强大的资源整合能力和创新服务能力,能够为产业园区导入前端资源,吸引更多优秀人才和优质项目,从而推动产业园区的转型升级和高质量发展。《中国创业孵化发展报告(2022)》[①]的数据显示,2021年我国众创空间数量已达到9 026家,其中国家备案的众创空间有2 551家。这些众创空间在推动创新创业、促进经济发展方面发挥了重要作用。

第三,孵化器则更加注重对有基础的、科技类的创业团队进行扶持和培育。这些团队通常是创立时间不足两年的"中小型或小微型"科技类企业,它们拥有一定的技术基础和创新能力,但缺乏足够的资金和市场经验。孵化器通过提供全方位、多层次的服务和支持,帮助这些团队克服创业初期的困难和挑战,加速其成长和发展。《中国创业孵化发展报告(2022)》的数据显示,2021年我国孵化器数量达到6 227家,其中国家级科技企业孵化器有1 287家。这些孵化器在推动科技成果转化、培育高新技术企业和科技领军企业方面取得了显著成效。在孵企业的平均研发投入强度为6.68%,科技型中小企业同比增长28.9%,高新技术企业同比增长11.1%。此外,孵化器还孕育出了一批具有行业影响力的科技领军企业,如科大讯飞、达安基因、亿华通、天合光能等,这些企业的快速发展和成功上市,不仅为孵化器带来了良好的社会效益和经济效益,更为我国创新创业事业的蓬勃发展注入了强劲动力。

第四,加速器是对孵化器功能进行后端延伸和强化补充的重要平台。它的服务对象主要是已经渡过初创期、进入快速发展期的成长型

---

① 工业和信息部火炬中心.《中国创业孵化发展报告(2022)》发布[EB/OL].(2022-09-26)[2025-03-13].http://www.chinatorch.gov.cn/kjb/hjdt/202209/ba72e1e68bc946d7a80f48a8ab690bd6.shtml.

企业。这些企业已经具备了一定的市场竞争力和盈利能力,但需要进一步扩大规模、提升技术水平、拓展市场份额。加速器通过提供更大的研发和生产空间、更加完善的技术创新和服务体系以及更加专业的创业辅导和资本对接服务,满足这些企业在快速发展阶段的需求。同时,加速器还与孵化器、科技园区等创新创业载体形成协同互动机制,共同推动创新链、产业链、资金链和政策链的深度融合和发展。在加速器的助力下,越来越多的快速成长型企业得以迅速崛起并成为行业佼佼者。

除了以上创客孵化载体,创客社区是另一大至关重要的中间系统,其地位与价值不容忽视。它是一个开源的线上平台,更是一个充满活力与创意的聚集地,旨在为广大的创客群体提供一个开放、包容的交流、学习和分享的环境。在这个平台上,创客们可以自由地探讨创意、交流想法、学习新知,并携手共同探索和实现他们的奇思妙想。社区成员们积极地在平台上分享自己的项目进展、成功经验和专业知识,这些宝贵资源成了创客们不断前行的重要动力。同时,他们也乐于与其他创客进行深入的互动,通过问答、讨论、协作等方式,共同解决在项目实施过程中遇到的困难和挑战。创客社区不仅仅是一个信息交流的场所,也是一个促进创客身份认同和归属感形成的重要平台。在这里,创客们可以找到更多与自己志同道合的人,他们有着相似的兴趣爱好、职业追求和创新精神。这些创客们相互支持、相互鼓励,在共同奋斗的过程中形成了关系紧密的创客社群。在创客社群中,创客们不仅可以获得来自同伴的认可和支持,还可以感受到强烈的归属感和荣誉感。他们深知自己并不是孤军奋战,而是与一群同样热爱创新、追求梦想的伙伴并肩作战。这种归属感和荣誉感激励着创客们不断前行,勇敢地面对挑战和困难,不断追求更高的目标和更远的梦想。

三、外层系统中影响青年创客创新创业的主要因素

外层系统指的是个体并未直接参与但却对他们的发展产生重要影响的系统。例如,网络和媒体上与创新创业有关的资讯,以及国家和政

府对创新创业的态度与政策。首先，网络和媒体的快速发展，促进了人们对创新创业的认知，并使人们获得了关于创新创业实践的路径、方法、支持政策等。其次，国家和政府的政策及配套的一系列支持服务举措对大众创新创业形成巨大吸引力，驱动着广大有志青年开展创新创业实践。王玲玲等（2023）研究指出，政府支持能够显著提升新创企业商业模式创新。吴艳等（2023）研究认为，税收优惠和政府补贴等政策支持有助于促进企业商业模式创新。白俊红等（2022）以国家创新型城市试点政策为准自然实验构建多时点双重差分模型，研究发现，以国家创新型城市试点政策为代表的创新驱动政策显著促进了城市创业活跃度的提升，且这一政策效应在行政级别更高、地理区位更具优势的城市以及非生产性服务业中表现更为明显。研究表明，创新驱动政策通过风险投资集聚效应、人才集聚效应、技术集聚效应和政策集聚效应对城市创业产生影响。然而，本研究显示，青年创客对地方政府颁布的与创新创业有关政策知晓度有限，知晓度最高的是初创期的启动资金。其次，青年创客对政府政策支持的利用度不高，享受过创新创业政策支持的青年创客仅占2/3，且平均享受政策数量有限仅1—2项，且集中在场地或租金补贴、初创期的启动资金上。所反映出的问题需要国家和地方政府结合创新创业活动规律，进一步完善政策体系，提升政策支持覆盖面、完善政策支持的推进机制和需求衔接机制，以更好地盘活各类资源，实现创新创业人才收益最大化。

四、宏观系统中影响青年创客创新创业的主要因素

在微观系统、中间系统和外层系统之外，是一个更为宽泛且影响力深远的宏观系统。这个宏观系统囊括了众多全球性发展变化趋势，其中科技与市场的发展尤为引人注目，它们能够深刻地影响到微观、中间乃至外层系统的运作与演进。随着现代科技的日新月异，技术的不断升级正以前所未有的速度推动着世界的变革。在这样的背景下，许多传统行业正经历着一场深刻的转型与革新。举例来说，人工智能、大数据、物联网等新兴技术的迅速崛起，无疑为创业者们开辟了一个全新的

市场切入点。这些先进技术如同一把把钥匙,解锁了传统行业发展的新可能。通过巧妙地将这些技术融入传统行业中,创业者们能够开发出更具创新性和竞争力的产品和服务,从而更加精准地满足消费者的多元化需求,抢占市场先机。与此同时,技术的快速迭代也催生了许多新的领域和细分市场,这些领域在以往可能并不为人所熟知或重视,但随着技术的不断进步,它们正逐渐崭露头角并展现出巨大的发展潜力。这些领域的出现为创业者们提供了极为广阔的创新空间,使他们能够充分发挥自己的想象力和创造力,开发出独具特色且能够满足特定市场需求的产品和服务。这样的创新不仅有助于推动相关行业的发展和进步,更为整个社会的经济繁荣和科技进步注入了新的活力。

五、影响青年创客创新创业的个人因素

在四大生态系统之外,个人因素常被忽视。虽然环境作为创新创业实践的客观条件十分重要,但青年创客对创新创业环境的认知和相关能力才是激发创新创业实践的根本原因,个人因素决定各生态系统对个体的影响。除了前文提到的心理动因,青年创客的价值理念、自我认知、创新意识和日常习惯是重要的个人因素。

价值理念作为驱动创业活动的原初力量,不仅深刻揭示了创业主体在创业实践中的核心价值取向,更在创业者每一次具体的创业尝试中,为其指明前行的方向。它不仅仅是创业精神的体现,更是创业成功与否的关键因素之一。青年创客群体以其独到的眼光、无畏的勇气以及对新技术的敏锐洞察,敢于打破常规,勇于探索未知,将那些看似天马行空的创意,通过现代科技的神奇之手,转化为实实在在的产品和服务,为社会带来新鲜的活力与变革。笔者在深入探讨青年创客的创业价值观时,发现了一个有趣的现象:虽然他们对创业的价值理念普遍持有较高的认同度,同时呈现出明显的层次性和内容差异。在个人层面上,首先,青年创客对创业所能带来的自我实现、能力提升等价值尤为看重,认为创业是实现个人梦想和价值的最佳途径;其次,他们也普遍认可创业能够创造财富,实现经济上的独立和自由。然而,在创业服

务社会的价值理念受重视程度略显不足。这可能与当前社会环境下，个人主义思潮的兴起以及创业资源的有限性有关。此外，笔者还发现，政治面貌、参与公益活动的经历以及受教育程度等因素，都在不同程度上影响着青年创客的创业价值观。

自我认知，作为个体对自身能力和特质的深入了解和评价，对于创业者的职业发展具有至关重要的作用。清晰的自我认知不仅能够帮助创业者明确自己的优势和不足，还能为其制定更加合理的职业规划和创业策略提供有力支持。吉尔（Jill）等（2005）提出的四个创业自我效能感维度，为我们理解和评估创业者的自我认知提供了新的视角：一是在机会识别自我效能感方面，优秀的创业者通常能够敏锐地捕捉到市场中的新机会，并果断采取行动；二是在关系自我效能感方面，他们擅长建立和维护与各方利益相关者的良好关系，为创业项目的顺利推进提供有力保障；三是在管理自我效能感方面，他们具备出色的组织和管理能力，能够有效地调配资源，确保创业项目的高效运行；四是在风险容忍自我效能感方面，他们敢于面对创业过程中的各种挑战和风险，始终保持冷静和乐观的心态。

创新意识，作为推动创新行为的内在驱动力，对于创业者来说至关重要。在这个日新月异的时代，只有不断创新，才能在激烈的市场竞争中立于不败之地。青年创客作为我国创新创业的先锋队和主力军，必须具备强烈的创新意识，才能不断激发社会的创新活力，推动国家的创新发展。本研究从创新认知、创新行动和创新创业三个维度对青年创客的创新意识进行了深入评估和分析。结果显示，大部分青年创客都具备较强的创新意识，他们敢于挑战传统，勇于尝试新事物，不断推动产品和服务的升级换代。然而，也有少部分青年创客在创新意识方面表现薄弱，这可能与他们的成长环境、教育背景以及个人性格等因素有关。

日常习惯，作为个体行为模式和认知方式的反映，对于创业者的成长和发展同样具有重要意义。良好的日常习惯不仅能够提升创业者的个人素质和能力，还能为其创业项目的成功提供有力保障。本研究对青年创客的日常习惯进行了全面调查,结果显示,大部分青年创客都养成了良好的学习习惯、反思总结习惯、信息搜集习惯以及团队情感交流习惯。这些习惯不仅有助于他们不断提升自己的专业素养和综合能力,还让他们能有效应对创业过程中遇到的各种挑战。然而,受创业类型、政治面貌、家庭因素、年龄、创业阶段以及社会服务市场等多重因素的影响,青年创客的日常习惯也呈现出一定的差异化特征。这提醒我们,在培养创业者时,需要充分考虑其个体差异和实际需求,制定更加针对性和个性化的培养方案。

六、小结

综上,青年创客的创新创业行为被各个环境系统和多种社会因素环绕,与个体因素共同发挥实践驱动的作用。个人因素形成青年创客创新创业的自我驱动力;全球性创新创业环境、国家性创新创业环境和区域性创新创业环境形成青年创客创新创业的社会驱动力;在两种驱动力的共同作用下,个体形成了对自己创客身份的认同。

第三节 基于生态心理模型的青年创客培育案例分析

数字创客指利用互联网和数字技术、创新思维进行远程工作、创新创业,追求自由、灵活和自主的生产生活方式的群体,是一种新时代新兴的创客类型,也体现了当下社会青年创新创业的最新形式。基于生态心理模型对浙江省泰顺县数字创客培育案例进行剖析,以期形成对青年创客培育策略和路径的启示。

一、案例基本情况

(一)泰顺县基本情况介绍

泰顺县坐落于浙江省温州市的南端,这是一片自然资源极为丰富且文化底蕴颇为深厚的区域，其地域总面积达1 768平方公里，在行政区划上，下辖12个镇和7个乡，人口总数约36.79万。2023年地区生产总值157.6亿元。泰顺县以其独有的生态和文化特色闻名遐迩，这里森林覆盖率极高，达到了76.9%，空气的质量优良率为99.7%，是中国民间文化艺术之乡（木偶戏）和"中国茶叶之乡"。在社会事业的发展进程中，泰顺县各个方面都取得了全面的发展，在民生保障方面也卓有成效，是一个既宜居又有着繁荣文化的地区。

（二）泰顺县数字创客情况

2024年9月25—26日，数字创客大会在泰顺华东大峡谷盛大举行。近年来，为加快推进数字创客高质量发展，泰顺县出台了一系列政策，吸引"数字创客"来泰顺留泰顺，推动文旅消费、促进乡村振兴、提升城市能级。2024年10月10日，泰顺县人民政府办公室印发《泰顺县数字创客"来泰十条"政策》，其目标定位为：全面提升数字创客宜居、宜业、宜游生态，营造数字创客来泰顺的向往感、氛围感，打造县域数字创客理想栖息地样板，挖掘"数字创客"入乡创新创业的潜在能量，集聚形成流动性中青年人口、中青年人才集聚生活创业的常态化大流量，招引一批数字创客来泰顺创新创业，推动泰顺县高质量发展与温州市"万亿GDP、千万人口"双万城市目标互通融合，持续为泰顺县域品牌提升、文旅产业蝶变、人才结构优化注入活力，以切实举措助攻"强城行动"。具体内容如表6-3-1所示：

表6-3-1 《泰顺县数字创客"来泰十条"政策》主要内容

奖补项目名称	条款内容	责任单位
一、建立一个千万规模的创客资金池		
组建千万数字创客资金池	组建2 000万元数字创客资金池，用于支持数字创客领域的产业发展、基地建设、资源对接、人才培训、创业赛事、政策奖补等。县财政每年安排工作经费支持数字创客产业领域专题调研、宣传推介等工作开展。	县财政局、县委统战部

续 表

奖补项目名称	条款内容	责任单位
二、打造一百个共建共享的创客桃花源		
支持打造百个数字创客基地	① 支持打造 100 家数字创客基地，首创《数字创客基地星级评定机制》，被评定为一星级、二星级、三星级数字创客基地的，分别给予基地运营主体 10 万元、20 万元、30 万元奖励(每年最多评选 3 个基地)。 ② 建立规范化监管机制，每年开展运营基地评选(参评基地不少于 2 家)活动，对获评优秀基地的给予运行补助 3 万元，保证数字创客基地健康持续发展。	县委统战部
三、涵养一个温暖宜居的创客栖息地		
保障数字创客筑巢安居	符合条件的数字创客可申请入住县配租型人才公租房，享受人才房配售政策待遇。	县委组织部（县委人才办）、县住建局
发放数字创客"顺游一卡通"	为来泰顺数字创客发放"顺游一卡通"礼遇卡，鼓励县内金融机构、酒店民宿、景区、停车场、餐饮企业等数字创客基地积极纳入数字创客礼遇范畴，为创客提供 VIP 服务及餐券赠送、快递优惠、餐饮品赠送等专属优惠。	县文广旅游体育局、县委统战部、县经信局、县金融中心
享受"爱屋及乌"数字创客礼遇	经认定，对泰顺经济社会发展作出重要贡献的数字创客人才，为其子女入学提供便利，享受我县同等条件安排入学幼儿园、小学、初中待遇。	县委统战部、县教育局
四、编织一张四通八达的创客流动网		
鼓励开设交通引流专线	对新开通温州及周边地区动车站、机场与我县景区、度假区客运专线的，班车 30 座以上，每天班次不少于 1 班，班车正常运行 6 个月以上的，每天每班次给予不超过 1 000 元的补助，同一班次直通车每年补助不超过 30 万元。	县文广旅游体育局、县交通运输局
迭代升级网络、快递服务	① 提升数字创客旅游冲浪体验，全面推进数字创客基地万兆网络基础设施建设，提速县内全域 5G 网络和虚拟专用网络(VPN)，定期优化升级数字创客基地网络。 ② 实现县内数字游民基地快递站全覆盖，鼓励快递企业开设快递代收点，保障数字创客物流需求，畅通城乡双向流通渠道。	县经信局、泰顺邮政管理局

续 表

奖补项目名称	条 款 内 容	责任单位
五、点燃一个活力多元的创客社群圈		
支持开展社群活动	① 鼓励社群主理人在数字创客基地开展社群交流活动,每年精选 15 场活动给予激励资金 3 000 元(事前申报参加社群精选活动评选;规模应达到相应标准)。 ② 鼓励社群活动品牌化,对连续 3 年举办社群活动,并取得广泛社会效应和影响力的社群品牌予以额外奖励 5 000 元(每年最多评选 1 个)。	县委统战部
支持落地社群组织	鼓励数字创客组建产业链上下游共同体联盟,支持新技术、新行业在县域内注册成立行业协会,对正常运行 1 年以上并获得 5A、4A、3A 评估等级的,分别给予一次性奖励 2 万元、1 万元、0.5 万元,并提供行业协会运行管理相关培训。	县民政局
六、搭建一个互联互通的创客信息站		
打造一个数字创客信息集聚平台	打造"顺游记"网络平台,搭建数字创客社群信息集聚空间、订单式就业信息集成数据库,畅通数字创客共享、共创、共建渠道。	县委统战部、县大数据管理中心、县人力社保局
七、挖掘一批顺风顺味的创客精品集		
支持数字创客研发"顺礼"	鼓励数字创客创办企业研发"顺礼"系列产品,单一产品经文旅部门列入且年度销售额达到 50 万—100 万元(含 50 万元)、100 万—200 万元(含 100 万元)、200 万元以上(含 200 万元)的,分别给予一次性奖励 5 万元、10 万元、15 万元(单个数字创客累计奖励不超过 30 万元)。	县文广旅游体育局
支持数字创客创作文化精品	鼓励数字创客开展艺术创作,通过开设作品展、出版作品集、书刊等形式推介泰顺本土产业资源、地方风俗文化。对于在国家、省级比赛中获奖或入选,以及在国家或省级刊物上发表的文学类、展示类作品,根据标准给予最高 10 万元奖励。	县委宣传部

续　表

奖补项目名称	条　款　内　容	责任单位
支持数字创客打造艺术文化空间	① 鼓励数字创客在泰顺打造集艺术展览、文化沙龙等于一体的新型公共文化空间,经文旅部门验收通过的,给予一次性奖励 5 万元。对常态化免费对外开放的,根据评定结果给予不高于 3 万元奖励。 ② 鼓励特色小剧场建设,对于新建成的特色小剧场,给予固定资产投资 50% 补助,补助金额不超过 15 万元。	县文广旅游体育局
支持数字创客网络推介泰顺	支持数字创客群体积极整合泰顺石产业、酒水产业、竹木产业、廊桥文化、非遗文化、氡泉资源等特色资源,开展项目建设和内容输出。鼓励通过抖音、今日头条、微信、小红书、哔哩哔哩等网站平台开展以泰顺为主题元素的内容创作。经主管部门审核认定,对泰顺产生积极影响并在点赞量、阅读量/播放量等方面达到相应标准的,每年从自主申报作品中评选排名前十的热点内容,给予单条最高 3 万元奖励。同时,根据网络影响力、地方贡献度、内容质量等,每年评选最具影响力头部账号,授予荣誉称号。	县委宣传部（县委网信办）、县融媒体中心（县广播电视台）
支持数字创客创作微短剧	开展"跟着微短剧去旅行"创作计划,支持一批紧扣时代脉搏、凸显泰顺特质的微短剧项目,打造涵盖文化旅游、乡村振兴、产业发展、都市生活等各领域的微短剧 IP 矩阵。① 对在泰顺县域内拍摄、出品,经文旅部门认定,根据泰顺元素体现程度、作品质量、播放量等,每年评选 10 部首次在微短剧主流平台播出的作品,给予一次性奖励资金 3 万元。② 每年在入选作品中评选一部平台分账达到相应标准的微短剧作品,按分账金额的 5% 给予奖励,单家企业每年最高可申请 10 万元分账补贴。	县文广旅游体育局
八、招引一批衍生发展的创客新项目		
支持数字创客担任招商引资引荐人	鼓励数字创客积极参与招商引资工作,对成功帮助招引市外产业项目落地泰顺的引荐人给予一次性奖励。1. 项目开工奖励:项目签订正式招商引资项目协议,并按协议约定开工且纳入固定资产投资统计库的,根据标准给予引荐人 2 万—10 万元奖励。项目实际固定资产投资	县投资促进服务中心、县发改局、县经信局、县农业农村局、县文广旅游体育局

续 表

奖补项目名称	条 款 内 容	责任单位
	(不包括土地出让金)达到2 000万(含2 000万元)—5 000万、5 000万(含5 000万元)—1亿元、1亿元(含)以上的,分别给予项目引荐人奖励2万元、5万元、10万元奖励;2.项目提升规定奖励:对于首次转为规模以上企业,每个项目给予引荐人5万元奖励。原则上一个项目只认定1名引荐人,若出现2人及以上引荐人的,视为一个引荐团队,奖励资金由其自行商定分配。	
支持数字创客在泰顺开办企业	① 引导数字创客在泰顺创办农业、工业、服务业、数字经济核心制造业、电商等企业并根据行业主管部门相关政策给予奖补,并积极认定总部企业。 ② 在认定为总部企业的5个会计年度内(认定当年为第一个年度),企业年度考评得分达到50分以上的,每分奖励1万元。 ③ 数字创客创办总部企业年度考评得分达到150分、300分、600分以上的,给予企业员工(在泰顺社保缴满一年以上)子女分别统筹安排1个、2个、3个县内优质学校就学名额。	县投资促进服务中心
支持数字创客在泰顺发展电商	① 对新注册并在泰顺实体运营的初创型电商企业,其注册后的次年网络零售额达到50万元、100万元、200万元、300万元及以上的,分别给予1万元、2万元、3万元、5万元的一次性奖励。 ② 在泰顺开设直播电商经营主体(包含MCN机构、主播工作室、企业直播间等),年直播带货销售额100万元以上,且其主账号的粉丝数首次达到10万元、100万元、500万元以上的,分别给予运营主体5万元、10万元、20万元的一次性奖励。	县经信局
支持数字创客在泰顺开设品牌首店	① 与符合条件的国际知名品牌企业签订3年以上入驻协议或自持物业在泰顺开设中国(内地)首店、浙江首店、温州首店、泰顺首店,分别给予品牌企业50万元、30万元、20万元、10万元奖励。 ② 与符合条件的国内知名品牌企业或中华老字号企业签订3年以上入驻协议或自持物业在泰顺开设浙江首店、温州首店、泰顺首店,分别给予品牌企业20万元、10万元、5万元奖励。	县经信局

续表

奖补项目名称	条款内容	责任单位
九、打造一个创新创业的创客筑梦地		
支持数字创客首次创业及带动就业	① 针对在校大学生、毕业5年内的数字创客在泰顺初次创办企业并担任法定代表人或从事个体经营，正常经营1年以上，给予个人5 000元的一次性创业补贴。 ② 带动3人就业的，给予创业者每年2 000元补贴；带动超过3人就业的，每增加1人再给予每年1 000元补贴，每年补贴最高2万元，补贴期限不超过3年。	县人力社保局
场地租金补贴	针对在校大学生、毕业5年内的数字创客在泰顺创办企业并担任法定代表人或从事个体经营，按个人实际租金的20%，最高1万元给予补贴，补贴期限不超过3年（已享受政府场租补贴的创业园区或企业除外）。	县人力社保局
场地租金补贴	经认定符合相应标准的数字创客主理人入驻泰顺县三星级数字创客基地，给予2年的场地租金补贴；对已入驻基地的主理人带动其他3位以上主理人入驻并开展相关业态、经营活动1年以上的，介绍人可相应延续租金补助1年（最多延续1年）。	县委统战部
十、植入一台聚才引才的创客孵化器		
支持开展产研合作	① 支持数字创客基地、产业平台与国内专业院校合作。支持数字创客开办企业与教育培训机构采取企校双师带徒、工学交替培养等模式共同培养数字创客。企业完成新型学徒制培训，给予职工学徒每人每年5 000元标准的补贴进行奖补，给予学生学徒每人每年3 000元标准的补贴进行奖补。 ② 支持在县职业教育中心成立数字产业培训班，培养自媒体、设计师、摄影师等专业人才；支持将数字技术产业培训列入项目制培训补贴目录清单，行业主管部门通过政府购买服务形式开展培训，按照每人每课时20元（每天不超过8课时，每人不超过800元）的标准进行补贴。	县教育局、县人力社保局

续　表

奖补项目名称	条　款　内　容	责任单位
建立大学生数字创客孵化池	① 建立大学生数字创客孵化池，鼓励大学生到数字创客基地就业，对毕业5年内高校毕业生，按全日制硕士、本科、专科，分别给予4万元、2万元、1万元的就业补贴（申领对象需依法缴纳社会保险）。 ② 鼓励数字创客基地积极参与评定创业孵化示范基地，被评定为市级、县级创业孵化示范基地的，分别给予10万元、5万元奖励，被评定为省级的再追加10万元奖励。	县人力社保局

资料来源：摘自泰顺县人民政府办公室印发的《泰顺县数字创客"来泰十条"政策》，https://www.ts.gov.cn/art/2024/10/12/art_1229247579_2035401.html。

二、基于生态心理模型对案例的分析

（一）发挥区域优势，最大化青年创客自我驱力

在现代科技与数字经济的浪潮中，新经济形态、新兴业态及多元化社群层出不穷，为"六边形战士"——那些能平衡旅游、学习、工作、社交、创业与居住的数字创客们提供了广阔的舞台。以泰顺的返乡青年娜娜为例，她在上海历经四年的职场洗礼后，于2023年毅然选择回归故土，投身于数字创客的行列。"以前，在大城市工作，我绷紧着神经，追求的一直是'什么是对的'，现在回到家乡，我想寻找的是'什么是合适的'。"[1]娜娜的心声，映射出无数青年创客对自我价值的重新定位。

泰顺的地域特色，如同一股清泉，不仅唤醒了青年的创业热情，更激发了他们对创业机遇的敏锐嗅觉。其中，"NOWhere乌有村"的创办人章忠义，便是一位典型的代表。他将"乌有村"安置在泰顺柳峰乡上岚村这个偏远而宁静的小村落里，虽然这里的常住人口只有两百余人，但章忠义却看到了它独特的价值。他通过深入调研发现，许多在大城市漂泊的年轻人面临着强烈的疏离感，他们渴望找到一个能够让自

---

[1] 张嫣彬.青年奔赴山海数字创客来最美的泰顺创最新的业[EB/OL].(2024-10-08)[2025-03-08].https://news.66wz.com/system/2024/10/08/105656220.shtml.

己放松、回归本真的地方。"乌有村"正是基于这样的需求而诞生的,它提供了一个经济实惠、环境优美的空间,让年轻人能够在这里找到归属感、建立真实的社交关系。章忠义说:"我希望为他们提供一个经济、放松的地带,让他们返璞归真地休息,自然而然地交际。"①

除了"乌有村",泰顺还依托华东大峡谷氡泉旅游度假区的数字创客基地,搭建起了一个综合性的创享平台。这里汇聚了云岚牧场、墟里·徐岙底、交垟土楼、文祥湖主题园区、浪肆咖啡庄园、库村、南浦溪景区、卢梨、南山里、飞云湖、空山隐等众多各具特色的景点和创意园区②。这些地方不仅拥有得天独厚的自然风光和深厚的文化底蕴,还各自散发着独特的魅力,共同构成了泰顺村庄的独特风景线。它们吸引着来自世界各地的数字创客们前来探访、交流和学习,共同探索创新的可能性。

对于青年创客们来说,泰顺不仅仅是一个提供创业资源和平台的地方,更是一个能够激发他们内心驱动力、推动他们不断前行的精神家园。在这里,他们可以找到志同道合的朋友、拓展自己的视野和思维方式;在这里,他们可以勇敢地追求自己的梦想、实现自己的价值追求。泰顺以其独特的区域优势和丰富的资源禀赋,正逐渐成为青年创客们实现自我成长和创新的重要引擎。

(二) 形成社群生态,最深化青年创客身份认同

从身份认同的视角深入剖析,泰顺县采取的多项措施体现了地方政府对青年创客群体的高度重视,有助于青年创客对其个人价值和社会角色认同的深度挖掘与积极塑造。

在硬件设施的建设上,泰顺县于风景秀丽的华东大峡谷氡泉旅游度假区设立了"数字创客"基地,这一举措本身就传递出对青年创客群体重要性的肯定与尊重。60个标准化的数字创客生活休闲功能区,不仅为创客们提供了一个现代化、专业化的工作环境,更重要的是,这些

---

① 张嫣彬.青年奔赴山海数字创客来最美的泰顺创最新的业[EB/OL].(2024-10-08)[2025-03-08].https://news.66wz.com/system/2024/10/08/105656220.shtml.
② 泰顺县委统战部."码"上启程,顺游数字"乌托邦"之旅[EB/OL].(2024-09-14)[2025-03-08].https://www.sohu.com/a/809011849_121106832.

功能区的设计充分考虑到了创客作为个体的人本需求，将工作与生活的平衡理念融入其中。休息区与娱乐设施的配备，不仅让创客在紧张的工作之余得以放松身心，还通过提供社交场所，促进了创客之间的情感交流与相互理解，从而在无形中强化了他们的身份认同感。创客们在这里不仅仅是工作的伙伴，更是共享生活乐趣、共同成长的朋友，这种社群氛围的对于增强身份认同具有不可忽视的作用。20个多功能工作空间，如会晤室、直播间、展览厅和沙龙区，更是为创客们提供了一个全方位展示自我、交流思想的舞台。在这里，创意得以碰撞，灵感得以激发，合作得以促成，每一次的交流与合作都加深了创客们对自我身份的认可，也增强了他们对所在社群乃至整个创业生态的归属感。这种归属感是身份认同的重要组成部分，它让创客们意识到自己是这个创新社群不可或缺的一员，是推动社会进步的重要力量。

此外，泰顺县通过组建16个数字创客社群，进一步强化了创客的身份认同。社群作为一种社会组织形式，其内在的凝聚力与归属感对于成员身份认同的塑造具有关键作用。这些社群不仅为创客们提供了交流合作的平台，还成了创客们情感寄托与精神寄托的港湾。在社群中，创客们能够找到志同道合的朋友，分享创业的喜悦与挑战，共同面对成长的困惑与迷茫，这种基于共同经历与价值观的认同，使得创客们的身份认同得到了进一步的升华。线上平台"顺游记"的开发，是泰顺县在加强青年创客身份认同方面的一大创新。通过网页、小程序和公众号等多元化渠道，泰顺县为创客们提供了一个即时获取资讯、展示作品、交流创意的便捷平台。这一平台的建立，不仅拓宽了创客们的互动渠道，还在无形中构建了一个跨越时空的虚拟社群，让创客们无论身处何地都能感受到来自泰顺的温暖与支持，从而进一步增强了他们的身份认同与归属感。

从政策层面来看，泰顺县通过打造活力多元的创客社群，提供政策支持与资源倾斜，为创客们提供了良好的创业环境，更在精神层面对他们进行了激励与引导。政策的制定与实施，体现了政府对创客精神的尊重与弘扬，对创新文化的培育与传承，这些都为创客们提供了强大的精神动力与身份认同的支撑。通过政策引导，泰顺县成功地构建了一个开放、包容、创新的创业生态系统，让创客们在其中不仅能够实现个人价值，还能够感受到作为社会进步推动者的荣耀与责任，从而更加坚定地认同自己的身份与角色。

（三）打造支持系统，优化青年创客社会驱动力

泰顺县推出了一系列专属政策，制定了旅居地标准，成立了创客联盟，建立了创客学院，并搭建了信息平台，全方位满足数字创客的需求，完善了设施配套、政策保障和未来发展的环境。这些措施不仅为创客的创新创业活动提供了政策、资金、场地、渠道和项目等软硬件支持，还重视创客的生活保障，旨在全方位优化青年创客的社会驱动力。

专属政策的发布，为青年创客提供了一个稳定的政策环境，让他们能够更加专注于创新和创业。旅居地标准的制定，确保了创客在泰顺的生活条件和工作环境达到一定的标准，提高了他们的生活质量。创客联盟的成立，为创客提供了一个交流合作的平台，促进了资源共享和知识交流。创客学院的建立，为创客提供了专业的培训和教育，帮助他们提升技能和知识水平。信息平台的搭建，为创客提供了一个获取信息和资源的渠道，帮助他们更好地把握市场动态和行业趋势。

泰顺县关怀青年数字创客的婚恋问题，推出了一系列温暖人心的服务措施。"泰有爱"公益红娘团的成立，旨在为单身青年创客提供专业的婚恋指导和交流平台。该团队由泰顺县总工会、团委、妇联共同组建，汇集了众多优质资源，致力于创造一个公益、纯净、高效的交友环境。在个性化服务方面，红娘团根据青年创客的需求和喜好，提供一对一的个性化匹配建议，帮助他们找到合适的伴侣。此外，红娘团还定期举办各种形式的线上线下专场交友活动，如"簪花有意""浪漫是春天的颜色"等[1]，增加青年创客与潜在伴侣相遇、相识、相知的机会。这些活动不仅包括传统的相亲环节，还融入了文化体验和互动游戏，让参与者

---

[1] 浙江省温州市泰顺县妇联. 浙江省温州市泰顺县妇联全力推进和谐家庭建设[EB/OL].(2024-07-26)[2025-03-08]. http://www.womenofchina.com/2024/0726/14903.html.

在轻松愉快的氛围中自然增进感情。泰顺县还注重营造浓厚的节日氛围，如在七夕节举办的"荷其有幸　如期而遇"婚恋主题活动，巧妙融合了七夕节的文化内涵与泰顺的自然人文优势，为参与者打造了一个充满诗意与浪漫的交友平台。活动现场不仅有古筝、琵琶等古典乐器演奏，还有茶艺区和茶点、水果品尝区，让参与者在享受文化盛宴的同时，也能感受到七夕的浪漫氛围。通过这些服务和活动，泰顺县帮助青年创客解决了重要的婚恋问题，让他们能够安心在泰顺成家立业，增强了他们对泰顺的归属感和幸福感。

这些措施不仅关注青年创客的事业发展，也关心他们的幸福生活，体现了泰顺县对人才的全方位关怀和支持。通过这些措施，泰顺县不仅为青年创客提供了一个良好的创新创业环境，还为他们提供了一个充满机遇和挑战的平台、一个实现自我价值和社会价值的舞台，激发了他们的创造力和创新精神。

三、小结

本节依据生态心理模型的理论框架，具体分析了浙江省泰顺县在数字创客培育领域的实践探索，具体从自我驱动力激发、社会驱动力强化以及身份认同构建三个维度展开论述。通过对泰顺案例的细致剖析，不仅展示了该区域在青年创客培育方面的成功经验，而且进一步验证了本研究提出的生态心理模型在实际应用中的有效性和现实意义。这一模型不仅为青年创客的培育提供了科学的理论支撑，还构建了一个可操作的指导框架，有助于指导相关地区或机构在推进青年创客发展时，能够更全面地考虑个体自我心理、社会环境及身份认同等多方面的因素，从而更有效地激发青年创客的潜力，促进其健康成长和创新创业。

参 考 文 献

白俊红，张艺璇，卞元超.创新驱动政策是否提升城市创业活跃度：来自国家创新型城市试点政策的经验证据[J].中国工业经济，2022(6)：61-78.
包新春.大学生潜在创业者的心理困境、原因与对策[J].高等工程教育研究，2016(5)：112-116.
陈红艳，袁书卷，郑宽明，等.大学生创业心理资本及影响因素研究：以陕西省地方高校为例[J].陕西理工大学学报(社会科学版)，2021，39(2)：70-76.
崔双双.营商环境与创业认知组织提升创业活跃度研究[J].科技创业月刊，2023，36(9)：33-40.
德鲁克.创新与企业家精神[M].蔡文燕，译.北京：机械工业出版社，2009.
高娜，江波.创业心理资本的构成要素及提升策略[J].太原师范学院学报(社会科学版)，2013，12(5)：157-160.
何斌.创业策略、创业认知与企业绩效的关系研究[D].杭州：浙江大学，2004.
何志聪，王重鸣.企业成长与公司创业精神的培育[J].科研管理，2005，26(3)：51-54.
黄永春，雷砺颖.新兴产业创业企业家的胜任力结构解析：基于跨案例分析法[J].科学与科学技术管理，2016，37(10)：130-141.
黄永春，苏娴，陈成梦.胜任力对职业成长的影响：基于青年科技人才视角的实证分析[J].现代管理科学，2024(2)：123-132.
蒋英礼，李欣，王景梅.基于洋葱模型的大学生创新创业胜任力探析[J].科技创业月刊，2022，35(5)：151-156.
靳娟，杜羽笛.大学生创业心理资本影响因素研究：基于积极心理学视角[J].北京邮电大学学报(社会科学版)，2020，22(4)：112-122.
靳卫东，刘敬富，何丽.创新创业的心理动因：理论机制与经验证据[J].上海财经大学学报，2018，20(6)：44-62.
李慧慧，黄莎莎，孙俊华.心理资本对创业坚持的影响：内在动机与创业榜样的调节作用[J].科技进步与对策，2022，39(22)：9-19.
李苑凌，李志，张庆林.企业家创新行为现状的调查研究[J].重庆大学学报(社会科学版)，2010，16(4)：61-66.
林泽炎，刘理晖.转型时期中国企业家胜任特征的探索性研究[J].管理世界，2007，(1)：98-104.
刘馨逸，曹泽康，李鹏.创业心理资本构建机理及其在创业实践中的应用[J].管理学报，2023，20(10)：1498-1505.
刘忠明，魏立群，BUSENITZ L.企业家创业认知的理论模型及实证分析[J].经济界，2003(6)：57-62.
吕君，李圣昕.高校思政教育、学生创新创业意识与经济金融支持[J].山西财经大学学报，2024，46(增刊1)：287-289.
吕林樨，曹兰芳，孙刚.心理资本对大学生创业意向的影响研究：创业动机的中介作用及环境因素的调节作用[J].创新与创业教育,2022,13(1):43-50.

苗青.企业家的认知特征对机会识别的影响方式研究[J].人类工效学,2007(4):8-11.

祁明德,王文强,侯飞,等.创业失败成本对创业失败学习的影响研究:基于心理资本的区间调节效应[J].华南理工大学学报(社会科学版),2022,24(1):58-70.

沈一意,葛米娜.基于扎根理论的高校大学生创业胜任力影响因素研究[J].科技创业月刊,2024,37(8):100-105.

孙玮.当代大学生创新创业精神与意识培养模式研究:评《创新创业教育》[J].人民长江,2024,55(7):259-260.

王洪才.论创新创业人才的人格特质及其结构模型[J].北京教育(高教),2024(6):66-69.

王玲玲,赵文红,魏泽龙,熊壮.政府支持与新创企业商业模式创新:基于知识基础和社会认知理论视角[J].管理评论,2023,35(2):171-180.

王沛,谌志亮.创业心智研究进展及其模型构建[J].上海师范大学学报(哲学社会科学版),2013,42(1):83-90.

王新超.成就需要与互联网创业实践[J].互联网经济,2017(1/2):84-89.

吴艳,尹灿,任宇新,贺正楚.产业政策对半导体企业商业模式创新的影响及作用机制[J].中国软科学,2023(8):121-133.

熊彼特.经济发展理论[M].王永胜,译.上海:立信会计出版社,2017.

张舰,Scott Rozelle.人们为什么会创业:基于风险、企业家能力与金融约束的影响因素研究[J].中央财经大学学报,2017(8):65-76.

郑健仕.民营科技新创企业家特质与新创企业绩效相关性研究[J].中国流通经济,2004,3(2):45.

中国企业家调查系统,李兰,张泰,等.新常态下的企业创新:现状、问题与对策:2015·中国企业家成长与发展专题调查报告[J].管理世界,2015(6):22-33.

DJANKOV S, QIAN Y Y, Roland G, et al. Who are China's entrepreneurs? [J]. American Economic Review, 2006, 96(2): 348-352.

JENSEN S M, LUTHANS F. Relationship between entrepreneurs psychological capital and their authentic leadership[J]. Journal of Managerial Issues, 2006, 18(2): 254-273.

JILL K, ROBERT S D. Measure for measure: modeling entrepreneurial self-efficacy onto instrumental tasks within the new venture creation process[J]. New England Journal of Entrepreneurship, 2005, 8(2): 39-47.

MITCHELL C, PHILLIPS H. The psychological, neurochemical and functional neuroanatomical mediators of the effects of positive and negative mood on executive functions[J]. Neuropsychologia, 2007, 45(4): 617-629.

MITCHELL R K, BUSENITZ L, LANT T, et al. Toward a theory of entrepreneurial cognition: Rethinking the people side of entrepreneurship research[J]. Entrepreneurship Theory and Practice, 2022, 27(2): 93-104.

PHELAN S E, Alder G S. The effects of personality and experience on resource acquisition performance: An experimental study[J]. Journal of Entrepreneurship Education, 2006, 9, 113-134.

RAUCH A, FRESE M. Let's put the person back into entrepreneurship research: A meta-analysis on the relationship between business owners' personality traits, business creation, and success[J]. European Journal of Work and Organizational Psychology, 2007, 16(4): 353-385.

ROTTER J B. Generalized expectancies for internal versus external control of reinforcement[J]. Psychological Monographs: General and Applied, 1966, 80(1): 609.

SHANE S. Reflections on the 2010 AMR decade award: Delivering on the promise of entrepreneurship as a field of research[J]. Academy of Management Review, 2012, 37(1): 10-20.

SHANE S, VENKATARAMAN S. The promise of entrepreneurship as a field of research[J]. Academy of Management Review, 2000, 25(1), 217-226.

TANG J J. Psychological capital of entrepreneur teams and human resource development[J]. Frontiers in Psychology, 2020, 11, 274.

WESTHEAD P, WRIGHT M. Novice, portfolio, and serial founders: are they different? [J]. Journal of business venturing, 1998, 13(3), 173-204.

附　　录

1. 2017—2024 年国家层面有关
创新创业的政策概要

2017 年

- 《国家科技企业孵化器"十三五"发展规划》：深入推动科技企业孵化器事业持续健康发展，完善创新创业生态系统，培育发展经济新动能，为建设创新型国家提供有力支撑。[①]
- 《国务院关于强化实施创新驱动发展战略进一步推进大众创业万众创新深入发展的意见》：深入推进供给侧结构性改革，全面实施创新驱动发展战略，加快新旧动能接续转换，着力振兴实体经济，必须坚持"融合、协同、共享"，推进大众创业、万众创新深入发展。要进一步优化创新创业的生态环境，着力推动"放管服"改革，构建包容创新的审慎监管机制，有效促进政府职能转变；进一步拓展创新创业的覆盖广度，着力推动创新创业群体更加多元，发挥大企业、科研院所和高等院校的领军作用，有效促进各类市场主体融通发展；进一步提升创新创业的科技内涵，着力激发专业技术

---

① 科技厅办公厅.科技部办公厅关于印发《国家科技企业孵化器"十三五"发展规划》的通知[EB/OL].(2017-08-03)[2025-03-10].https://www.cnipa.gov.cn/art/2017/8/3/art_409_47021.html.

人才、高技能人才等的创造潜能,强化基础研究和应用技术研究的有机衔接,加速科技成果向现实生产力转化,有效促进创新型创业蓬勃发展;进一步增强创新创业的发展实效,着力推进创新创业与实体经济发展深度融合,结合"互联网＋""中国制造2025"等重大举措,有效促进新技术、新业态、新模式加快发展和产业结构优化升级。①

- 《国务院办公厅关于推广支持创新相关改革举措的通知》:为深入实施创新驱动发展战略,党中央、国务院确定在京津冀、上海、广东(珠三角)、安徽(合芜蚌)、四川(成德绵)、湖北武汉、陕西西安、辽宁沈阳等8个区域开展全面创新改革试验,推进相关改革举措先行先试,着力破除制约创新发展的体制机制障碍。有关地区和部门认真落实党中央、国务院决策部署,在深化科技体制改革、提升自主创新能力、优化创新创业环境等方面进行了大胆探索,形成了一批支持创新的相关改革举措。②

- 《教育部办公厅关于公布首批深化创新创业教育改革示范高校名单的通知》:认定北京大学等99所高校为"全国首批深化创新创业教育改革示范高校"。③

- 《教育部办公厅关于公布全国万名优秀创新创业导师人才库首批入库导师名单的通知》:共确定4 492位导师为首批入库导师。④

---

① 国务院.国务院关于强化实施创新驱动发展战略进一步推进大众创业万众创新深入发展的意见:国发〔2017〕37号[A/OL].(2017-07-21)[2025-03-10].https://www.gov.cn/zhengce/content/2017-07/27/content_5213735.htm.

② 国务院办公厅.国务院办公厅关于推广支持创新相关改革举措的通知:国办发〔2017〕80号[A/OL].(2017-09-07)[2025-03-10].https://www.gov.cn/zhengce/content/2017-09/14/content_5225091.htm.

③ 教育部办公厅.教育部办公厅关于公布首批深化创新创业教育改革示范高校名单的通知[EB/OL].(2017-01-22)[2025-03-10].http://www.moe.gov.cn/srcsite/A08/s5672/201702/t20170216_296445.html.

④ 教育部办公厅.教育部办公厅关于公布全国万名优秀创新创业导师人才库首批入库导师名单的通知[EB/OL].(2017-10-26)[2025-03-10].http://www.moe.gov.cn/srcsite/A08/s5672/201711/t20171102_318271.html.

2018 年

- 《国务院关于推动创新创业高质量发展打造"双创"升级版的意见》：推进大众创业万众创新是深入实施创新驱动发展战略的重要支撑、深入推进供给侧结构性改革的重要途径。随着大众创业万众创新蓬勃发展，创新创业环境持续改善，创新创业主体日益多元，各类支撑平台不断丰富，创新创业社会氛围更加浓厚，创新创业理念日益深入人心，取得显著成效。但同时，还存在创新创业生态不够完善、科技成果转化机制尚不健全、大中小企业融通发展还不充分、创新创业国际合作不够深入以及部分政策落实不到位等问题。打造"双创"升级版，推动创新创业高质量发展，有利于进一步增强创业带动就业能力，有利于提升科技创新和产业发展活力，有利于创造优质供给和扩大有效需求，对增强经济发展内生动力具有重要意义。[1]
- 《教育部办公厅关于做好 2018 年深化创新创业教育改革示范高校建设工作的通知》：全力打造一批创新创业教育优质课程、开展一批高质量创新创业教育师资培训、发掘一批"青年红色筑梦之旅"优秀团队，带动全国高校创新创业教育工作取得新成效、开拓新格局、开创新未来，着力构建中国特色、世界水平的创新创业教育体系。[2]
- 《2018 年政府工作报告》：促进大众创业、万众创新上水平。我国拥有世界上规模最大的人力人才资源，这是创新发展的最大"富矿"。要提供全方位创新创业服务，推进"双创"示范基地建设，鼓励大企业、高校和科研院所等开放创新资源，发展平台经济、共享经济，形成线上线下结合、产学研用协同、大中小企业融合的创新创业格局，打造"双创"升级版。设立国家融资担保基金，支持优质创新型企业

---

[1] 国务院.国务院关于推动创新创业高质量发展打造"双创"升级版的意见：国发〔2018〕32 号[A/OL].(2018－09－18)[2025－03－10].https://www.gov.cn/zhengce/content/2018-09/26/content_5325472.htm.

[2] 教育部办公厅.教育部办公厅关于做好 2018 年深化创新创业教育改革示范高校建设工作的通知[EB/OL].(2018－03－29)[2025－03－10].http://www.moe.gov.cn/srcsite/A08/s5672/201804/t20180411_332854.html.

上市融资,将创业投资、天使投资税收优惠政策试点范围扩大到全国。深化人才发展体制改革,推动人力资源自由有序流动,支持企业提高技术工人待遇,加大高技能人才激励,鼓励海外留学人员回国创新创业,拓宽外国人才来华绿色通道。集众智汇众力,一定能跑出中国创新"加速度"。[1]

- 《国务院办公厅转发证监会关于开展创新企业境内发行股票或存托凭证试点若干意见的通知》:以服务创新驱动发展为引领,坚持创新与发展有机结合,改革与开放并行并重,助力大众创业万众创新,推动经济结构调整和产业转型升级。[2]

- 《国务院关于推行终身职业技能培训制度的意见》:职业技能培训是全面提升劳动者就业创业能力、缓解技能人才短缺的结构性矛盾、提高就业质量的根本举措,是适应经济高质量发展、培育经济发展新动能、推进供给侧结构性改革的内在要求,对推动大众创业万众创新、推进制造强国建设、提高全要素生产率、推动经济迈上中高端具有重要意义。[3]

- 《国务院办公厅关于推广第二批支持创新相关改革举措的通知》:区域性股权市场设置科技创新专板;基于"六专机制"的科技型企业全生命周期金融综合服务;推动政府股权基金投向种子期、初创期企业的容错机制;以协商估值、坏账分担为核心的中小企业商标质押贷款模式;创新创业团队回购地方政府产业投资基金所持股权的机制。[4]

---

[1] 国务院.2018年政府工作报告_中国政府网[EB/OL].(2018-03-05)[2025-03-10].https://www.gov.cn/zhuanti/2018lh/2018zfgzbg/zfgzbg.htm.

[2] 国务院办公厅.国务院办公厅转发证监会关于开展创新企业境内发行股票或存托凭证试点若干意见的通知:国办发〔2018〕21号[A/OL].(2018-03-22)[2025-03-10].https://www.gov.cn/zhengce/content/2018-03/30/content_5278689.htm.

[3] 国务院.国务院关于推行终身职业技能培训制度的意见[EB/OL].(2018-05-03)[2025-03-10].https://www.gov.cn/gongbao/content/2018/content_5291361.htm.

[4] 国务院办公厅.国务院办公厅关于推广第二批支持创新相关改革举措的通知[EB/OL].(2018-12-23)[2025-03-10].https://www.gov.cn/gongbao/content/2019/content_5358678.htm.

2019 年

- 《国务院办公厅关于印发职业技能提升行动方案(2019—2021 年)的通知》：把职业技能培训作为保持就业稳定、缓解结构性就业矛盾的关键举措，作为经济转型升级和高质量发展的重要支撑。坚持需求导向，服务经济社会发展，适应人民群众就业创业需要，大力推行终身职业技能培训制度，面向职工、就业重点群体、建档立卡贫困劳动力等城乡各类劳动者，大规模开展职业技能培训，加快建设知识型、技能型、创新型劳动者大军。①
- 《国务院关于进一步做好稳就业工作的意见》：大力宣传党中央、国务院稳就业决策部署和支持就业创业政策措施，引导广大劳动者树立正确的劳动观、价值观，选树一批促进就业创业工作典型经验、典型人物，发掘一批在中西部和东北地区、艰苦边远地区、城乡基层就业创业的先进典型，及时开展表彰激励。②

2020 年

- 《国务院办公厅关于建设第三批大众创业万众创新示范基地的通知》：第三批双创示范基地要按照创业就业、融通创新、精益创业、全球化创业等差异化功能定位，强化区域覆盖、功能布局、协同发展，增强示范功能和带动效应。③
- 《国务院办公厅关于推广第三批支持创新相关改革举措的通知》：要认真梳理和总结本地区、本部门全面创新改革试验工作的成效和经

---

① 国务院办公厅.国务院办公厅关于印发职业技能提升行动方案(2019—2021 年)的通知:国办发〔2019〕24 号[A/OL].(2019-05-18)[2025-03-10].https://www.gov.cn/zhengce/content/2019-05/24/content_5394415.htm.

② 国务院.国务院关于进一步做好稳就业工作的意见:国发〔2019〕28 号[A/OL].(2019-12-13)[2025-03-10].https://www.gov.cn/zhengce/content/2019-12/24/content_5463595.htm.

③ 国务院办公厅.国务院办公厅关于建设第三批大众创业万众创新示范基地的通知:国办发〔2020〕51 号[A/OL].(2020-12-09)[2025-03-10].https://www.gov.cn/zhengce/content/2020-12/24/content_5572999.htm.

验,在充分发挥已推广改革举措和典型经验示范带动作用的同时,继续加强和深化改革创新探索实践,进一步聚焦重点领域和关键环节,不断激发市场活力和社会创造力,推动经济持续健康发展。①

- 《国务院办公厅关于支持多渠道灵活就业的意见》:坚持以人民为中心的发展思想,把支持灵活就业作为稳就业和保居民就业的重要举措,坚持市场引领和政府引导并重、放开搞活和规范有序并举,顺势而为、补齐短板,因地制宜、因城施策,清理取消对灵活就业的不合理限制,强化政策服务供给,创造更多灵活就业机会,激发劳动者创业活力和创新潜能,鼓励自谋职业、自主创业,全力以赴稳定就业大局。②

- 《国务院关于促进国家高新技术产业开发区高质量发展的若干意见》:继续坚持"发展高科技、实现产业化"方向,以深化体制机制改革和营造良好创新创业生态为抓手,以培育发展具有国际竞争力的企业和产业为重点,以科技创新为核心着力提升自主创新能力,围绕产业链部署创新链,围绕创新链布局产业链,培育发展新动能,提升产业发展现代化水平,将国家高新区建设成为创新驱动发展示范区和高质量发展先行区。③

- 《国务院办公厅关于提升大众创业万众创新示范基地带动作用进一步促改革稳就业强动能的实施意见》:深入实施创新驱动发展战略,聚焦系统集成协同高效的改革创新,聚焦更充分更高质量就业,聚焦持续增强经济发展新动能,强化政策协同,增强发展后劲,以新动能支撑保就业保市场主体,尤其是支持高校毕业生、返乡农民工等

---

① 国务院办公厅.国务院办公厅关于推广第三批支持创新相关改革举措的通知:国办发〔2020〕3号[A/OL].(2020-01-23)[2025-03-10].https://www.gov.cn/zhengce/content/2020-02/21/content_5481674.htm.

② 国务院办公厅.国务院办公厅关于支持多渠道灵活就业的意见:国办发〔2020〕27号[A/OL].(2020-07-28)[2025-03-10].https://www.gov.cn/zhengce/content/2020-07/31/content_5531613.htm.

③ 国务院.国务院关于促进国家高新技术产业开发区高质量发展的若干意见:国发〔2020〕7号[A/OL].(2020-07-13)[2025-03-10].https://www.gov.cn/zhengce/content/2020-07/17/content_5527765.htm.

重点群体创业就业,努力把双创示范基地打造成为创业就业的重要载体、融通创新的引领标杆、精益创业的集聚平台、全球化创业的重要节点、全面创新改革的示范样本,推动我国创新创业高质量发展。①

2021 年

- 《国务院办公厅关于进一步支持大学生创新创业的指导意见》:支持在校大学生提升创新创业能力,支持高校毕业生创业就业,提升人力资源素质,促进大学生全面发展,实现大学生更加充分更高质量就业。②

- 《工业和信息化部 财政部关于举办第六届"创客中国"中小企业创新创业大赛的通知》:激发创新潜力,集聚创业资源,营造创新创业氛围,共同打造为中小企业和创客提供交流展示、项目孵化、产融对接的平台,发掘和培育一批优秀项目和优秀团队,催生新产品、新技术、新模式和新业态;推动中小企业转型升级和成长为专精特新"小巨人"企业,支持大中小企业融通创新,助力制造强国和网络强国建设。③

2022 年

- 《科技部 财政部关于印发〈企业技术创新能力提升行动方案(2022—2023 年)〉的通知》:充分发挥市场在资源配置中的决定性作用,更好发挥政府作用,聚焦企业创新能力关键环节,突出问题导向,强化精准施策,加大激励力度,优化创新服务,提振发展信心,引导支持

---

① 国务院办公厅.国务院办公厅关于提升大众创业万众创新示范基地带动作用进一步促改革稳就业强动能的实施意见:国办发〔2020〕26 号[A/OL].(2020-07-23)[2025-03-10].https://www.gov.cn/zhengce/content/2020-07/30/content_5531274.htm.

② 国务院办公厅.国务院办公厅关于进一步支持大学生创新创业的指导意见:国办发〔2021〕35 号[A/OL].(2021-09-22)[2025-03-10].https://www.gov.cn/zhengce/content/2021-10/12/content_5642037.htm.

③ 工业和信息化部,财政部.两部委关于举办第六届"创客中国"中小企业创新创业大赛的通知[EB/OL].(2021-05-21)[2025-03-10].https://www.gov.cn/xinwen/2021-05/27/content_5613014.htm.

各类企业将科技创新作为核心竞争力,为实现高水平科技自立自强、促进经济稳定增长和高质量发展提供有力支撑。到2023年底,一批惠企创新政策落地见效,创新要素加速向企业集聚,各类企业依靠科技创新引领高质量发展取得积极成效,一批骨干企业成为国家战略科技力量,一大批中小企业成为创新重要发源地,形成更加公平公正的创新环境。①

- 《国务院办公厅关于进一步做好高校毕业生等青年就业创业工作的通知》:落实大众创业、万众创新相关政策,深化高校创新创业教育改革,健全教育体系和培养机制,汇集优质创新创业培训资源,对高校毕业生开展针对性培训,按规定给予职业培训补贴。支持高校毕业生自主创业,按规定给予一次性创业补贴、创业担保贷款及贴息、税费减免等政策,政府投资开发的创业载体要安排30%左右的场地免费向高校毕业生创业者提供。②

- 《教育部 人力资源和社会保障部部署做好2023届全国普通高校毕业生就业创业工作》:深刻认识做好当前和今后一个时期高校毕业生就业创业工作的重大意义,准确把握2023届高校毕业生就业创业工作面临的形势,坚决扛起政治责任,聚焦重点任务,加强组织领导,压实工作责任,全力以赴做好高校毕业生就业创业工作。③

2023年

- 《工业和信息化部 财政部关于举办第八届"创客中国"中小企业创新创业大赛的通知》:激发创新潜力,集聚创业资源,营造创新创业氛

---

① 科技部,财政部.科技部 财政部关于印发《企业技术创新能力提升行动方案(2022—2023年)》的通知:国科发区〔2022〕220号[A/OL].(2022-08-05)[2025-03-11].https://www.gov.cn/zhengce/zhengceku/2022-08/15/content_5705464.htm.
② 国务院办公厅.国务院办公厅关于进一步做好高校毕业生等青年就业创业工作的通知:国办发〔2022〕13号[A/OL].(2022-05-05)[2025-03-11].https://www.gov.cn/zhengce/content/2022-05/13/content_5690111.htm.
③ 教育部.教育部 人力资源和社会保障部部署做好2023届全国普通高校毕业生就业创业工作[EB/OL].(2022-11-15)[2025-03-11].http://www.moe.gov.cn/jyb_xwfb/gzdt_gzdt/moe_1485/202211/t20221115_991529.html.

围,打造为中小企业和创客提供交流展示、项目孵化、产融对接、协同创新的平台,发掘和培育一批优秀项目和优秀团队,催生新产品、新技术、新模式和新业态,推动中小企业转型升级和成长为专精特新中小企业,支持大中小企业融通创新,助力制造强国和网络强国建设。①

- 《教育部关于举办第九届中国国际"互联网+"大学生创新创业大赛的通知》:更中国、更国际、更教育、更全面、更创新、更协同,落实立德树人根本任务,传承和弘扬红色基因,聚焦"五育"融合创新创业教育实践,开启创新创业教育改革新征程,激发青年学生创新创造热情,打造共建共享、融通中外的国际创新创业盛会。②

2024 年

- 《国务院办公厅关于印发〈促进创业投资高质量发展的若干政策措施〉的通知》:全面贯彻落实党的二十大精神,完整、准确、全面贯彻新发展理念,着力推动高质量发展,围绕创业投资"募投管退"全链条,进一步完善政策环境和管理制度,积极支持创业投资做大做强,充分发挥创业投资支持科技创新的重要作用,按照市场化法治化原则引导创业投资稳定和加大对重点领域投入,强化企业创新主体地位,促进科技型企业成长,为培育发展新质生产力、实现高水平科技自立自强、塑造发展新动能新优势提供有力支撑。③

- 《工业和信息化部等七部门关于推动未来产业创新发展的实施意见》:引导领军企业前瞻谋划新赛道,通过内部创业、投资孵化等培育未来产业新主体。实施中央企业未来产业启航行动计划,加快培

---

① 工业和信息化部,财政部.工业和信息化部 财政部关于举办第八届"创客中国"中小企业创新创业大赛的通知[EB/OL].[2025-03-11].https://ythxxfb.miit.gov.cn/ythzxfwpt/hlwmh/tzgg/sbfw/qyshzr/art/2023/art_eeec5fe23e4d4497ab7adedcc3baebbe.html.

② 教育部.教育部关于举办第九届中国国际"互联网+"大学生创新创业大赛的通知[EB/OL].[2025-03-11].http://www.moe.gov.cn/srcsite/A08/s5672/202305/t20230530_1061991.html.

③ 国务院办公厅.国务院办公厅关于印发〈促进创业投资高质量发展的若干政策措施〉的通知:国办发〔2024〕31号[A/OL].(2024-06-15)[2025-03-11].https://www.gov.cn/zhengce/content/202406/content_6958230.htm.

育未来产业创新企业。建设未来产业创新型中小企业孵化基地,梯度培育专精特新中小企业、高新技术企业和"小巨人"企业。支持新型研发机构快速发展,培育多元化的未来产业推进力量。[①]

2. 创新创业认知与行为情况调查问卷

亲爱的朋友,您好!

　　大众创业、万众创新是国家着力推进的发展方针,很多城市也正基于此在推进创新创业名城建设。您和伙伴们的积极参与引领了时代潮流。但创新创业并非轻而易举之事。为了解您的创新创业状况,给更多有志投身于此的青年以参考,并向政府有关部门提出相关政策和服务支持的建议,我们邀请您参与此次调查。调查纯属学术研究,也不涉及个人隐私,对问题的回答没有对错之分,只要真实就好。

　　感谢您对我们的支持和协助!

　　问卷填写说明:如无备注说明,一般为单选题,请在问题对应的选项上打"√",或在对应的选项上填写相应答案。

第一部分　个人情况

A1. 您的性别:A. 男　　B. 女

A2. 您是哪一年出生的?　　　　　　　　

A3. 您的学历是?

　　A. 小学及以下　　B. 初中　　　　C. 高中/职高/中专

　　D. 大专　　　　　E. 本科　　　　F. 研究生

A4. 您的出生地是:　　　　　　　　

A5. 您目前居住的城市是:　　　　　　　　

[①] 工业和信息化部、教育部、科技部等.工业和信息化部等七部门关于推动未来产业创新发展的实施意见:工信部联科〔2024〕12 号［A/OL］.(2024-01-18)［2025-03-11］. https://www.gov.cn/zhengce/zhengceku/202401/content_6929021.htm.

A6. 您现在的婚姻状况是？

    A. 未婚   B. 已婚   C. 离婚   D. 丧偶

A7. 您开始创业的时间：_____年_____月。

A8. 您是否在全职创业？

    A. 是（请跳至第 A9 题）

    B. 否（请跳至第 A8.1 题）

A8.1. 您还在从事的其他工作是：（请注明）_____

A9. 您的创业属于哪个行业？

    A. 农、林、牧、渔业   B. 采矿业

    C. 制造业   D. 电力/热力/燃气及水生产和供应业

    E. 建筑业   F. 批发和零售业

    G. 交通运输/仓储和邮政业   H. 住宿和餐饮业

    I. 金融业   J. 信息传输/软件和信息技术服务业

    K. 房地产业   L. 教育

    M. 科学研究和技术服务业   N. 水利/环境和公共设施管理业

    O. 居民服务/修理   P. 租赁和商务服务业

    Q. 卫生和社会工作（指提供慈善/救助/福利/护理/帮助等社会工作的活动）

    R. 文化/体育和娱乐业

    S. 公共管理/社会保障和社会组织（群众团体/社会团体和其他成员组织）

A10. 您认为您的创业属于哪种类型？

    A. 商业类   B. 公益类

    C. 其他：（请注明）_____

A11. 您的创业团队有多少核心成员？

    A. 1—2 人   B. 3—5 人   C. 6—8 人   D. 9—10 人

    E. 11 人及以上

A12. 您认为您在创业团队中主要属于？

    A. 创意策划者   B. 决策者   C. 执行者

A13. 您的家庭里是否有人创业？

    A. 是   B. 否

A14. 您父亲的学历是？

    A. 小学及以下   B. 初中   C. 高中/职高/中专

    D. 大专   E. 本科   F. 研究生

A15. 您母亲的学历是？

    A. 小学及以下   B. 初中   C. 高中/职高/中专

    D. 大专   E. 本科   F. 研究生

A16. 您父亲的职业及职位属于以下哪一类？

    A. 政府机关及相关职能部门：官员

    B. 政府机关及相关职能部门：职员

    C. 企业、商业、饮食、服务业：管理人员

    D. 企业、商业、饮食、服务业：技术人员

    E. 企业、商业、饮食、服务业：普通职工

    F. 各类事业单位：管理人员   G. 各类事业单位：技术人员

    H. 各类事业单位：普通职工   I. IT行业：管理人员

    J. IT行业：普通职工   K. 军人、武警等：军官

    L. 军人、武警等：士兵   M. 自由职业者

    N. 私营企业主   O. 退休/内退离休

    P. 家庭妇女   Q. 其他

A17. 您母亲的职业及职位属于以下哪一类？

    A. 政府机关及相关职能部门：官员

    B. 政府机关及相关职能部门：职员

    C. 企业、商业、饮食、服务业：管理人员

    D. 企业、商业、饮食、服务业：技术人员

    E. 企业、商业、饮食、服务业：普通职工

    F. 各类事业单位：管理人员   G. 各类事业单位：技术人员

    H. 各类事业单位：普通职工   I. IT行业：管理人员

    J. IT行业：普通职工   K. 军人、武警等：军官

L. 军人、武警等：士兵　　　　M. 自由职业者

N. 私营企业主　　　　　　　　O. 退休/内退离休

P. 家庭妇女　　　　　　　　　Q. 其他

A18. 您目前的政治面貌是？

A. 群众　　　　B. 民主党派　　　　C. 共产党员

A19. 您父亲的政治面貌是什么？

A. 群众　　　　B. 民主党派　　　　C. 共产党员

A20. 您母亲的政治面貌是什么？

A. 群众　　　　B. 民主党派　　　　C. 共产党员

A21. 除您以外，您父母还有几个子女？

A. 无　　　　B. 1 人　　　　C. 2 人　　　　D. 3 人及以上

A22. 近 3 年您大概参加过多少次社会公益服务类活动？

A. 无　　　　B. 1—5 次　　　　C. 6—12 次　　　　D. 13 次及以上

A23. 您接受过哪些创新创业方面的培训或教育？

A. 无　　　　B. 产品类　　　　C. 管理类　　　　D. 市场类

E. 财税类　　　　F. 政策法规类

第二部分　自我驱动力

B1. 您对下列观点的赞同程度如何？（请在对应选项的表格方框里打√）

序号	题项	完全赞同	比较赞同	一般	比较不赞同	完全不赞同
1	我觉得"创业是为社会作贡献的一种重要手段"					
2	我觉得"创业是帮助他人的一种有效途径"					
3	我觉得"创业是创造社会财富的一种有效途径"					
4	我觉得"创业是创造个人财富的一种有效途径"					

续表

序号	题项	完全赞同	比较赞同	一般	比较不赞同	完全不赞同
5	我觉得"创业是实现自我价值的一种重要方式"					
6	我觉得"创业是丰富人生阅历的一种有效途径"					

B2. 您对下列观点的赞同程度如何？（请在对应选项的表格方框里打√）

序号	题项	完全赞同	比较赞同	一般	比较不赞同	完全不赞同
1	我是一个身体健康、精力充沛的人					
2	我是一个待人亲切友善的人					
3	我是一个受到朋友器重的人					
4	我是一个受别人欢迎的人					
5	我是一个具有自制力的人					
6	我是一个具有时间观念的人					
7	我是一个具有抗压能力的人					
8	我是一个具有行动力的人					
9	我是一个做事情井井有条的人					
10	我是一个喜欢变化的人					

B3. 您对下列观点的赞同程度如何？（请在对应选项的表格方框里打√）

序号	题项	完全赞同	比较赞同	一般	比较不赞同	完全不赞同
1	每个创业型的组织都必须创新					
2	包括企业在内的各类社会组织，创新时都会面对很大风险					

续 表

序号	题 项	完全赞同	比较赞同	一般	比较不赞同	完全不赞同
3	创业就是对能够满足社会需求的方式、方法进行创新					
4	创业是一种针对社会问题解决方案的创新					
5	所有企业或组织的发展都离不开创新					
6	创业者要创新就要善于独立思考					
7	能够跳出经验，敢于自我否定、质疑权威，是创新者的基本素养					
8	创业者要把创新当成一种习惯					
9	创新是小部分人的事情，并非每个组织（企业）都需要创新					
10	无论是产品，还是服务，想要保持竞争力，都必须创新					
11	哪怕不进行实质性的创新行动，保持对未知事物的好奇心也是非常必要的					
12	创新是社会发展的动力所在					

B4. 下列描述和你实际情况的符合程度（请在对应选项的表格方框里打√）

序号	题 项	非常符合	比较符合	一般	比较不符合	非常不符合
1	我有保持学习的习惯					
2	我有一有想法就去验证实施的习惯					
3	我有对做的事情进行总结反思的习惯					

续 表

序号	题 项	非常符合	比较符合	一般	比较不符合	非常不符合
4	我有做计划的习惯					
5	我有今日事今日毕的习惯					
6	我有保持对行业内信息的追踪、收集的习惯					
7	我有每天浏览报刊相关新闻的习惯					
8	我有每天浏览时事相关新闻的习惯					
9	我有每天浏览科技相关新闻的习惯					
10	我有保持良好作息的习惯					
11	我有定期放松自己的习惯					
12	我有与创业团队成员情感交流的习惯					

第三部分 社会驱动力

C1. 您所在城市提供的创新创业类政策支持有哪些?［多选题］

　　A. 初创期的启动资金　　　　B. 场地或租金补贴

　　C. 金融财税扶持优惠政策　　D. 免收行政事业性收费

　　E. 市民购房待遇及购房补贴　F. 职业培训补贴

　　G. 科教特色扶持　　　　　　H. 医疗保险等市民待遇

　　I. 其他(请注明)：_____

C2. 您在创新创业过程中享受过哪些创新创业类政策支持?［多选题］

　　A. 初创期的启动资金　　　　B. 场地或租金补贴

　　C. 金融财税扶持优惠政策　　D. 免收行政事业性收费

　　E. 市民购房待遇及购房补贴　F. 职业培训补贴

　　G. 科教特色扶持　　　　　　H. 医疗保险等市民购房待遇

　　I. 其他(请注明)：_____　J. 未享受过(C2.1 不用作答)

C2.1. 您获得以上政策支持的主要是？

  A. 自己主动寻求政府支持的　　B. 政府主动提供支持

  C. 前二者都有

C3. 您在创新创业过程中遇到问题、困难时寻求过哪些政府部门的帮助？[多选题]

  A. 发展和改革委员会　　　　B. 经济和信息化委员会

  C. 城乡建设委员会　　　　　D. 科学技术委员会

  E. 教育局　　　　　　　　　F. 公安局

  G. 民政局　　　　　　　　　H. 司法局

  I. 财政局　　　　　　　　　J. 人力资源和社会保障局

  K. 国土资源局　　　　　　　L. 环境保护局

  M. 审计局　　　　　　　　　N. 统计局

  O. 物价局　　　　　　　　　P. 工商行政管理局

  Q. 质量技术监督局

  R. 其他（请注明）：_____

C4. 社团组织又称为社会团体组织，是指以文化、学术或公益性为主的非政府组织（即协会、学会、联盟、俱乐部、兴趣组、学习组、创客类团体等）。在创新创业过程中，您参加了多少个社团组织？

  A. 无（请直接跳至 C5）　　　B. 1—2 个

  C. 3—4 个　　　　　　　　　D. 5—6 个

  E. 7 个及以上

C4.1. 在创新创业过程中，您从社团组织中获得了哪些支持？[多选题]

  A. 技术支持　　　　　　　　B. 情感支持

  C. 创意启发　　　　　　　　D. 购买销售渠道

  E. 资源链接　　　　　　　　F. 资金支持

  G. 其他（请注明）：_____

C4.2. 您对您现在从社团组织中获得的支持的满意程度如何？

  A. 非常满意　　　　　　　　B. 部分满意

  C. 一般　　　　　　　　　　D. 部分不满意

E. 非常不满意

C5. 在创新创业过程遇到困难,您可以获得帮助的来源有哪些?[多选题]

    A. 家人　　　B. 亲友　　　C. 创业伙伴　　D. 社团组织

    E. 政府组织　　F. 其他(请注明):_____

C6. 您选择做一名创客的原因是什么?[多选题]

    A. 获得更多财富　　　　　　B. 挑战自我、实现自我

    C. 国家政策吸引　　　　　　D. 有志同道合的创业伙伴

    E. 就业压力大　　　　　　　F. 服务社会

    G. 其他(请注明):_____

C7. 您认为您所从事的行业发展前景如何?

    A. 非常好　　B. 好　　　　C. 一般　　　D. 不好

    E. 非常不好

C8. 在创业初期,您做过怎样的市场调查和分析?[多选题]

    A. 没有做过

    B. 网上搜集过相关资料

    C. 聘请过调查公司搜集数据资料

    D. 自己做过市场调查

    E. 其他(请注明):_____

C9. 您开发的产品或服务符合市场或社会需求的程度如何?

    A. 相信有市场,但是具体需求不确定

    B. 有点符合市场/社会需求

    C. 部分符合市场/社会需求

    D. 非常符合市场/社会需求

C10. 您是否清楚您所开发的产品或服务的盈利模式?

    A. 非常不清楚　　　　　　　B. 比较不清楚

    C. 不确定　　　　　　　　　D. 比较清楚

    E. 非常清楚

C11. 您为了提升您所开发的产品或服务的竞争力做过哪些努力?[多选题]

    A. 参观学习　　　　　　　　B. 增加资金投入

  C. 加大研发力度   D. 引进合作伙伴

  E. 寻求政策支持   F. 吸纳专业人才

  G. 加强宣传营销

  H. 其他(请注明)：_____

D1. 您已经创业了_____次。

D2. 您认为您在创业路上遇到的最大的困难来自哪个方面？

  A. 专业技术   B. 政策法规

  C. 团队人才   D. 资金

  E. 家庭   F. 自身素质

  G. 其他(请注明)：_____

D3. 您在创业过程中最大的收获是什么？

  A. 财富自由   B. 人生阅历

  C. 自身社会影响力   D. 个人成长

  E. 实现自我价值   F. 遇到志同道合的人

  G. 其他(请注明)：_____

第四部分　身 份 认 知

E1. 有人认为社会存在不同层级，如果将社会分为从 1 至 10 的十个层级(1 表示最底层，10 表示最顶层)，您认为自己处在的等级是：第_____级。

E2. 请根据自己的真实想法，对下列描述进行符合程度的评定(请在对应选项的表格方框里打√)

序号	题 项	非常符合	比较符合	一般	比较不符合	非常不符合
1	现在的工作对我而言是重要的					
2	目前我认为自己从事的工作是好的选择					

续 表

序号	题 项	非常符合	比较符合	一般	比较不符合	非常不符合
3	我当下的工作有助于认识自我					
4	我当下的工作是令人自豪的					
5	对于自己当下从事的工作我感到自信					
6	现在的工作使我对未来有信心					
7	在创新创业中我实现了自己的价值					

E3. 下列描述和你实际情况的符合程度？（请在对应选项的表格方框里打√）

序号	题 项	非常符合	比较符合	一般	比较不符合	非常不符合
1	我所处的阶层有利于我的发展					
2	我所处的阶层是社会的重要组成部分					
3	作为我所在阶层的一员我很自豪					
4	听到别人说我所在阶层的坏话，我会感到生气					
5	遇见与我同一阶层的人，我会感到亲切					
6	遇到损害我所在阶层利益，我会感到很气愤					
7	我认可我所在的阶层					

E4. 下列描述和你实际情况的符合程度？（请在对应选项的表格方框里打√）

序号	题项	非常符合	比较符合	一般	比较不符合	非常不符合
1	作为一名创客（创业者），我感到自豪					
2	我希望带动更多的人创新创业					
3	我对创客这个群体有强烈的归属感					
4	我对创客这个群体有强烈的责任感					
5	我宁可自己受委屈也不让创客群体声誉受损					
6	我积极参与创客群体组织的活动					
7	我愿意为创客群体发声					

图书在版编目(CIP)数据

青年创客的心理研究：从认知到行动 / 朱敏著.
上海：上海社会科学院出版社, 2025. -- ISBN 978-7
-5520-4781-3

Ⅰ. F241.4

中国国家版本馆 CIP 数据核字第 20255DY944 号

青年创客的心理研究：从认知到行动

著　　者：	朱　敏
责任编辑：	周　霈
封面设计：	裘幼华
出版发行：	上海社会科学院出版社
	上海顺昌路 622 号　邮编 200025
	电话总机 021 - 63315947　销售热线 021 - 53063735
	https://cbs.sass.org.cn　E-mail:sassp@sassp.cn
排　　版：	南京展望文化发展有限公司
印　　刷：	苏州市古得堡数码印刷有限公司
开　　本：	710 毫米×1010 毫米　1/16
印　　张：	15
字　　数：	215 千
版　　次：	2025 年 6 月第 1 版　2025 年 6 月第 1 次印刷

ISBN 978 - 7 - 5520 - 4781 - 3/F・819　　　　　　定价：89.00 元

版权所有　翻印必究